2판

교사인성교육의 첫걸음

유아교사의 정서역량

조 혜 진

창지사

머리말

가르치는 일은 강도 높은 정서노동을 요구하기 때문에 스트레스가 많은 직업 중 하나이다. 특히 영유아들은 애정적인 돌봄을 필요로 하기 때문에 초·중등학생들보다 영유아를 가르치는 일은 정서적, 신체적으로 힘든 일이다. 따라서 유아교사 스스로 교육현장에서 경험하게 되는 스트레스와 부정적 정서를 효과적으로 조절할 수 있는 정서역량을 기를 필요가 있다.

정서역량이란 조직 내에서 감정과 관련된 다양하고 복잡한 문제가 발생했을 때 효과적으로 문제를 해결할 수 있는 능력을 의미한다. 이제까지 교사교육과정에서 교사들이 다양한 이론 강의와 모의수업 등을 통해 유아교육에 대한 지식과 기술은 습득해 왔지만 유아와 부모, 교사들과의 관계에서 경험하게 되는 부정적 정서와 스트레스를 조절하고 긍정적인 관계를 유지할 수 있는 정서역량에 대해서는 배우지 못한 것이 현실이다. 미국을 비롯한 유럽의 여러 나라에서는 교사의 정서역량이 교사 개인의 안녕은 물론 교수–학습의 질과 학습자의 사회정서 발달을 위해서 필수적인 능력이라고 보고 있으며, 이러한 역량을 예비교사 교육과정에서부터 발달시키기 위해 정서역량 교육을 실행하고 있다. 우리나라의 경우 최근 유아교육 및 보육현장에서 교사의 잘못된 훈육방식과 비윤리적 행동으로 인해 유아교사의 인성과 정서적 자질에 대한 문제가 사회적으로 논란이 되면서 교사양성 교육과정과 현직교육과정에서 교사인성교육과 정서함양을 위한 교육이 실행되고 있다.

정서역량은 인지능력과 마찬가지로 교육을 통해 개발 가능한 능력이지만 다른 인지적 능력보다 많은 연습과 노력이 필요하고 체계적인 교육이 필요하다. 이런 맥락에서 이 책은 예비유아교사와 현직교사의 정서역량 증진을 위한 정서역량 개발서로, 유아교사가 교육현장에서 경험할 수 있는 다양한 정서적 문제와 갈등상황들을 중심으로 정서역량의 이론을 실제에 적용할 수 있도록 집필되었다. 즉, 유아교사들이 영유아의 다양한 정서반응과 돌발 상황에 효과적으로 대처하고 유아를 비롯한 성인들과 원만한 관계를 유지할 수 있는 능력을 기르기 위해 일상생활과 유아교육현장의 맥락에서 정서역량을 이해하고 체득(體得)할 수 있는 교육프로그램으로 집필되었다.

본 책은 유아교사의 정서역량을 개발하기 위한 이론과 실제를 다루고 있으며, 크게 2부로 구성되어 있다. 1부 '유아교사의 정서역량 이해하기'에서는 유아교사의 정서역량에 대한 기본 개념을 이해하기 위하여 유아 인성교육을 위한 교사의 인성교육역량과 정서역량의 관계를 정리하였으며, 유아와 학부모, 동료교사, 원장과의 원만한 대인관계와 행복한 삶을 위해 유아교사에게 정서역량이 왜 필요한지에 대한 내용을 다루었다. 또한, 정서와 정서지능, 정서역량의 개념을 이해할 수 있도록 비교 · 정리하였다. 2부 '유아교사의 정서역량 기르기'에서는 Goleman의 정서역량 구성요소를 중심으로 자기인식, 자기관리, 사회인식, 관계관리의 역량을 기를 수 있는 14개의 교육주제로 구성하였다. CHAPTER 1, 2의 '나 이해하기'와 '내 감정의 주인되기'에서는 자기인식과 자기관리의 개인역량에 관한 내용을 다루었으며 자기정서인식, 정서조절, 목표관리, 스트레스 관리 등에 관한 6개 주제를 다루었다. CHAPTER 3, 4의 '타인의 감정 공감하기'와 '교사로서 효과적으로 소통하고 관계 맺기'에서는 사회인식과 관계관리의 사회적 역량에 대한 내용을 다루었으며, 타인 정서 인식, 공감, 갈등관리, 의사소통, 대인관계 등에 관한 8개 주제로 구성하였다. 또한, 각각의 교육주제는 진단–학습–적용의 단계로 제시되어 있는데, 자신에 대한 탐색과 진단을 통해 자신을 이해하고 정서역량에 관한 이론을 학습한 후에 이를 토의, 역할극, 워크숍, 저널쓰기 등의 다양한 방법을 통해 연습하고 실생활에서 적용함으로써 내면화할 수 있도록 구성하였다.

개정판을 출간하면서 예비교사와 현직교사의 교육에 도움이 될 수 있는 최근 연구물과 보도자료, 동영상 자료를 보완하였다. 이 책을 통해 교사들이 교육현장에서 경험하는 다양한 갈등상황에서 정서를 조절하고 유아와 부모, 교직원과의 교육공동체 안에서 효과적으로 소통하고 관계를 형성하는 데 작은 도움이 되길 바란다. 끝으로 이 책이 나오기까지 도움을 주신 모든 분들과 창지사 임직원들께 진심으로 감사를 드린다.

2021년 7월

조혜진

차례

"인성은 행동이다. 얼마나 옳은 생각을 하느냐가 아니라 얼마나 옳은 행동을 하느냐가 인성이다. 따라서 인성은 행동이고, 행동은 감정에 직결되어 있으니 결국 감정을 배제하고는 인성교육을 논할 수 없다.

(조벽, 2016)"

제 1 부
유아교사의 정서역량 이해하기

1 교사의 인성교육역량과 정서역량

왜 교육현장에서 인성교육이 화두일까? 이는 최근 교육현장에서 일어나고 있는 사교육 열풍, 성적 중심의 학생 평가, 왕따, 자살, 학교폭력, 교육자들의 비윤리적 행동 등의 사회문제들이 인성교육의 부재에서 나타난 폐해라는 문제의식에서 출발한 것이다. 그동안 빠른 길, 남보다 최고가 되는 길을 가르치는 경쟁교육에 치중하면서 효, 예의, 정직, 책임, 소통, 협력, 배려 등의 가치를 가르치는 인성교육에 소홀했다는 자성의 목소리가 나오면서 인성교육의 필요성이 대두된 것이다.

이러한 영향으로 우리나라에서는 2014년 인성교육법을 제정하고, 인성교육 5개년 종합계획(교육부, 2016)에서 미래인재 육성을 위한 최우선 과제로 인성교육을 더욱 강화할 것이라고 발표하였다. 인성교육이 교육현장에서 적용되고 효과적으로 실행되기 위해서는 무엇보다 교사의 인성교육역량이 매우 중요하다. 특히 유아는 교사의 행동, 말투, 태도 등을 보고 모방하면서 배우기 때문에 유아들에게 좋은 모델이 되도록 교사 개인의 인성적 자질과 교사로서의 전문적 자질이 매우 중요하다. 따라서 본 장에서는 유아인성교육이 교육현장에서 효과적으로 실행되기 위해 유아교사에게 요구되는 인성교육역량과 정서역량의 관계는 어떠한지, 교사에게 정서역량이 왜 필요하고, 유아교사의 정서지능과 정서역량은 무엇인지에 대해 알아보고자 한다.

1) 인성교육이란?

2014년 제정된 「인성교육진흥법」은 '건전하고 올바른 인성(人性)을 갖춘 국민을 육성하여 국가 사회의 발전에 이바지함을 목적(제1조)'으로 하는 법이다. 세계적으로 인성교육을 의무교육으로 규정한 세계 최초의 법이다. 「인성교육진흥법」

제2조에 따르면 인성교육이란 '자신의 내면을 바르고 건전하게 가꾸고 타인, 공동체, 자연과 더불어 살아가는 데 필요한 인간다운 성품과 역량을 기르는 것을 목적으로 하는 교육'으로, [그림 1]과 같다.

자신의 내면을 바르고 건전하게 가꾸는 데 필요한 성품과 역량

+

타인 · 공동체 · 자연과 더불어 살아가는 데 필요한 성품과 역량

인성교육

자신의 내면을 바르고 건전하게 가꾸고
타인 · 공동체 · 자연과 더불어 살아가는 데 필요한
인간다운 성품과 역량을 길러 주는 교육

[그림 1] **인성교육의 개념**

인성이란 인간이 인간답게 살아가기 위한 '인간다운' 특성, 품성이며(김순환, 박선혜, 남옥선, 2014), 「인성교육진흥법」에서는 인성의 요소를 예, 효, 정직, 책임, 존중, 배려, 소통, 협동 등의 마음가짐이나 사람됨과 관련된 핵심적인 가치 또는 덕목으로 제시하고 있다(제2조). 이러한 핵심가치와 덕목을 적극적이고 능동적으로 실천 또는 실행하는 데 필요한 역량이 인성역량이며, 핵심 인성역량으로 자기관리 역량, 심미적·감성역량, 의사소통역량, 갈등관리역량, 공동체역량을 제시하고 있다. 또한, 교육부(2016)에서는 인성교육의 방향으로 인성 가치와 덕목을 학생들에게 주입식으로 지도하기보다는 '앎을 삶 속에서 실천'하도록 교육활동을 체계적으로 조직, 운영할 것을 [그림 2]와 같이 제안하고 있다.

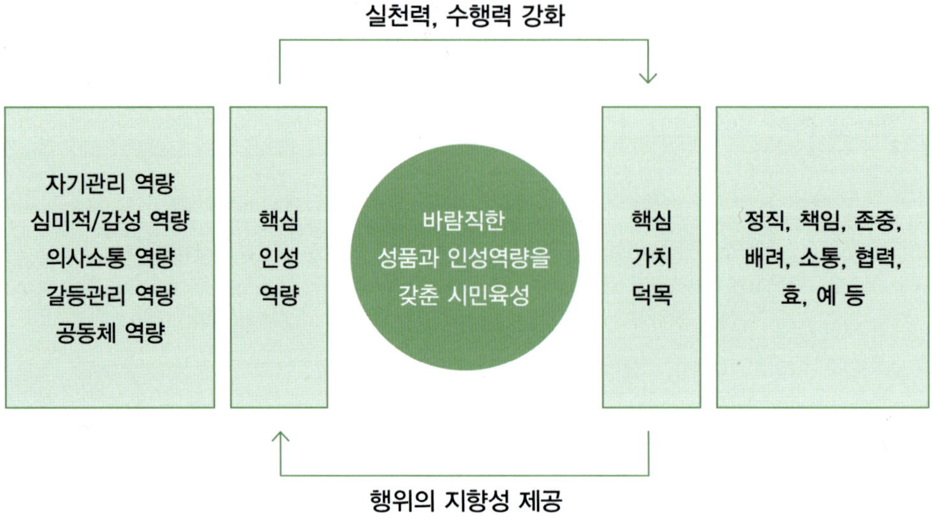

[그림 2] 인성교육의 방향

2) 교사의 인성교육역량과 정서역량

인성교육이 교육현장에서 적용되고 효과적으로 실행되기 위해서는 무엇보다 교사의 인성교육역량이 매우 중요하다. 교사의 자질이 유아의 인성과 인성교육의 목적과 방향, 방법 등을 결정하는 중요한 요소라는 것을 인식하고 교사는 유아들에게 좋은 모델이 되도록 개인의 인성적 자질과 교사로서의 전문적 자질을 갖추어야 한다. 따라서 유아교사들은 인성과 인성교육의 개념 및 교육 내용 등을 알고 자신의 개인적 성품과 교직을 수행할 때 필요한 인성이 무엇인가를 파악하는 노력이 필요하다. 김은설, 김길숙, 이민경(2015)은 영유아교사에게 필요한 인성요소를 보편적 인성과 교사로서의 인성으로 구분하여 〈표 1〉과 같이 제시하였다.

〈표 1〉 유아교사 인성의 구성 요소

교사인성	구성 요소
보편적 인성	사회성, 책임감 · 성실성, 타인존중 · 배려, 자기조절, 심리적 건강
교사로서의 인성	공감 · 정의감, 교직관, 민감성 · 수용성

〈표 1〉을 보면, 유아교사에게 필요한 인성요소를 보편적 인성과 교사로서의 인성으로 구분하여 8개 요소를 제시하였다. 보편성 인성에는 사회성, 책임감 · 성실성, 타인존중 · 배려, 자기조절, 심리적 건강을, 교사로서의 인성에는 공감 · 정의감, 교직관, 민감성 · 수용성을 제시하였다. 즉 교사인성이란 일반적인 차원에서 인간이 인간답게 살아가기 위한 인간다운 품성을 바탕으로 하면서, 동시에 교사라는 직업을 가진 사람이 가져야 할 가치 있는 인격적 특성을 보다 맥락화하여 적용한 개념이라 할 수 있다(서경혜 외, 2013). 이 중 사회성, 타인존중 · 배려, 자기조절, 심리적 건강, 공감, 민감성 · 수용성 등은 자신의 정서를 인식하고 조절하는 능력, 타인의 정서를 공감하고 관계관리를 할 수 있는 능력인 정서역량의 하위요인들과 일치함을 알 수 있다.

교육부(2016)에서는 교원의 인성교육 지도역량을 기를 수 있도록 교원 양성과정에서부터 현직교사교육까지 교직 생애주기별로 교원의 인성교육 지도역량을 제고하는 것을 강조하고 있다. 유아에게 인성교육을 가르치는 내용, 방법 등에 대한 직무연수를 실시할 것과 함께 교원의 감성, 인문소양, 정서함양을 위한 연수를 실시할 것을 제시하고 있다.

교사의 인성교육역량이란 인성교육이 교육현장에서 효과적으로 실행되기 위해서 교사에게 요구되는 역량으로, 인성교육역량에는 유아인성교육 실행을 위한 '전문적 자질'로서 교사의 지식 · 기술과 함께 유아들에게 좋은 모델이 되기 위한 '인성적 자질'로서 교사의 정서적 역량이 필요하며, 이는 [그림 3]과 같다.

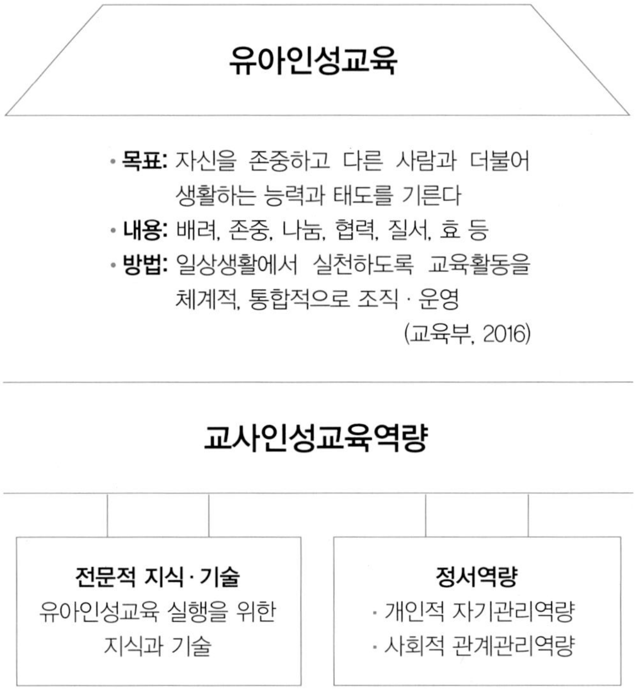

[그림 3] **교사의 인성교육역량의 개념**

[그림 3]에 제시된 바와 같이 교사의 인성교육역량은 유아인성교육을 실행하기 위한 기반이 되는 전문적 자질과 인성적 자질로서, 교사에게 필요한 전문적 지식 · 기술과 함께 교사의 정서역량이 중요한 요소이다. 교사가 인성가치와 관련된 내용을 교육활동을 통해 유아들에게 가르치는 것도 중요하지만 일상생활에서 교사가 자신의 감정을 조절하고 타인의 감정을 공감 · 존중하면서 의사소통하는 것이 학습자에게 더 중요한 영향을 미치는 잠재적 교육과정이 될 것이기 때문이다. 예를 들어, 교사가 유아의 문제행동이나 부정적 정서표현에도 당황하지 않고 수용하며 긍정적인 태도로 반응한다면 유아도 비슷한 상황에서 긍정적으로 자신의 정서를 조절할 수 있는 정서조절 능력과 함께 다른 사람의 감정을 공감하고 소통하는 능력을 기르게 될 것이다.

따라서 유아에게 효과적으로 인성교육을 실행하기 위해서는 교사가 자신의 정서를 이해하고 관리하면서 타인의 정서를 공감하고 유아, 학부모, 교직원과의 교육공동체 안에서 효과적으로 소통하고 관계를 관리할 수 있는 정서역량을 기르는 것이 첫걸음이 되어야 할 것이다. 결국 유아인성교육을 위해서는 인성교육 실행을 위한 교사의 전문적 자질로서 지식·기술과 함께 인성적 자질로서 자기인식, 자기관리, 공감 및 존중, 관계관리를 포함하는 정서역량이 기반이 되어야 한다.

2 유아교사 정서역량의 필요성

좋은 교사의 자질과 전문적인 능력에 관해 과거에는 교사의 인지적 측면에 주로 초점을 두고 논의했으나 최근에는 교사의 전문성을 다각적인 관점에서 조명하면서 교사의 정서 및 교실에서 일어나는 교사와 유아 간의 상호작용, 정서적인 교류에도 관심을 두고 있다. 이러한 이유는 실제 교육현장에서 이루어지는 교수행위는 단순히 머리로만 이루어지는 것이 아니며 교사와 학생들 간의 관계 속에서 나타나는 마음, 정서적 교류를 통해 이루어지기 때문이다.

국외의 경우, 영국을 비롯한 유럽연합 국가에서는 교사의 정서역량이 교사 개인의 안녕은 물론 학습자의 사회정서 발달을 위해서 필수적인 능력이라고 보고 이러한 역량을 예비교사양성과정에서부터 발달시키기 위해 교육을 실행하고 있다(Palomera, Fernandez-Berrocal, & Brackett, 2008). 미국의 경우에도 이미 20년 전부터 많은 학교와 기관에서 정서지능훈련 프로그램을 개발하여 공식적인 교육과정으로 실행하고 있다(문용린, 2011).

최근 국내에서도 교사의 정서역량 교육의 필요성을 인식하고, 현직교사 대상으로 정서역량 증진을 위한 프로그램(마혜진, 2014; 이춘복, 2012; 하은옥, 황해익, 2008)연구들이 실행되고 있고, 예비교사를 대상으로 한 인성교육프로그램(김순환 외, 2014; 이경민, 최윤정, 박순정, 2013)과 정서역량 교육프로그램(조혜진, 김수연, 2016)연구도 실행되고 있다. 교사의 역량 개발은 직전교육과 현직교육이 연계성을 가지고 연속적, 통합적으로 이루어져야 하므로 유아교사양성과정에서부터 현직교육과정까지 교사를 위한 정서역량교육은 시급히 이루어져야 할 과제이다. 정서역량은 인지능력과 마찬가지로 교육을 통해 개발 가능한 능력(Goleman, 2008)이지만 다른 인지적 능력보다 많은 연습과 노력이 필요하기 때문이다. 따라서 장기적 관점에서 직전교육과 현직교육에서 교사들이 정서적 갈등 상황에서 자신의 정서를 조절하고 관리할 수 있는 방법들을 학습하고 교육공동체 안에서 유아를 비롯한 성인들과 효과적으로 의사소통하고 원만한 관계를 유지할 수 있는 정서역량 교육과 훈련이 필요하다.

그렇다면 유아교사는 매일 일상에서 어떤 정서들을 경험할까? 교사의 정서는 유아와의 상호작용과 교수행위에 어떤 영향을 미칠까? 이러한 질문들 속에서 유아교사에게 정서역량이 필요한 이유를 구체적으로 살펴보면 다음과 같다.

첫째, 교사의 정서는 유아와 교실 전체 분위기에 영향을 미치고 교사는 유아에게 정서표현의 모델이 되기 때문에 자신의 부정적 정서를 다룰 수 있는 정서조절 능력이 필요하다.

유아교사들은 매일 일상에서 유아들로 인해 행복이나 기쁨, 보람 등의 긍정적 정서부터 긴장, 화, 짜증, 우울 등의 부정적 정서에 이르기까지 다양한 정서를 경험하게 된다. 교사교육 연구자들은 이러한 교사의 다양한 정서가 교실상황에서 교사의 교수행위와 합리적인 의사결정에 중요한 영향을 미친다고 보고 있다. Rowe, Early와 Loubier(1999)는 영아들이 교사의 비언어적 표현을 빨리 알아차리기 때문에 교사의 부정적인 정서는 학급을 혼란에 빠뜨릴 수 있지만 교사의 긍정적 분위기와 태도는 학급의 안정에 중요한 영향을 미친다고 하였다. Day(2007)도 교사의 정서가 가르치는 일의 중심이 되기 때문에 교사는 부정적인 정서보다 긍정적인 정서를 많이 가지고 있어야 한다고 보았다. 또한, 유아는 일상생활이나 문제 상황에서 교사의 정서표현방식을 보고 배우기 때문에 교사는 유아의 정서 사회화에도 중요한 영향을 미친다. 따라서 교사들은 유아교육현장에서 경험하게 되는 긴장이나 불안, 화, 슬픔 등의 부정적 정서를 조절하고 정서적 안정감을 유지할 수 있는 정서조절 능력이 필요하다.

둘째, 정서표현의 기복이 심하고 언어적 표현의 한계가 있는 영유아의 다양한 정서를 이해하고 공감하기 위해서 필요한 역량이다.

영유아들은 발달특성상 정서표현의 기복이 심하고 자신의 정서 상태를 구분하여 명확하게 언어로 표현하지 못하기 때문에 슬픔, 분노, 짜증을 느낄 때 울음으로 표현하기도 하지만 때론 공격적 행동으로 표현하기도 한다. 어떤 아이가 울고 있다고 했을 때 그 아이는 엄마와 헤어져서, 친구가 놀잇감을 뺏어가서, 또는 선생님한테 혼이 날까 봐 자신의 슬픔, 화, 두려움 등을 울음으로 표현하는 것이다. 교사가 이러한 영유아의 울음, 짜증, 분노 등의 정서표현을 발달과정에서 나타나는 자연스러운 현상으로 받아들이지 못할 경우 영유아의 부정적 정서표현에 대해 스트레스를 경험하고 어떻게 대처해야 하는지에 대해 어려움을 느끼게 된다(오정순, 2010). 또한, 정서적 공감을 받지 못한 유아는 그런 감정을 느끼는 자신이 잘못되었다고 생각하게 되기 때문에 자아존중감이 낮아지고 자신의 감정을 적절히 조절하는 것을 어려워하게 된다(최성애, 조벽, 존 가트맨, 2011). 따라서 교사는 유아의 울음, 짜증, 공격적 행동 등이 무슨 의미인지 유아가 보이는 부정적 정서와 행동 이면의 마음을 공감해서 긍정적으로 상호작용할 수 있어야 하며, 이를 위해서는 타인의 정서를 인식하고 공감할 수 있는 정서역량이 필요하다.

셋째, 학부모, 교사와의 교육공동체 안에서 효과적으로 소통하고 관계를 관리하기 위해서 필요한 역량이다.

교사는 유아교육기관이라는 조직 속에서 유아 외에도 부모, 동료교사, 원장 등의 성인들과 인간관계를 맺게 된다. 특히 초임교사들의 경우에는 성인과의 관계에 대한 부담(조운주, 최일선, 2004), 부모와의 갈등으로 인한 스트레스(조혜진, 2007) 등의 대인관계 문제가 주된 어려움으로 보고되고 있다. 이와 같이 유아교육현장에서 교사로서 맺게 되는 부모, 동료교사, 원장 등 성인과의 관계는 직장생활의 성공을 결정하는 중요한 관계이며, 효과적으로 성인과의 관계를 관리하는 능력이 필요하다. 이를 위해서는 교사-부모 간, 교사-동료교사 및 원장 간의 관계의 특성을 이해하고 효과적으로 의사소통하기 위한 기술, 갈등이 생겼을 때 효과적으로 갈등을 관리하기 위한 전략과 협력적인 관계를 형성하고 유지하는 능력이 필요하다.

넷째, 유아교사직은 정서노동이 많은 직업으로, 교사 스스로 자신의 스트레스와 소진을 관리하고 심리적 안녕감을 높이기 위해서 정서역량이 필요하다.

유아교사는 유아, 학부모, 원장 및 동료교사 등 많은 사람들과 영향을 주고받으며, 긍정적인 정서뿐만 아니라 불안, 화, 긴장, 회의감 등의 부정적인 정서도 경험하게 된다. 하지만 교사는 자신이 느끼는 정서를 언제나 있는 그대로 표현하는 것은 아니며 상황에 적절한 정서를 만들어 표현하게 된다. 즉 교사는 유아교육기관에서 기대하는 정서표현 규범에 따라 부정적인 정서보다 긍정적인 정서를 많이 표현해야 하기 때문에 실제로 느끼는 정서와 표현되는 정서가 다른 상황에 놓이게 되는데 이러한 상황을 Hochschild(1983)는 최초로 정서노동(emotional labor)이라는 개념으로 설명하였다. 특히 유아교사와 같이 인간관계를 매개로 타인을 돕는 조력직(helping professions)인 경우에는 일방적으로 상대를 배려하고 보살핌을 제공해야 하는 조력관계의 특수성으로 인해 스트레스와 심리적 소진을 경험할 위험이 크다(Campbell, 1992).

정서노동 중 실제로 느끼는 정서가 부정적이더라도 그 상황에 적합한 긍정적 정서행동으로 가장해서 표현하는 표면행동은 교사의 스트레스와 정서적 소진을 일으키고(이진화, 2007), 직무만족(김수연, 조혜진, 2015)은 물론 행복감(차정주, 이효림, 2015)에도 부정적인 영향을 미친다고 선행연구들이 공통적으로 보고하고 있다. 그런데 최근 동일한 근무환경에서 정서노동을 많이 하는 근로자라도 정서노동의 영향을 동일하게 경험하는 것은 아니며 정서노동이 스트레스, 직무만족 등에 미치는 부정적 영향을 완화 또는 조절해 줄 수 있는 변인으로 정서지능에 주목하고 있다. 실제 교사의 정서지능은 직무스트레스가 소진에 미치는 영향을 완화해 줌으로써 심리적 탈진상태까지 진행되는 것을 예방하였고(조혜진, 김수연, 2011) 교사의 정서노동이 직무만족에 미치는 부정적 영향을 완충하는 조절효과가 있는 것으로 나타났다(조혜진, 박효진, 2012). 따라서 유아를 가르치고 돌보는 교사직의 특성상 교사가 영유아의 다양한 정서표현에 끊임없이 자신의 정서표현을 조절해야 하는 정서노동을 계속해야 한다면, 교사 스스로 정서노동이 심리적 안녕에 미치는 부정적 영향을 최소화할 수 있도록 조직상황에서 자신과 타인의 정서를 인식하고 긍정적인 방향으로 자신의 정서를 조절할 수 있는 정서역량을 개발하는 것이 필요하겠다.

정서노동(emotional labor)

A. R. Hochschild

Hochschild(1983)는 비행기 승무원, 호텔 종사자 등을 대상으로 한 연구에서 개인이 조직의 규범에 따라 규정된 감정을 표현함으로써 자신이 느끼는 진정한 감정으로부터 소외되는 현상에 주목하고 이를 정서노동으로 개념화하였다. 정서노동은 '조직의 목표를 달성하기 위해 정서와 표현을 조절하는 과정'으로(Grandey, 2000), Morris와 Feldman(1996)은 정서노동을 '대인 간 상호작용 동안 조직에서 요구하는 적절한 정서를 표현하는 데 요구되는 노력, 계획, 통제'라고 정의하였다.

초기 정서노동에 대한 개념은 서비스 업종에 종사하는 사람들을 대상으로 주로 적용되다가 최근에는 변호사, 의사, 사회복지사, 간호사, 교사 등의 전문가들을 대상으로 확대되어 연구되고 있다(김수연, 조혜진, 2015; 이진화, 2007). 정서노동 직업군의 근로자를 대상으로 한 선행연구들은 정서노동이 개인의 직무만족, 소진, 스트레스 등에 영향을 미치는 중요한 변인이라고 일관되게 보고하고 있다.

유아교사도 자신이 느끼는 정서를 언제나 있는 그대로 표현하는 것은 아니며 기관의 목표를 달성하기 위해 자신이 가지는 느낌이나 정서를 조절하게 되는데 개인이 정서노동을 수행하는 방식에는 두 가지 유형이 있다(Grandey, 2000; Hochschild, 1983).

- **표면행동**(surface acting): 자신이 실제로 느끼는 것과 다르게 그 상황에 적합한 정서를 표현하기 위해 외현적으로만 가장해서 나타내는 행동유형
  (예: 나는 유아들에게 진심으로 웃는 경우보다 억지로 웃는 경우가 많다.)
- **내면행동**(deep acting): 구성원에게 요구되는 정서표현을 하기 위해 실제 자신이 느끼는 정서를 조절하여 나타내는 행동유형
  (예: 유아들에게 보여야 하는 긍정적인 감정을 실제로도 느끼려고 노력한다.)

그렇다면 교육현장의 현직유아교사들과 대학에서 예비유아교사들을 가르치는 대학교수들은 정서역량 교육의 필요성에 대해서 어떻게 생각하고 있을까? 유아교육현장에서 현직교사들은 하루일과에서 아이들의 마음을 읽어 주지 못하는 어려움과 수업을 할 때 자신의 감정조절이 잘 되지 않아 업무를 지속해 나가는 데 어려움과 갈등을 느끼고 있었으며 이러한 정서적 어려움을 해결하는 데 도움을 받을 수 있는 교육을 요구하였다(이춘복, 2012). 또한, 교사양성과정에 있는 교수들은 교사의 역할 수행에서 교사의 정서역량이 유아는 물론 부모, 동료교사와의 관계에 미치는 영향이 절대적이라고 보았다. 대학교수들은 교사가 정서적 균형을 잃고 정서조절을 잘 하지 못하면 일차적으로 유아에게 부정적인 영향을 미칠 뿐 아니라 부모, 동료교사와의 관계에도 부정적 영향을 미쳐서 소진이나 교직에 대한 회의, 이직 등의 문제로 나타날 수 있기 때문에 정서역량을 기를 수 있는 교육이 필요하다고 보았다(조혜진, 2016).

현직 유아교사들과 대학교수들의 목소리를 통해서 정서역량 교육의 필요성을 생각해 보면 다음과 같다.

현직교사들의 생각

아이들의 위험한 행동 같은 것을 제재시킬 때 저 같은 경우 큰 소리를 내지 않으려고 하는데 자꾸 큰 소리가 나고 화를 내게 되요. 아이들이 문제행동을 보일 때 화가 나고 짜증이 나면 어떻게 해야 하는지 그런 것을 배우고 싶었는데 그걸 어디서 익혀야 할지 모르겠더라구요. 교사가 아이들과 생활하면서 생기는 여러 가지 감정들을 화내지 않으면서 올바른 방법으로 정서를 처리하는 내용을 배우고 싶어요.

(경력 8년차 교사)

유아를 대상으로 정서지능에 대한 것은 이론적으로 접한 적은 있지만 유아교사를 대상으로 하는 프로그램은 생각해 본 적이 없습니다. 교사에게도 정서가 있는데 말이지요. 아이들과 지내는 시간이 길어질수록 교사의 정서가 아이에게 훨씬 더 영향을 많이 미치는 것을 몸소 깨닫게 되는데… 그래서 유아교사들에게 정서적 역량이 교육을 통해서 향상될 수 있도록 다양한 내용들이 포함된 프로그램이 만들어져야 한다고 생각해요.

(경력 5년차 교사)

저는 학교에 다닐 때 아이들의 발달을 배우긴 했지만 무엇보다 아이들의 마음을 읽는 것이 제일 어려워요. 어떨 때는 행동이 바르고 어떨 때는 굉장히 힘들게 하고… 이런 상황마다 어떻게 해야 아이들의 행동이 일치가 될까요? 그 숙제가 풀리지 않아요.

(경력 3년차 교사)

대학교수들의 생각

정서역량교육이 반드시 필요하다고 생각해요. 왜냐하면 교직이 굉장히 자율적인 직업이잖아요. 교사가 교실 내에서 자기의 감정컨트롤이 되지 않고 자기 마음의 근육이라고 하나? 마음 여기가 약하면 사실은 타인에게 화살이 돌아가는 거죠. (중략) 우리가 그런 교육을 중고등학교 때 한 번도 받지 않고 교사가 되면서도 모의수업은 정말 많이 하고 인지발달이론은 많이 배우지만 자기의 마음근력이 얼마나 있는지 알지도 못하고 우리도 가르치지 않았던 거지요. 그래서 일을 하다가 문제에 부딪히면 마음의 근육이 없기 때문에 '슈욱' 가라앉는 거죠. 그래서 그만두고 도망가기도 하고…

(3년제 대학 A 교수)

실제로 우리가 교사양성을 통합적으로 못하고 있는 상황이고 거의 자격증 제도가 그런 식으로 되어 있기 때문에 단기간에 교사로서 해야 되는 테크닉과 지식을 배워서 나가도록 되어 있지 않습니까? (중략) 그런 부분에서 유아만 전인적인 성장의 모습을 볼 것이 아니라 교사도 전인적으로 보면서 교사교육을 해야 한다고 생각합니다.

(4년제 대학 B 교수)

> 그것은 직업인인 것을 떠나서 우리가 사는 것 자체가 정서… 이런 베이스를 본인 스스로 관리를 안하면 삶의 질이 달라지니까… 본인의 행복을 위해서 정서관리가 필요하다고 생각해요.
>
> (3년제 대학 C 교수)
>
> 초임 때 교사들이 그만두는 이유 중에 가장 큰 것은 무능해서 떠나는 것이 아니라 못 견뎌서 떠나는 사람이 많다는 거예요. 못 견딤의 요소가 어떻게 보면 지식이나 기술이 부족해서라기보다는 사회적 관계에서 참고 견딜 수 있는 능력, 실패에 대한 복원력, 갈등관리나 대인관계능력, 뭐 이런 것들이 부족해서가 아닐까… (중략) 그래서 정서역량이라는 게 반대로 교직경력이 적을 때 더 필요하기 때문에 대학에서 준비를 시켜야 한다고 생각합니다.
>
> (3년제 대학 D 교수)

출처: 이춘복(2012), 조혜진(2016)연구 사례 중 일부임.

3 유아교사의 정서역량 이해

1) 정서의 개념과 기능

(1) 어원 및 개념

정서에 해당하는 영어 'emotion'은 움직이다(move)와 휘젓다(stir up)를 의미하는 라틴어 'movere'에서 유래되었다. 즉 정서는 단지 정적인 마음의 상태가 아니라 '무엇인가가 움직이는 것'을 의미한다(Schilling, 2001). 정서는 우리의 주의를 움직여서 여러 가지 생물학적 반응들, 즉 얼굴표정, 근육의 강도, 음성, 신경, 호르몬을 이용하여 행동으로 옮기도록 하고 우리가 반응을 보일 수 있는 최적의 상태에 있도록 한다.

Parrott(2001)는 '정서는 인지적, 신체적, 행동적 증상으로 뚜렷하게 표현되는 지속적인 마음의 상태'라고 정의하였다. Kleinginna와 Kleinginna(1981)는 '정서는 신경·호르몬계에 의해 중재되는 주관적·객관적 요인들의 복잡한 상호작용'이라고 정의하였다. 이는 첫째, 각성이나 쾌·불쾌의 감정과 같은 감정적 경험을 유발하고, 둘째, 정서와 관련된 지각, 평가, 명명과정과 같은 인지적 과정을 유발하며, 셋째, 각성상황에 대한 광범위한 생리적 적응을 활성화하고, 넷째, 표현적, 목표 지향적, 적응적인 행동을 유도할 수 있다고 하였다.

(2) 정서와 유사한 단어들

정서라는 용어는 기분(mood)과 감정(affect) 등과 같은 용어와 혼동해서 사용되고 있으나 이들 용어는 개념상 다소 차이가 있다.

정서는 정서가 유발되는 시점에서 상황에 대한 인지적 평가와 기분에 영향을 받으며, 기분은 정서적 반응을 유발하는 데 영향을 미친다. 예를 들어, 시간적으로 여유 있을 때보다 아침에 시간에 쫓기는 상황에서 버스사고가 나면 더 화가 날 수 있고, 이렇게 짜증스런 기분일 때 아이들끼리 놀잇감 때문에 다툰다면 아이들을 지도하면서 쉽게 화를 낼 수 있을 것이다. 또한, 정서와 기분을 대상지향성과 지속성 측면에서 비교하면, 정서는 대상지향적인 반응으로, 무엇에 대해서, 혹은 무엇으로 인하여 유발되는 것인 반면에, 기분은 대상이 없거나 대상이 있더라도 전반적인 일상생활상의 상황이나 포괄적인 대상에 대한 것이다. 또한, 정서는 비교적 쉽게 변하는 속성을 가지고 있으나 기분은 보다 오래 지속되는 속성을 가지고 있다. 정서는 정지된 현상이 아니라 시간이 경과함에 따라 변화하는 현상으로, 최초의 원인이 된 정서에 이어 일련의 정서반응이 일어난다.

반면 감정은 정서와 그 의미에서 보다 구분이 모호할 뿐 아니라 호환적으로 사용되고 있다. 일반적으로 학문적 영역에서는 정서라는 용어를 보다 보편적으로 사용하지만 임상영역에서는 감정이라는 용어를 보다 많이 사용하고 있다(정옥분, 정순화, 임정하, 2008).

- **정서:** 사람의 마음에 일어나는 여러 가지 감정. 또는 감정을 불러일으키는 기분이나 분위기
- **감정:** 자극에 대한 그 사람의 실제 반응, 태도이며, 생리적 측면을 강조할 때 많이 사용함

- **기분:** 대상·환경 따위에 따라 마음에 절로 생기며 한동안 지속되는 유쾌함이나 불쾌함 따위의 감정. 비교적 오랜 기간 약하게 지속되며 시작이나 끝이 불분명함

(3) 정서의 기능

감정은 감추고 이성적으로 행동하는 사람이 현명한가? 고대 철학자들은 대부분 정서를 이성적인 심리적 과정을 방해하는 비합리적이고 본능적인 현상으로 이해했다. 이러한 태도는 현재까지 이어지면서 정서가 합리적인 사고와 행동을 방해하는 요인이라고 생각하여, '이성적으로 행동해라.', '넌 왜 그렇게 매사에 감정적이니?', '다른 사람에게 너의 감정을 노출하지 마.'라고 이야기한다. 그렇다면 정서는 정말 비합리적이고 불필요한 것인지 정서가 어떠한 역할을 하는지 살펴보고자 한다.

① 정서는 상황에 필요한 행동을 유발하여 생존과 적응을 돕는다

Darwin(1872)은 진화론적 입장에서 정서는 유기체가 환경에 적응해 나가는 것을 도와주는 기능을 한다고 정서의 긍정적인 기능을 제시하였다. 정서는 인간이 생존하고 환경에 적응할 수 있도록 돕는 적응적인 것으로, 인간의 생존에 결정적인 역할을 하면서 진화해 왔다. 예를 들어, 분노는 개체로 하여금 공격하는 행동을 하게 하여 위협으로부터 자신을 보호하게 하는 것이다.

② 정서는 정보를 제공한다

정서는 우리에게 정서를 유발한 자극이나 상황에 대한 정보를 제공해 준다. 즉 정서를 유발한 자극이 자신에게 유쾌한 것인지 불쾌한 것인지, 또는 그 자극에 다가가야 할 것인지 회피하거나 물러서야 하는 것인지에 대한 정보를 제공해 준다. Plutchik(1980)가 제시한 정서의 자극사건과 반응행동을 정리하면 〈표 2〉와 같다.

〈표 2〉 정서의 자극사건과 반응행동

자극 사건	인지	정서	행동
위험	위험	공포	달리기, 달아나기
장애물	적	분노	깨물기, 치기
잠재적인 배우자	소유	기쁨	구애, 짝짓기
가치 있는 대상의 상실	포기	슬픔	재결합을 위해 울기
집단구성원	친구	수용	치장하기, 나누기
소름끼치는 물건	독	혐오	토하기, 밀기
새로운 영역	무엇이 있지?	기대	탐색 · 표시 · 조직하기
예기치 못한 사건	무엇이지?	놀람	멈추기, 신경 곤두세우기

③ 정서는 의사소통이다

사람들은 대인관계에서 표정과 몸짓을 통해서 정서 상태에 관한 신호를 주고받는다. 아기는 울음이나 웃음 등으로 보호자에게 배고픔이나 졸림, 불편함 등의 다양한 메시지를 전달한다. 성인들도 화를 냄으로써 다른 사람들에게 혼자 있게 해달라거나 심기가 불편하다는 신호를 보내고, 웃음으로 현재 마음을 열고 있으며 접근해도 된다는 메시지를 보낸다. 이처럼 정서는 의사소통을 위한 강력한 수단이다.

④ 정서는 의사결정에 영향을 미친다

어떤 사람들은 합리적인 의사결정을 하는 데 감정이 방해가 된다고 한다. 하지만 이것은 정서를 느끼는 것 자체의 문제가 아니라 정서를 적절히 조절하지 못하고 활용하지 못하는 데서 비롯된 오해이다. 어떤 의사결정도 감정 없이 이루어질 수 없다. 감정은 이성보다 훨씬 위력적이며 인간의 행동은 머리가 아니라 가슴이 지배한다(조벽, 2016). 예를 들어, 담배가 건강에 나쁘다는 사실을 머리로는 잘 알지만 피우고 싶은 마음이 더 강하기 때문에 끊기가 쉽지 않은 것이다. 직장생활에 적용해 보면, 긍정적인 감정은 생각과 행동의 폭을 넓혀 주고 새로운 아이디어를 생각해 내도록 도와주며 과감하게 새로운 행동을 시도하게 만든다. 반면에 두려움, 불안 등의 부정적인 감정은 좀 더 정확한 집중력을 갖게 하고 세부적인 것을 검토하게 하며 실수들을 효율적으로 찾아내도록 한다(Caruso & Salovey, 2009). 즉 행복한 감정을 느끼는 평화로운 때도 있지만 부정적인 감정을 느끼며 신중해야 할 때도 있다. 따라서 효과적인 의사결정을 위해 정서를 잘 활용하는 것이 필요하다.

2) 정서지능과 정서역량

역량(competence)이란 '조직 환경 속에서 탁월하고 효과적으로 업무를 수행할 수 있는 조직원의 행동특성으로, 그들에게 요구되는 지식, 기술, 태도의 총체'이다(김진모, 2001). 역량이라는 개념이 본격적으로 논의되기 시작한 것은 하버드 대학의 심리학자인 McClelland(1973)가 「지능보다는 역량검사(Testing for competence Rather Than for Intelligence)」라는 논문에서 IQ테스트와 같은 전통적 의미의 지능검사나 심리테스트보다 역량의 측정이 한 개인의 직무수행을 보다 타당하게 예측할 수 있다고 주장하면서부터이다. 이어 Spencer와 Spencer(2005)는 『직무에서의 역량(Competence at work)』이라는 저서에서 역량의 구조를 빙산모형으로 제시하였다. 역량을 개발가능성 정도에 따라 특질, 동기, 자기개념(태도, 가치관), 지식, 기술의 다섯 가지 유형으로 구분하면서 특질, 동기, 자기개념 등은 빙산 아래 감추어져 있어 파악하거나 개발하기 어려운 요소이고, 지식과 기술은 가시적인 것으로 교육훈련 등에 의해 상대적으로 개발이 용이하다고 하였다. 이러한 역량 개념은 개인이 어떤 역량을 가지고 있는가에 따라 직무의 성과를 예측할 수 있기 때문에 중요하다.

역량의 중요성이 강조되면서 개인차원의 정서지능을 조직상황에서 직무성과를 발휘하기 위한 역량으로 해석한 것이 Goleman(1998)의 정서역량 개념이다. Goleman은 직장에서 정서지능이 자신과 타인의 정서를 관리하고 그와 연관된 능력과 업무수행에서 우수한 성과를 예견하는 능력과 상당히 연관되어 있다고 보았으며, 정서지능과 정서역량을 구분하였다.

정서지능이란 '자신과 타인의 정서를 평가하고 표현할 줄 아는 능력, 자신과 타인의 정서를 효과적으로 조절할 줄 아는 능력, 그리고 자신의 삶을 계획하고 성취하기 위해서 그러한 정서를 활용할 줄 아는 능력'이며(Salovey & Mayer, 1990), 자신과 대인관계를 관리하는 능력의 원천이 되는 지능요인(Nolan, 2007)이다. 이에 대해 Goleman은 정서역량을 '업무에서 훌륭한 성과를 만들어낼 수 있는 능력으로, 정서지능에 기반을 둔 학습된 능력'이라고 정의하였다. 박동건, 최대정, 이은정(2006)도 정서역량을 '정서지능에 바탕을 둔 학습된 능력으로, 조직 내에서 감정과 관련된 다양하고 복잡한 문제가 발생했을 때 효과적으로 문제를 해결할 수 있고, 우수한 업무수행을 할 수 있는 능력'으로 정의하였다.

이와 같이 정서역량이란 정서지능을 바탕으로 조직상황에서 발현되는 능력으로, 정서지능과 정서역량은 서로 연관되어 있지만 같은 개념은 아니다. 즉 정서지능이 높을 경우 조직에서 정서역량을 발휘할 잠재력이 있음을 의미하는 것이지 정서지능이 높다고 해서 업무에서 정서역량이 높은 것은 아니라는 것이다. 하은옥과 황해익(2008)은 조직 내에서 정서지능이 높은 사람들은 업무에서 높은 성과를 창출할 수 있는 잠재력을 갖고 있지만 그 자체가 업무에서 자연히 표출되는 것은 아니며 실제 업무를 수행하는 과정에서 정서지능이 나타날 수 있도록 정서역량을 기르는 것이 필요하다고 주장하였다. 또한, 다른 연구자들(곽윤정, 2004; Goleman, 2008; Schilling, 2001)도 개인차원의 정서지능이 조직상황에서 발현되기 위해서는 정서역량의 개발이 요구되며 교육을 통해 향상시킬 수 있다고 강조하고 있다. 이런 맥락에서 유아교사의 정서역량이란 '정서지능이 유아교육현장에서 활용될 수 있는 정도'이며, '정서지능을 바탕으로 유아교육현장에서 영유아를 가르치고 돌보는 데 필요한 정서적 자질을 효과적으로 활용할 수 있는 능력'이라고 볼 수 있다.

이상의 내용을 종합하여 역량과 정서지능, 정서역량의 개념을 비교하고 도식화하면, [그림 4]와 같다.

① **역　　량:** 조직 환경 속에서 성공적으로 업무를 수행하기 위해 필요한 지식, 기술, 태도의 총체

② **정서지능:** 자신과 대인관계를 관리하는 능력의 원천이 되는 개인차원의 지능요인

③ **정서역량:** 정서지능을 바탕으로 조직상황에서 발현되는 능력
정서지능에 바탕을 둔 학습된 능력
조직 내에서 감정과 관련된 문제가 발생했을 때 효과적으로 문제를 해결할 수 있는 능력

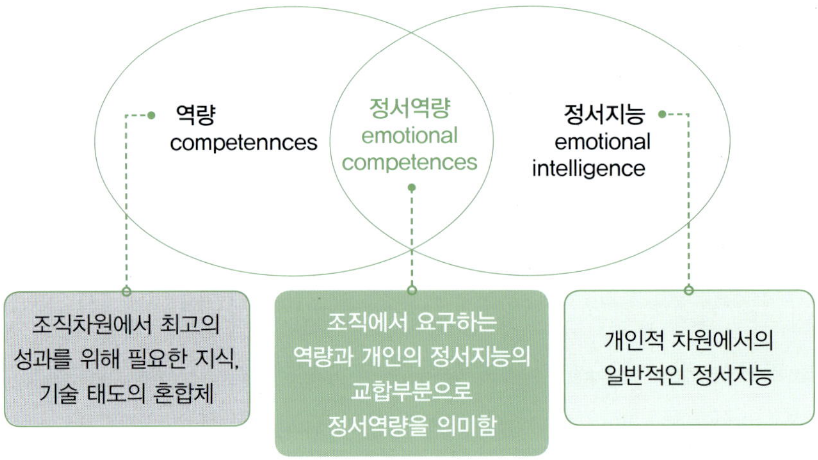

[그림 4] **정서지능과 정서역량의 관계**

출처: 한지현, 김천석, 최명옥, 유태용(2003). 정서역량의 개관과 기업 장면에서의 시사점. pp.97-107.

3) 정서역량의 네 가지 하위역량

Goleman, Boyatzis 그리고 Mckee(2003)는 정서역량을 크게 개인적 역량과 사회적 역량으로 구분하고 구성요소로 자기인식 능력, 자기관리 능력, 사회인식 능력, 관계관리 능력을 제시하였다. 개인적 역량(personal competence)은 한 개인이 자신을 조절하고 통제할 수 있는 능력을 말하고, 사회적 역량(social competence)은

타인과의 관계를 관리할 수 있는 역량을 의미하며, 이는 [그림 5]와 같다.

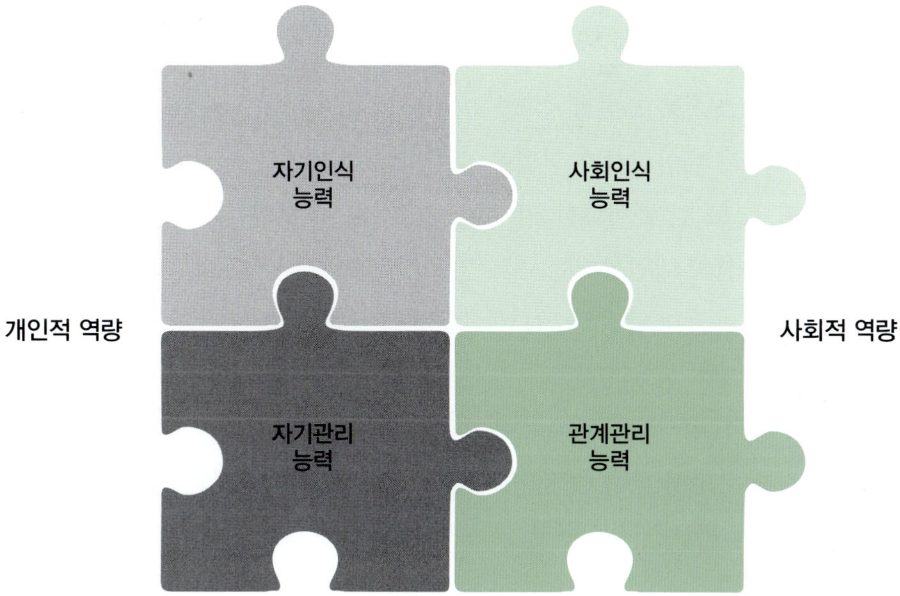

[그림 5] **정서역량의 구성요인**

4개의 정서역량 구성요인별 기본개념과 유아교사의 역할수행과의 관련성을 구체적으로 살펴보면 다음과 같다(이춘복, 2012; 전주영, 2014; Goleman et al., 2003; Kress & Elias, 2006).

(1) 자기인식 능력: 자기 자신을 잘 파악하는 능력

자기인식 능력(self awareness)은 자신의 감정, 능력, 한계, 가치, 목적에 대해 이해할 수 있는 능력으로, 자기 자신에 대해 정확히 파악할 수 있는 능력을 말한다. 자기인식 능력의 하위요인에는 정서적 자기인식 능력, 자신의 장단점과 한계를 아는 자기평가 능력, 자신감 등이 포함된다.

유아교사의 자기인식은 자신의 감정 상태, 선호도, 능력, 직관에 대해 이해하는 능력이다. 즉, 유아교사의 자기인식은 자기 자신에 대한 의식, 자신의 내면상태를 이해하고, 자신이 어떤 능력을 가졌는지 아는 것이며, 이는 다른 사람과의 관계에서 자신을 객관화시킴으로써 형성되는 것이다. 자기인식은 직업 환경에서 정서역량을 증진하기 위한 가장 기본적인 능력인데, 유아교사가 자신의 감정을 먼저 이해해야 스스로 조절할 수 있고 자신의 강점이나 한계를 파악할 수 있기 때문이다. 따라서 유아교사가 역할을 수행하는 과정에서 자신이 어떠한 감정 상태에 있는지, 그로 인해 어떠한 일이 발생하는지, 자신의 장단점과 선호하는 것은 무엇인지 자신의 내면상태에 귀를 기울이는 자기인식 능력이 필요하다.

(2) 자기관리 능력: 자신의 감정을 잘 관리할 수 있는 능력

자기관리 능력(self management)은 자신의 감정을 조절하고 자신이 무엇을 하려고 하는지를 분명히 하는 능력으로, 충동조절, 스트레스 관리, 자기 동기, 개인적 훈육, 적절한 목표를 수립하고 그 목표를 달성하기 위한 행위를 조직하는 능력 등이 포함된다.

유아교사의 정서조절은 직무를 수행하는 과정에서 일상적으로 발생하는 스트레스와 문제 상황에서 자신의 정서를 조절하고 관리하는 능력이다. 유아교사의 정서조절에 의한 정서표현들은 유아에게 다양한 정서적 모델링이 될 수 있고, 유아교사의 자아존중감과 긍정적인 태도에 효과가 있으므로 교사의 역할 수행에서 정서조절 능력은 매우 중요한 능력이다. 따라서 유아교사가 부정적 정서와 충동을 조절하고 스트레스를 관리하는 능력, 목표를 위해 시간과 자원을 관리하는 능력은 유아교사의 성공적인 역할수행을 위해 반드시 필요한 능력이다.

(3) 사회인식 능력: 타인의 감정이나 상태를 이해할 수 있는 능력

사회인식 능력(social awareness)은 타인의 상태를 파악하고 이해할 수 있는 능력으로, 타인의 감정, 느낌이나 타인이 처해 있는 상황을 이해할 수 있음을 의미한다. 사회인식 능력의 하위요인에는 타인의 관점을 취하고 공감할 수 있는 능력, 인간의 다원성에 대한 이해, 타인에 대한 건강하고 적절한 존중을 포함한다.

유아교사의 공감은 유아나 동료교사, 부모들 간의 감정, 욕구, 상황을 인식하고 이해하는 능력이다. 공감을 잘한다는 것은 다른 사람의 얼굴표정이나 태도를 올바르게 해석하고 그들의 시선에서 상황을 바라보고, 그들의 감정을 예견할 수 있다는 것을 전제로 한다. 따라서 유아교사가 타인의 감정이나 상태에 관심을 갖고 공감하는 것은 상호신뢰에 기본이 되며 갈등해결과 원만한 인간관계를 이끌어내는 데 필수적인 능력이다.

(4) 관계관리 능력: 타인과 원만한 관계를 형성하고 유지하는 능력

관계관리 능력(relationship management)은 타인과 대화, 설득, 협력의 과정을 통하여 효과적으로 일을 처리할 수 있는 능력으로, 타인과 원만한 관계를 형성하고 유지할 수 있는 능력을 의미한다. 관계관리 능력의 하위요인에는 타인과 의사소통하는 능력, 갈등을 관리하는 능력, 타인과 관계를 형성하여 협력해서 도움을 주고받을 수 있는 능력을 포함한다. 관계관리 능력은 앞서 제시한 자기인식, 자기관리, 사회인식이라는 세 가지 정서역량이 기초가 되어 발휘되는 종합적인 역량이다.

유아교사의 관계관리 능력은 유아, 동료교사, 부모들과 효과적으로 소통하고 원만하게 관계를 유지할 수 있는 능력이다. 이러한 관계관리를 위하여 자기인식, 정서조절 능력, 감정이입, 경청, 비인어적인 메시지의 이해, 다른 사람의 감정을 다루는 능력, 관계형성 능력, 의사소통, 갈등관리 등의 능력이 필요하다.

『유아교사의 정서역량 기르기』의 구성

『유아교사의 정서역량 기르기』 실제편에 제시된 교육주제는 예비유아교사와 현직교사의 정서역량 증진을 위하여 개발된 것이다. 정서역량 기르기의 교육내용은 자기인식, 자기관리, 사회인식, 관계관리의 네 가지 정서역량과 역량별 하위기술을 중심으로 구성되어 있고, 이를 위한 구체적 주제는 14개로 구성되어 있으며, 〈표 3〉과 같다. 또한, 실제편의 주제별 교육진행은 진단하기, 학습하기, 적용하기의 반복적인 단계로 구성되어 있으며, 이는 [그림 6]과 같다.

〈표 3〉 유아교사의 정서역량 기술 및 주제

정서역량	하위기술	교육 주제
자기인식	· 자신의 정서를 인식하고 이름 붙이기 · 감정의 원인과 다양한 감정들과의 관계 이해하기 · 자신의 성격, 특징, 장단점 이해하고 수용하기 · 자신의 필요와 가치 알기	1. 나의 정서 2. 나를 찾아가는 여행 3. 나를 더 사랑하기
자기관리	· 분노, 불안, 우울 등의 정서조절하기 · 스트레스 관리하기 · 장단기 목표 설정하고 행동 조직하기 · 시간관리하기	4. 내 감정의 주인이 되라 5. 스트레스 관리 6. 미래의 마시멜로
사회인식	· 다양성 존중하기 · 경청하기 · 타인의 정서에 대해 공감하고 민감성 증대하기 · 타인의 관점, 견해 인식하고 존중하기	7. 감정신호 읽기 8. 너의 마음을 알아 9. 서로 다른 관점
관계관리	· 관계에 있어 정서를 조절하고 다양한 정서와 견해를 조화시키기 · 효과적으로 의사소통하기 · 갈등, 협상, 거절 관리하기 · 관계를 형성하고 협력해서 일하기	10. 효과적인 의사소통 11. 갈등관리 12. 교사로서 유아의 마음 공감하기 13. 교사로서 나의 마음 공감하고 돌보기 14. 교사로서 성인과 관계 맺기

진단하기 : 자신에 대해 탐색하고 진단하는 과정

↓

학습하기 : 주제와 관련된 이론적 내용을 학습하는 과정

↓

적용하기 : 학습한 내용을 일상생활에서 연습하고 적용하는 과정

[그림 6] 「유아교사의 정서역량 기르기」의 교육 진행

제2부
유아교사의 정서역량 기르기

> 마음은 늘 어떤 감정 상태에 있다. 단지 스스로가 그런 감정 상태에 있다는 것을 인식하지 못하고 있을 뿐이다. 감정을 성숙하게 처리하기 위해서는 우선 내 안에 그런 감정이 있다는 것을 인식해야 한다.
>
> (김녹두, 2015)

CHAPTER

01

자기인식

나 이해하기

1. 나의 정서

2. 나를 찾아가는 여행

3. 나를 더 사랑하기

1

나의 정서

목표

1. 자기정서인식의 중요성을 알고 자신의 감정 상태를 이해한다.
2. 감정을 일으키는 원인과 다양한 감정들과의 관계를 이해한다.

우리는 의식하지 못하지만 매일 여러 사람을 만나고 다양한 자극을 받으면서 여러 가지 감정을 느끼고, 그로부터 영향을 받으며 살아간다. 감정은 일상의 경험에 대한 반응이기 때문에 항상 우리 곁에 존재한다. 아침에 등교 길에 있었던 일이나 출근해서 학부모와 나누었던 대화 때문에 기분이 좋아서 그날 다른 사람들이 하는 부탁이나 요구를 흔쾌히 들어줄 수도 있고 반대로 화가 나서 하루 종일 다른 사람들을 대할 때 짜증스럽게 대할 수도 있다. 이런 감정의 영향은 대부분 일시적으로 끝나지만, 때로는 주변 사람들과의 관계나 중요한 시험, 발표 등에 부정적인 영향을 미칠 수 있다.

이처럼 감정은 우리 삶의 곳곳에 자리하고 늘 함께 있지만, 대부분의 사람들은 이를 잘 알아차리지 못한다. 또한, 감정이 일어난 원인이나 현재 상태, 감정이 어떠한 영향을 미치는지 그 중요성과 역할에 대해 알지 못하고 자신의 감정도 어떤지 제대로 알지 못한 채 살아가기도 한다. 그래서 '기분이 어때요?' 하고 물어보면 많은 사람들이 '좋아요', '그저 그래요', '별로예요', '몰라요' 등의 단순한 대답이 나온다. 즉 감정을 '가지고는' 있으나 그 감정을 정확하게 '알지는' 못하는 것이다.

자신의 감정을 아는 것과 모르는 것은 천지차이다. 알아야 조절할 수 있기 때문이다. 자신의 감정을 알아야 힘이 들 때 스스로 위로해 줄 수 있고 감정적으로 욱해서 일을 그르치는 일도 막을 수 있다. 내 감정을 스스로 느끼는 것이 감정을 다스리기 위한 첫걸음이다. 따라서 본 장에서는 자신의 감정을 이해하고 표현하기 위해 사용할 수 있는 감정 단어는 얼마나 되는지 알아보고 자기정서인식의 중요성, 감정의 원인과 다른 감정들과의 관계에 대해 살펴보고자 한다.

진단하기

내가 알고 있는 감정 단어는 얼마나 될까? - 감정 단어 빙고 게임 〈**부록 1**〉

1 자기정서인식의 개념 및 중요성

1) 자기정서인식의 개념

자기정서인식이란 자신의 감정 상태를 인식하고 그 감정의 원인에 대해 이해할 수 있으며, 자신의 감정상태가 타인에게 미치는 영향을 인식하는 것을 의미한다(Goleman et al., 2003). 자기정서인식은 자신의 감정을 정확하게 파악하고 상황에 따라 바뀌는 자신의 심적인 성향을 이해하는 능력을 말한다. Goleman(1995)은 자기정서인식을 다음과 같이 정의하고 있다.

> 감정이나 기분, 그리고 그 감정에 대한 우리의 생각을 알아차리는 것…
> 경험으로부터 한 걸음 뒤로 물러서는 '초월(meta)'이라는 것으로 의식과 평행하는 흐름, 즉 흐름에 빠져 방향을 잃어버리지 않고 무슨 일이 일어나고 있는지 알면서 큰 흐름의 위나 옆을 날아가는 것…

자기정서인식은 자각을 통해 내면의 상태에 끊임없이 주의를 기울이고 자신이 무엇인가를 느끼고 있을 때 자신이 지금 무엇을 느끼고 있는지, 그 감정에 대한 자신의 생각과 태도(초감정, meta-emotion)는 어떠한지, 또 그 감정이 일어난 원인은 무엇이고 어떻게 변화되고 있는지를 이해하는 것이다.

자신의 감정을 정확히 이해하기 위해서는 감정이 일어난 원인과 현재의 상태에 대해 들여다보는 시간을 갖고 진지하게 생각하는 것이며, 그 감정에 이름을 붙이는 것이다. 감정은 일상의 경험에 대한 반응이기 때문에 항상 원인이 존재한다. 또한, 감정에 이름을 붙이는 것은 그 감정을 자기 자신의 것으로 만들 수 있으며(Schilling, 2001), 기쁨, 공포, 분노 등의 자신의 감정에 대해 이야기할 수도 있고 다른 사람들의 그런 감정들도 이해할 수 있게 된다.

2) 자기정서인식의 중요성

자기정서인식은 자신의 내면상태에 지속적인 주의를 기울이는 능력으로, 자신의 정서를 제대로 읽을 수 있어야 정서를 조절할 수 있고, 타인의 정서표현도 이해할 수 있다. 자기정서인식은 자기관리, 사회인식, 관계관리 등의 정서역량을 기르기 위한 가장 기본적인 능력이다.

자기정서에 대한 이해가 부족한 사람들은 자신의 감정에 빠져 그 감정에 압도되어 버리거나 화, 불안, 짜증, 질투, 우울 등의 불편한 감정들은 애써 부정하고 외면하려고 한다. 그러나 감정은 무시하고 외면한다고 없어지는 것이 아니다. 오랫동안 감정을 억누르다 보면 어느 순간 욱해서 일을 그르치거나 관계를 악화시킬 수도 있고 마음을 돌보지 못해서 정서적으로 쉽게 지치고 소진을 경험할 수도 있다. 그러므로 감정을 제대로 느끼도록 노력하고 이를 소중하게 여겨야 한다. 감정을 무시하면 제대로 다룰 수 없고 사람들과 관계도 불편해지고 멀어질 수 있기 때문이다.

사람들은 수많은 감정들 중에서 특히 화, 슬픔, 불안, 공포와 같은 감정에 대해서는 불편함을 느끼고 이런 감정이 생기더라도 '이렇게 느끼면 안된다.' '그것에 대해서 생각하지 말아야지' 하면서 부정하거나 인정하려고 하지 않는다. 이렇게 감정을 좋은 것과 나쁜 것으로 구분하면 현재 느끼고 있는 감정을 진정으로 이해하는 데 방해가 된다(Bradberry & Greaves, 2013). 감정 그것 자체로 맞거나 틀린 것도 아니며 좋거나 나쁜 것도 아니다. 우리가 느끼는 모든 감정은 존재해야 할 이유가 있다. 만약 아래와 같은 감정들이 사라진다면 어떤 일이 일어날까?

- 가족이 동네 불한당에게 행패당하고 있는 것을 보아도 화가 나지 않는다.
- 친구(가족)가 병원에 입원해도 슬프지 않다.
- 내일 시험(부모 참여수업)이 있어도 전혀 불안하지 않다.
- 지진발생 긴급 재난문자를 받았지만 무섭지 않다. 하고 있던 방청소를 계속 한다.

위의 사례를 보면 화, 슬픔, 불안, 공포 등의 감정들이 의외로 우리에게 도움을 주는 것이 많음을 알 수 있다. 가족이 행패당하는 것에 분노를 느끼고 가족을 보호하기 위해 대항하게 되고, 친구의 아픔에 슬픔을 느끼면서 소중한 사람들과의 관계에 대해 반성하게 된다. 시험에 대한 불안으로 공부했던 내용을 다시 한 번 더 보게 되고, 지진발생 재난문자에 두려움과 불안을 느끼고 재빨리 대피하게 된다. 이처럼 부정적 감정들은 우리에게 '위험 신호'를 보내기 때문에 이를 감지하고 행동으로 옮길 수 있는 것이다. 이와 같이 감정은 개인이라는 소우주에서 무슨 일이 일어나고 있는지 알려 주는 신경학적 신호와 같다(McLaren, 2014).

그렇다고 감정을 반드시 느껴야 한다는 강박관념을 가질 필요는 없다. 내면의 감정들에 관심을 가지면서 무언가 감정이 느껴지면 그것을 그대로 받아들이고 느끼면 된다. 나쁜 감정이란 없다. 감정을 느끼는 것이 문제가 아니라 감정을 다루는 방법이 중요한 것이다. 내 감정을 이해하는 것이 감정을 다스리기 위한 첫 걸음이다.

2 정서를 일으키는 원인과 정서들 간의 관계

1) 일차 정서와 이차 정서

인간이 느끼는 정서는 매우 다양하다. 심리학자들은 인종과 지역에 상관없이 모든 사람에게 공통적이고 원시적인 형태의 정서가 존재한다고 주장하였고, 이를 기본 정서, 일차 정서라고 하였으며 이차적으로 파생된 정서를 이차 정서라고 하였다(Ekman, 2014: Plutchik, 1980).

(1) 일차 정서

생래적(生來的)으로 타고난 것이며 연령이나 문화권과 상관없이 동일한 상황에서 모든 사람에게 일어나고, 얼굴표정을 통해 변별이 가능한 특성이 있기 때문에 일차 정서 또는 기본 정서라고 부른다. 행복, 슬픔, 분노, 놀람, 공포, 혐오, 호기심 등이 일차 정서의 예이다.

(2) 이차 정서

일차 정서보다 늦게 나타나고, 자아인식과 자신의 행동을 평가하는 능력이 생기면서 나타난다. 일차 정서는 영아기의 초기에 나타나지만 수치심, 부러움, 죄책감, 질투, 자부심 등과 같은 정서는 첫돌이 지나서야 나타나며, 이차 정서 또는 복합 정서라고 부른다.

2) 정서를 일으키는 원인

(1) 기본 정서의 원인

- 행복은 주관적으로 느끼는 안녕감으로, 행복을 느끼는 상태란 너무 주관적이어서 행복을 유발하는 원인을 무엇이라고 단정하기 어렵고 개인에 따라 다양하다.
- 슬픔의 원인은 돌이킬 수 없는 상실로, 무엇인가를 잃었을 때 슬픔을 느낀다. 신체적·심리적으로 가까운 사람과 멀어지거나 사랑하는 사람의 죽음, 중요한 목표의 실패 등이 원인이 된다.
- 분노의 원인은 자신의 경계가 침범당하고 공격받을 때, 목표획득이 방해될 때, 자아존중감이 손상될 때 등이다. 또한, 분노는 일차적 감정으로 나타나기도 하지만 다른 감정에 대한 이차 감정으로 나타나기도 한다. 슬퍼서 화가 나기도 하고 두렵거나 좌절해서, 혹은 부끄러워서 화가 나기도 한다.
- 공포는 눈앞에 위험하고 위협적인 자극이 있거나 그것을 예상할 때 생기는 정서이다. 잠재적인 위험으로부터 자신을 보호하기 위한 반응이기 때문에 공포의 원인은 위험이 예상될 때, 고통이 있거나 예상될 때 등이다.

(2) 복합 정서의 원인

- 수치심은 몹시 부끄러운 마음으로, 다른 사람에게 비난을 받거나 놀림을 당

하거나 멸시를 당할 때 느끼게 된다.

- 죄책감은 자신이 지켜야 하는 도덕적 가치, 즉 양심에서 벗어났을 때 경험하는 정서이다. 죄책감은 뭔가 해야 할 일을 하지 않았을 때, 하지 않아야 할 일을 했을 때 생기는 정서이다.

3) 정서들과의 관계

학자들은 다양한 정서들 간의 관계를 설명하기 위해 정서의 차원구조로 설명하거나 일차적인 기본 정서와 이차적인 정서로 구분하여 설명하고자 하였다(정옥분 외, 2008). 다양한 정서들을 그 유사성이나 일정한 규칙에 따라 조직하고 구조화함으로써 정서의 본질을 보다 명확하게 이해할 수 있다.

(1) 차원구조

Mayne과 Ramsey(2001)는 정서들 간의 중요한 유사점이나 차이점을 설명하기 위하여 두 개의 차원으로 정서들 간의 관계를 설명하였는데 이는 [그림 7]과 같다. 한 차원은 유쾌함–불쾌함의 차원이고, 다른 차원은 정서의 활성화나 각성과 관련된 강도의 차원이다. 이차원 모델에서 행복이나 황홀감과 같은 긍정적 정서는 유쾌함과 강도가 모두 높은 Ⅰ사분면에, 만족감이나 편안함과 같은 긍정적 정서는 유쾌함은 높지만 강도는 낮은 Ⅱ사분면, 긴장과 스트레스와 같은 강한 부정적 정서는 불쾌함과 강도가 모두 높은 Ⅳ사분면, 슬픔이나 우울함 같은 약한 부정적 정서는 불쾌감은 높지만 강도는 낮은 Ⅲ사분면에 위치하는 것으로 나타났다.

[그림 7] 정서의 이차원모델

Plutchik(2000)는 정서의 강도, 유사성, 양극성의 세 가지 특징을 조합하고 여기에 8개의 기본 정서 즉, 즐거움, 신뢰, 두려움, 놀람, 슬픔, 혐오, 화, 예견에 대한 관점을 추가하여 팽이모양의 입체모형을 만들고 정서를 삼차원 구조로 설명하였는데, [그림 8]과 같다. 먼저 강도의 차원에서 슬픔보다 고뇌가, 화보다 격노가 더 강한 의미를 가지고 있다. 또한, 유사성 차원에서 보면 화는 즐거움보다 혐오의 차원과 더 가깝고, 양극성 차원에서 보면 슬픔은 즐거움과, 화는 두려움과 상반되는 정서로 제시되어 있다.

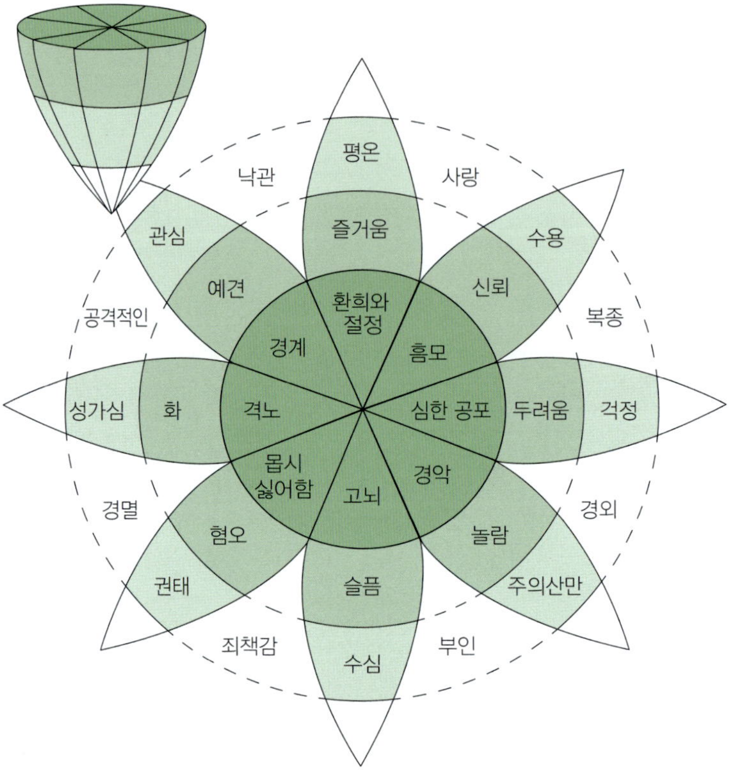

[그림 8] 정서의 삼차원모델

(2) 기본 정서와 복합 정서

진화론적 관점에서 인종과 지역에 상관없이 모든 사람에게 공통적이고 원시적인 형태의 기본 정서가 존재한다고 주장한다. 기본 정서는 일상적인 과제를 처리하는 데 있어서 적응적 가치를 가지고 진화해 왔다고 보는 것이다. 이는 인간이라는 종에 본질적이고 동시에 영장류에게도 기본적인 정서가 존재하며 유전된다고 본 것이다. 기본 정서 이외의 모든 정서는 이차 정서이고 이차 정서는 일차 정서가 혼합된 것임을 전제로 한다.

Ekman(2014)은 보편적인 얼굴표정을 중심으로 공포, 분노, 행복, 혐오, 슬픔, 놀람의 여섯 가지 정서를 기본 정서로 제시하고 있다. Plutchik(1980)는 여덟 가지 정서를 기본 정서로 제시하였는데, 기본 정서와 기본 정서가 혼합된 복합 정서로 구분하고 있으며 이는 [그림 9]와 같다. 기쁨과 수용이 합해졌을 때 사랑이, 공포를 느끼면서도 수용할 때 복종이, 놀람과 슬픔이 섞였을 때 실망이, 슬프면서도 혐오스러운 것은 후회가, 혐오와 분노의 정서가 섞였을 때 경멸이, 분노하면서 기대감을 느낄 때 공격이, 기대와 기쁨이 섞였을 때 낙관이 나타난다는 것이다.

[그림 9] **기본 정서와 복합 정서**

이상의 정서를 일으키는 원인과 다양한 정서들 간의 관계를 정리하면, 각각의 정서를 일으키는 원인들이 있고, 우리가 느끼는 정서는 시간이 지남에 따라 다른 형태로 강도가 약해지거나 강해지면서 변화하며, 정서들 간의 유사하거나 상반되는 정서들이 있다. 예를 들어, 부러움과 질투, 슬픔과 우울, 짜증과 화, 분노를 보면 우리가 느끼는 정서는 다른 형태로 변화함을 알 수 있다. 또한, 2개 이상의 정서가 혼합되어서 다른 감정을 느끼게 되고, 동시에 2개 이상의 여러 가지 정서를 함께 경험할 수도 있다.

3 정서를 이해하고 분석하는 능력

Mayer와 Salovey(1997)가 정서지능의 하위범주 중 '정서를 이해하고 분석하는 능력'을 네 가지 수준으로 제시한 것을 정리하면 다음과 같다(이지영, 2014).

1수준: 정서를 명명하고 정서를 명명하는 단어와 정서들과의 관계를 인식하는 능력

다양한 정서에 이름을 붙이고, 정서 간의 차이와 관계를 이해하며, 정서의 강렬한 정도에 따라 명칭이 달라진다는 것을 이해하는 능력이다. 예를 들어, 똑같이 화나는 감정일지라도 조금씩 그 성격과 강도에 따라 명칭이 달라질 수 있다.

> 예 분노의 감정 - 짜증스러운 감정, 신경질 나는 감정, 욱하는 감정, 격분한 감정 등

2수준: 정서가 발생한 원인과 과정, 그리고 결과를 이해하는 능력

어떠한 정서도 그냥 생기는 것은 없으며, 그 정서를 유발한 자극과 사건이 있다. 따라서 그 정서를 유발한 원인에 대해서 이해하고 어떤 과정을 거치는지 이해하는 것을 의미한다. 예를 들어, 짜증이나 우울, 화 등의 정서는 그냥 생긴 것이 아니라 그 정서를 유발한 원인과 과정이 있음을 이해하는 것이다.

> 예 (남자친구와 백일째 되는 날 만났는데) 그냥 짜증이 났어요.
> (남자친구가 전화를 받지 않았을 때) 그냥 우울하고 화가 나요.

3수준: 두 가지 이상의 복합적인 정서를 해석하고 여러 가지 정서를 함께 경험할 수 있다는 것을 이해하며 활용하는 능력

앞서 기본 정서와 복합 정서를 살펴본 것처럼 경멸은 분노와 혐오의 감정이 혼합되어 있으며 놀람과 슬픔이 겹쳐졌을 때 실망을 느끼게 됨을 이해하는 것이다. 또한, 일상생활에서 우리는 대부분 단일한 감정을 경험하기보다는 여러 가지 감

정을 복합적으로 경험하는 경우가 많다. 사랑하면서도 미워할 수 있고 슬프면서도 화가 날 수 있다.

예 슬픔은 다음의 어떤 두 가지 감정들이 섞인 감정일까?
a. 화와 놀라움 b. 공포와 화
c. 실망과 수용 d. 후회와 즐거움

4수준: 정서들 간의 전환을 이해하고 예측할 수 있는 능력

우리가 느끼는 감정은 계속 유지되기보다는 다른 형태로 변화하는데, 감정이 어떻게 변화하는지 이해하고 예측할 수 있는 능력이다. 예를 들어, 친구가 다른 사람들 앞에서 단점을 지적했을 때 순간 부끄럽거나 수치스러웠는데 나중에는 사람들 앞에서 수치심을 준 그 친구에게 화가 날 수 있다.

예 친구가 다른 사람들 앞에서 나의 단점을 지적했을 때 순간 ________했는데, 나중에는 ________ 했습니다.

아무 말(이유) 없이 헤어지자고 한 남자 친구에게 처음에는 ________했는데, 나중에는 ________ 했습니다.

적용하기

- 자신의 정서 상태 들여다보기 - 요즘 나는… 〈부록 2〉
- 감정일기 쓰기 〈부록 3〉
- '인사이드 아웃' 영화감상문 쓰기 〈부록 4〉

2

나를 찾아가는 여행

목표

1. 자기이해와 수용이 긍정적 자아개념 형성을 위해 중요함을 이해한다.
2. 자아개방과 성격탐색을 통해 자신의 특성을 이해하고 수용한다.

우리는 자신에 대해 얼마나 알고 있을까? '나'는 워낙 익숙한 존재라서 누구나 자신을 잘 알고 있다고 생각하지만 사실 그렇지 않다. 어떤 순간 '나에게 이런 면이 있었구나!' 하고 자신도 몰랐던 부분이 드러나기도 하고, '친구나 가족, 동료들은 나를 이렇게 생각하는구나!' 하고 다른 사람을 통해 자신이 몰랐던 부분을 재발견하기도 한다.

나에 대한 이해는 다른 사람과 성숙한 인간관계를 맺는 필수조건이 된다. 나를 이해하고 나 자신을 어떻게 보느냐는 긍정적 자아개념을 갖는 데 매우 중요한 과정이다. 또한, 자기 자신을 이해하고 수용할 때 남을 이해하고 수용할 수 있고, 타인을 수용하고 신뢰할 수 있을 때 타인에게 자신을 그대로 개방함으로써 좋은 관계로 발전할 수 있기 때문이다. 만약 처음 만난 이성에게 호감을 느껴서 좋은 모습만 보여 주고 싶은 마음에 자신의 단점이나 가정의 문제들을 감췄다고 하자. 초반에는 만남이 지속되고 관계가 진전될 수 있겠지만 이후에도 계속해서 자신의 모습을 솔직하게 개방하지 못한다면 신뢰와 마음을 나누는 관계로 발전하기는 어려울 것이다. 따라서 본 장에서는 나는 어떤 존재인지 나에 대한 이해를 높이기 위하여 내가 보는 나와 타인이 보는 나, 나의 성격에 대해 알아보고자 한다. 이를 통해 나만이 가진 독특함, 생각, 성격, 장단점 등을 이해하고 수용하는 태도를 기르고자 한다.

진단하기

타인이 보는 나 〈부록 5〉

1 자기이해와 수용의 중요성

1) 자아개념의 이해

자아개념(self-concept)이란 '나는 누구인가', '나는 어떤 사람인가'라는 물음과 관련된 것으로, 사람들이 자기 자신에 대해 가지고 있는 신념, 지각 및 태도의 독특한 체계이다. 또한, 인간으로서 자신의 존재에 대하여 가지는 총체적 자각이라 할 수 있으며, 자아상(self-image), 또는 자아정체감(self-identity)이라고 한다. 자아개념은 개인이 자기 자신에 대하여 가지는 주관적인 지각 또는 태도이고 내면의 일관성을 유지하고 경험을 해석하고 미래의 성취에 대한 기대수준을 결정하는 인간행동의 중요한 변인이다(박명희, 1999).

인간은 생애 초기에 '나'와 '나 아닌 것'을 변별하게 되고 성장과정에서 다른 사람과의 상호작용을 통해 자기에 대한 지식을 습득, 저장하고 이를 바탕으로 자신을 평가하게 된다. 이렇게 자기에 대한 인식과 평가내용을 기초로 자아개념을 구성하며, 이러한 자아개념은 자아존중감(self-esteem)의 기초가 된다. 긍정적 자아개념은 자기 자신을 의미 있는 존재로 인식하고 자신감을 갖게 하는 반면, 부정적 자아개념은 자기 자신을 보잘것없는 존재로 인식하게 함으로써 대인관계에도 부정적 영향을 미치게 된다.

자아개념을 구성하는 요인을 세 가지 측면에서 살펴보면 다음과 같다(김혜숙 외, 2008).

첫째, 물질적 자아이다. 나를 이루고 있는 나와 관계된 물질적 측면으로, 외모, 신체적 특성, 물질적 소유물 등을 포함한다.

둘째, 사회적 자아이다. 타인과의 관계 속에서 나타나는 나의 신분과 위치를 의미한다. 교우관계, 이성관계, 가족관계, 사회적 지위 및 신분을 포함한다. 예를 들어, 삼남매의 둘째 딸이고 두 아이의 엄마이며, 하늘유치원 교사로서의 자신을 의미한다.

셋째, 심리적·정신적 자아이다. 가치관, 도덕 기준 등과 관련된 나의 내면적 특성이며, 성격, 능력, 적성 등을 포함한다.

2) 자기 수용의 중요성

자기수용은 자신의 모습을 있는 그대로 받아들이는 것을 의미한다. 송명자(2009)는 자기수용의 의미를 세 가지로 다음과 같이 정리하였다.

첫째, 자신을 수용한다는 것은 자신의 단점은 물론 자신의 자원과 가능성을 이해하고 받아들이는 것이다. 대부분의 사람들은 자신의 단점을 확인하고 자기비판은 잘하지만 자신의 자원과 가능성을 발견하는 것에는 매우 서툴기 때문에 있는 그대로의 자신을 수용하기가 어렵다.

둘째, 자신을 수용한다는 것은 자신의 신체적 조건이나 생리적 현상을 있는 그대로 경험하고 받아들이는 것이다. 또한, 자신의 느낌, 생각, 행동 등 여러 가지 심리적 현상을 자기의 것으로 인정하고 책임을 지는 것으로, 예를 들어 두려움과 불안함을 느낀다면 자기 자신이 지금 그와 같은 감정을 느끼고 있다는 것을 솔직히 인정하고 받아들이는 태도를 의미한다.

셋째, 자신을 수용한다는 것은 자신의 처지를 현실로 인정하고 이에 직면하는 태도를 가지는 것을 말한다. 성숙한 인간은 자신이 처해 있는 현실을 직시할 뿐 아니라 그 현실을 자기의 것으로 받아들여 거기서부터 자신의 삶을 개척해 나가는 사람이다.

일반적으로 자아개념이 높다는 것은 자신을 있는 그대로 긍정적으로 받아들이고 자신이 하는 일에 긍지를 가지며 자기 자신을 중요한 존재로 여기는 것을 의미한다. 자기 자신을 다른 사람과 비교해서 우월하거나 열등하다고 느끼지 않고 자기 모습을 있는 그대로 받아들이는 자기수용은 건강한 사람의 특징이다. 자기 자신을 있는 그대로 받아들인다는 것은 완벽할 수 없는 한계를 가진 자신의 존재를 인정하고 그것을 사실로 받아들인다는 것이다. 이는 자신의 장점에 대해 이해할 뿐 아니라 자신의 단점도 인정하고 수용함을 의미한다.

또한, 나 자신을 어떻게 이해하고 보느냐는 인간관계에 대한 기대와 생각에도 영향을 미치므로 다른 사람을 이해하기 전에 자신을 이해하고 수용하는 것은 매우 중요하다. 결국 자기이해와 수용은 자아존중감을 높이고 건전한 인간관계를 형성하기 위한 기본이 되는 것이다.

2 자기이해를 위한 방법

자기 자신이 어떤 사람인지에 대해 살펴보고 이해하는 것은 긍정적 자아개념을 갖는 데 매우 중요한 과정이다. 자기이해를 위한 방법은 다양하지만, 본 장에서는 나에 대한 기초정보 탐색하기, 자신이 보는 나와 타인이 보는 나를 알아보기, 성격 이해를 통해 나에 대해 알아보고자 한다.

1) 나에 대한 기초정보 탐색하기

나에 대해서 알아보는 첫 단계는 겉으로 드러나는 인구통계학적 요인들을 확인하는 것이다. 인구통계학적 요인들은 가족관계, 직업(전공), 취미, 외모 등을 포함한다. 다음 '내가 보는 나' 활동을 통해 자기 자신의 독특한 특성이 무엇인지 생각해 볼 수 있으며, 개인 간의 차이뿐 아니라 공통점에 대해서도 생각해 볼 수 있다.

〈활동〉

내가 보는 나!

ㅁ 퍼즐의 빈칸에 자신의 가족관계, 직업(전공), 취미, 성격, 외모, 취향(음식, 액세서리, 음악, 영화 등)을 생각하면서 나만의 독특한 특성이 무엇인지 적어 보세요.

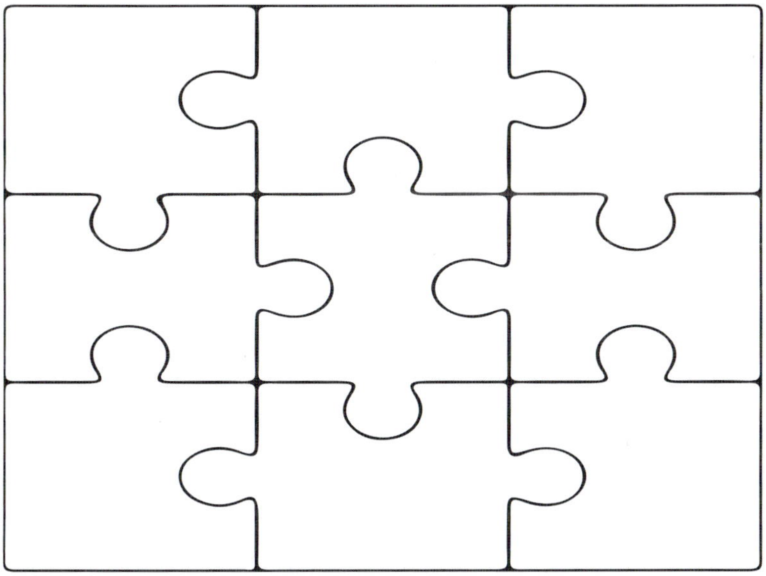

2) 자아개방

자아개념은 자신이 스스로를 바라보는 모습과 타인에게 비추어진 모습에 따라 결정된다. 이때 개인이 알고 있는 것과 타인이 알고 있는 부분이 같을 수도 있고 다를 수도 있다. 이를 가장 잘 나타내 주는 것이 요하리의 창(Johari Window)이다. 미국의 심리학자인 Joseph Luft와 Harrington Ingham이 개발한 자기노출의 모형으로, 그들의 첫 이름, 즉 Joseph과 Harrington의 앞부분을 합쳐서 만든 이름이다. 요하리의 창은 자신에 대해 '자신이 아는지'와 '타인이 아는지'의 여부에 따라서 네 부분으로 구분되는데, [그림 10]과 같다.

[그림 10] 요하리의 창

(1) 열린 자아

나와 타인에게 공개되어 있는 영역으로, 나도 알지만 타인도 아는 나의 모습이다. 예를 들어 이름, 성별, 직업, 가족관계, 외모, 취미 등이 포함된다.

(2) 눈먼 자아

나는 모르고 타인은 아는 영역으로, 남들은 잘 알지만 자기 자신은 모르고 있는 자신의 모습이다. 이는 마치 맹인이 자기를 보지 못하는 이유와 같다고 하여 붙여진 이름이다. 눈먼 자아영역은 정작 본인 자신은 자각하지 못하는 부분으로, 내가 가지고 있는 이상한 버릇, 비언어적 행동 습관 등이 여기에 속한다. 타인들은 모두 아는데 자신만 모르는 영역이라 누군가 이야기해 주기 전에는 잘 인식하지 못한다. 눈먼 자아는 타인으로부터의 지속적인 피드백과 의사소통을 통해 발견할 수 있으므로 자신에 대해 이야기하는 타인의 말과 반응에 귀 기울일 필요가 있다.

(3) 감추어진 자아

타인은 모르고 자신만 알고 있는 영역으로, 자기만 알고 남들은 잘 모르는 나의 모습이다. 타인에게 비공개된 부분으로, 겉으로 표현하지 않은 나의 생각, 나만이 알고 있는 나의 약점, 콤플렉스, 비밀 등이 여기에 속한다. 친밀하지 않은 관계에서는 남들이 나에 대해서 잘 모르는 것이 자연스럽지만 상대와의 친밀도에 따라 자신을 노출하는 범위가 달라진다.

(4) 미지의 자아

자신도 모르고 타인도 잘 모르는 미지영역으로, 남들은 물론 스스로도 잘 모르는 자신의 모습이다. 예를 들어, 무의식이나 어린 시절의 경험 또는 심리적 외상 등은 남들이 모르는 것은 당연하지만 나 자신도 잘 모를 수 있다.

요하리의 창은 자아의 개방 정도와 피드백을 얻는 정도에 따라 창의 크기가 달라진다. 자기 자신을 드러내는 것은 본질적으로 자아정체성을 형성하고 확인해 나가는 지속적인 과정이며, 대인관계 형성에도 직·간접적으로 영향을 미친다. 또한, 우리는 자신에 대해서 잘 모르고 있는 부분이나 모습들을 타인의 피드백을 통해 알게 되는 것이다. 즉 인간관계의 발달을 위해서는 자아개방과 타인의 피드백이 중요함을 보여 준다. 결국 인간관계가 발전한다는 것은 개방된 영역이 초기에 매우 작지만 서로 신뢰가 쌓이고 관계가 발달하면서 이 부분이 점점 커지고 확대됨을 의미한다.

3) 성격 이해

(1) 어원 및 개념

앙소르 「가면」

성격에 해당하는 영어 'personality'는 그리스어의 '페르소나(persona)'에서 유래한 말로, 고대 그리스 연극에서 배우들이 쓰던 가면을 일컫는다. 페르소나는 어떤 사람의 참 모습이라기보다는 배우가 가면을 쓰고 무대에서 연극하듯이 사람들이 사회 속에서 피상적으로 나타내는 사회적 이미지를 뜻한다. 즉 성격이란, 사회라는 커다란 무대에서 사람들이 나타내는 외현적 행동양상으로 개인의 독특하고, 안정적이며, 일관성 있는 성격 요소들로 형성되어 있다는 것을 의미한다(김혜숙 외, 2008).

성격은 개인이 갖고 있는 선천적인 요인과 타인이나 환경과의 상호작용을 통해 한 개인이 형성하는 독특하고 일관성 있는 안정적인 행동양식이다(임혜경 외, 2014).

(2) MBTI 성격검사하기

Jung의 성격 유형 이론에 기초해서 Brings와 Myers가 개발한 MBTI 성격 유형은 다음의 네 가지 지표 차원으로 나눌 수 있으며, 이는 개인의 선천적인 선호도와 관련되어 있다(조선화 외, 2007).

① 외향형(Extroversion, E)과 내향형(Introversion, I)

첫 번째 차원은 에너지가 향하는 방향을 기준으로 외향형(Extroversion, E)의 성향과 내향형(Introversion, I)의 성향으로 나눈다.

E 성향의 사람들은 자기 외부에 주의를 집중한다. 다시 말해 외부활동에 적극적이기 때문에 쉽게 알려진다. 정열적이고 활동적이며, 글보다는 말로 표현하는 경향이 있고, 경험한 다음에 이해하는 특징을 보인다. I 성향의 사람들은 자기 내부에 주의를 집중한다. 내부 활동에 에너지를 쏟기 때문에 외부에는 천천히 알려지며, 조용하고 신중하다. 말보다는 글로 표현하는 경향이 있고 이해한 다음에 경험하는 특징을 보인다.

② 감각형(Sensing, S)과 직관형(iNtuition, N)

두 번째 차원은 무엇을 우선적으로 인식하는지를 기준으로 감각형(Sensing, S)의 성향과 직관형(iNtuition, N)의 성향으로 나눈다.

S 성향의 사람들은 지금, 현재에 초점을 맞추어 실제의 경험을 중시한다. 정확하고 철저하게 일을 처리하며 사건에 대한 묘사 시 매우 사실적이다. 숲보다는 나무를 보려는 경향이 있다. N 성향의 사람들은 미래 가능성에 초점을 두기 때문에 아이디어 뱅크로 불린다. 신속, 비약적인 일처리 스타일을 보이며, 나무보

다는 숲을 보려는 경향이 있다.

③ 사고형(Thinking, T)과 감정형(Feeling, F)

세 번째 차원은 어떤 일을 결정할 때 더 영향을 미치는 것이 무엇인가를 기준으로 사고형(Thinking, T)의 성향과 감정형(Feeling, F)의 성향으로 나눈다.

T 성향의 사람들은 진실, 사실에 초점을 두기 때문에 원리와 원칙을 중시하고 논리적이며 분석적이다. 옳고 그름, 규범, 기준과 같은 것들을 중시하고 지적 논평을 중시한다. F 성향의 사람들은 사람과의 관계에 초점을 두기 때문에 사건의 의미와 영향력을 살피길 좋아한다. 상황과 포괄적 맥락에서 사건을 파악하는 편이고 옳고 그름보다는 좋고 나쁨이 판단의 기준이 된다. 또한, 사건이 나에게 주는 의미를 중시하고 우호적인 협조자가 되는 경우가 많다.

④ 판단형(Judging, J)과 인식형(Perceiving, P)

네 번째 차원은 어떤 생활양식을 더 좋아하는가를 기준으로 판단형(Judging, J)의 성향과 인식형(Perceiving, P)의 성향으로 나눈다.

J 성향의 사람들은 정리정돈과 계획성이 생활스타일로 자리 잡혀 있다. 의지하에 일을 추진하고 신속한 결론에 도달한다. 통제하고 조정하는 것을 좋아하며 분명한 목적의식과 방향감각이 있다. 뚜렷한 기준이 필요하며 자기의사를 정확하게 표현할 수 있다. P 성향의 사람들은 상황에 맞추는 개방성을 가지고 있으며, 이해로 수용하는 경우가 많다. 유유자적한 과정을 즐기며 융통성과 적응성이 뛰어나다. 목적과 방향은 변할 수 있다는 개방성을 갖고 있고, 재량에 따라 처리될 수 있는 포용성을 갖고 있는 것이 특징이다.

이러한 네 가지 차원을 조합하여 16가지 성격유형을 구분할 수 있는데, 각 유형마다 독특한 성격적 특성을 가지고 있으며 장·단점도 가지고 있다〈부록 5〉. 따라서 16가지 성격유형 중 어느 것이 좋고 어느 것이 나쁘다고 말할 수는 없다. 바람직한 성격에 대한 기준은 개인마다, 문화마다 다를 수 있기 때문이다. 성격은

한 인간의 삶의 방식을 결정하는 중요한 요소이다. 따라서 자신의 성격에 대한 검토를 통해 자신에 대한 이해를 높일 수 있으며, 보다 바람직한 성격을 형성하고 더 나다운 인생을 살 수 있을지에 대한 계획도 세워볼 수 있을 것이다.

적용하기

- **나의 성격 유형 탐색하기 – Who am I?** 〈부록 6〉
  자신이 원래 생각했던 자신의 성격과 MBTI를 통해 나타난 본인의 성격을 비교해 보세요. 차이점이 있다면 무엇인가요?

- **'내가 보는 나'와 '타인이 보는 나' 비교하기**
  '내가 보는 나'와 '타인이 보는 나'의 공통점과 차이점을 비교해 보면서 깨닫게 된 점이 있으면 이야기해 봅시다.

3

나를 더 사랑하기

목표

1. 나의 장단점을 이해하고 자신의 가치를 인식한다.
2. 자신을 더 가치 있게 여기는 방법을 학습하고 실천한다.

나는 나 자신을 어떤 사람이라고 스스로 생각하는가? 한 개인으로서 자신의 가치에 대한 믿음, 자신을 존중하는 마음을 자아존중감이라고 한다. 그렇다면 자신을 긍정적으로 생각하는 사람과 부정적으로 생각하는 사람은 어떤 차이가 있을까?

우리는 가정과 직장에서 다양한 사람들을 만나면서 크고 작은 도전과 좌절을 경험하게 된다. 그때 자신이 얼마나 중요하고 능력이 있으며 가치가 있다고 믿는지의 자아존중감 정도에 따라 타인을 이해하고 배려하는 마음, 좌절을 이겨낼 수 있는 힘과 회복력, 성취의욕에 영향을 준다. 예를 들어, 어떤 교사가 부모 참여수업을 위해 이야기 나누기와 미술활동을 준비했는데 이야기 나누기 파워포인트 자료가 제대로 작동하지 않아 시청각 매체 없이 진행하고 들뜬 아이들 때문에 물감활동도 어수선하게 끝냈다고 하자. 어떤 교사라도 좌절을 경험하겠지만 자아존중감이 높은 교사와 낮은 교사의 추후 반응에는 차이가 있을 수 있다. 교사에 따라 학부모나 원장님의 작은 평가에도 위축되고 '난 안돼. 정말 엉망이었어.' 하고 자포자기를 할 수도 있지만, 물감활동이 조금 어수선했던 대신에 아이들이 즐겁게 활동하는 모습을 학부모님들께 보여드린 것은 잘한 일이었다고 긍정적인 부분을 찾고 다음에 매체작동이 안 되었을 때를 대비해서 동화나 그림 자료들을 준비할 수도 있을 것이다. 이처럼 학부모나 원장님의 참여수업 평가에 대한 태도나 반응에 차이가 있을 수 있고, 좌절의 정도나 이번 경험이 주는 의미와 대안 모색을 하는 태도에도 차이가 있을 수 있다.

따라서 본 장에서는 자아존중감은 무엇이며 왜 중요한지 살펴보고, 긍정적인 자아개념을 형성하기 위하여 자아존중감을 높일 수 있는 방법을 알아보고 실천해 보고자 한다.

진단하기

나의 자아존중감은? 〈부록 7〉

1 자아존중감의 개념 및 중요성

1) 자아존중감의 개념

자아존중감(self-esteem)은 자신을 존중하는 마음, 내가 나를 긍정적으로 생각하는 정도를 의미하다. 자아존중감은 한 개인으로서 자신의 가치에 대한 자기 자신의 믿음, 즉 자신이 유능하고 선하며 가치 있는 사람이라는 믿음이 중심이 된다(Nelson & Low, 2012).

자아존중감은 두 가지 핵심요인으로 구성되어 있는데, 하나는 자신의 존재 자체에 대한 가치를 믿는 '자기가치감'이며, 다른 하나는 삶 속에서 겪는 여러 가지 일들에 대한 역량발휘나 대처와 관련된 '자기효능감'이다.

자기가치감은 '나는 살아갈 권리가 있고, 스스로 행복해질 권리가 있다.'는 믿음이다. 즉, 내가 생각하는 것과 필요로 하는 것을 적절히 주장할 수 있고, 그것을 성취할 수 있다고 믿으며, 또 그렇게 함으로써 보람과 기쁨 그리고 성취감을 얻는 것이 나의 천부적 권리라고 믿는 것이다. 자기가치감은 내가 남보다 재산이나 학식이 많다든가, 좋은 직업이나 멋진 외모를 가졌다는 것 등의 외적조건과 무관한 자아존중감이다. 남과의 비교나 서열에 의해 생성된 우월감은 열등감의 뒷면일 뿐 자아존중감과는 아무 상관이 없다. 오직, 나는 인간 자체로서 귀하며 자신의 삶 속에서 행복해지고 보람을 찾을 수 있는 존재라는 자기 신뢰이다. 즉, 생명을 지닌 인간 존재(The being)에 대한 존엄성을 확신하는 것을 말한다. 이러한 자기가치감을 지닌 사람은 타인과 공동체 의식을 갖고 사랑을 나눌 수 있다. 따라서 자기가치감에 대한 확신을 지닌 사람은 타인의 생명과 안전, 안녕에 대한 존중감도 지니기 마련이며 사회적 책임감과 인간에 대한 보편적 사랑을 지니게 되는 것이다.

자기효능감은 나의 정신기능에 대한 신뢰와 사고, 판단, 선택과 결정과정에 대한 신뢰를 말한다. 또한, 사람이므로 실수할 수도 있지만, 그 실수를 개선할 수도 있다는 자신감을 말한다. 살아가면서 부딪치는 크고 작은 문제들을 완벽하게 극복할 수는 없지만, 내가 세운 목표나 계획을 수행하기 위하여 합리적이고 양심적으로 일할 수 있으며, 또 그것을 위하여 배워야 할 것이 있다면 최선을 다해 배울 수 있다는 자신감을 말한다. 즉, 자기효능감이란 특정한 영역에서 자신이 할 수 있는 일이 있고, 해야 할 역할이 분명히 있다는 자신의 역량과 가능성을 포함한 '행함(doing)'에 관련된 자아존중감이다.

결론적으로 자아존중감이란, 자신이 한 인간으로서 가치 있는 존재이며(가치감), 그에 적합한 능력을 발휘하며 어떤 성과를 만들어 낼 수 있고(능력감), 그로부터 삶의 보람을 느끼며 인생을 행복하게 살아갈 수 있는 사람이라고 믿는 것이다.

2) 자아존중감의 특성

자아존중감의 기반은 아동기에 부모와의 관계에서 형성되지만 교사와 또래의 평가, 사회로부터의 인정, 자신의 역량지각, 신체외모에 대한 인식 등과 내·외적 조건들에 영향을 받으며 전 생애를 통해 증가하기도 하고 약화되기도 한다. 또한, 자아존중감의 수준에 따라 개인행동 및 적응, 인간관계, 성격발달에 중요한 영향을 미친다. 자아존중감의 특성을 세 가지 측면에서 구체적으로 살펴보면 다음과 같다.

(1) 자아존중감은 계속적으로 변화한다

자아존중감은 어린 시절 부모와의 상호작용에 기반을 두고 있기는 하지만 고정불변인 것이 아니라 계속적으로 변화하는 성격적 특성이다. 즉 성장, 발달해 가면서 자신의 외적, 내적 상황이나 조건에 영향을 받는다. 개인마다 자아존중감의 차이가 존재하기는 하지만, 한 사람의 인생 과정 동안 자아존중감이 매우 고양되는 시기도 있고 자신에게 극도로 실망하거나 추구하던 일이 실패했을 경우에는 자아존중감이 추락하는 시기도 있다. 따라서 자아존중감은 일상생활의 여러 가지 요구와 자기 자신을 효과적으로 다루는 성공을 체험함으로써 날마다 개발되고 유지되는 것이다(Nelson & Low, 2012).

(2) 자아존중감은 타인의 영상 속에서 형성된다

자아존중감은 의미 있는 타인들과의 관계 속에서 후천적으로 발달하며, 자기 주변의 중요한 사람들과의 상호작용을 통해 지속적으로 강화되는 경향이 있다. 부모는 자녀의 자아상 형성과 유지에 결정적 역할을 한다. 부모의 자녀에 대한 평가와 의미 있는 타인들의 아이의 행동에 거는 기대가 자아존중감과 밀접한 관계가 있다는 것이다. 즉 자신에게 중요한 타인인 부모가 어떻게 바라보고 평가해주는가가 자아존중감 형성에 중요한 영향을 미치며, 학교에 들어가서는 교사, 또래 친구들의 평가가 자아존중감에 영향을 미친다는 것이다. 의미 있는 타인의 기대가 자기지각(self-perceptions)을 내면화시키는 역할을 한다는 것이다.

이처럼 누군가에 대한 사람들의 믿음, 기대, 예측이 그 대상에게 그대로 실현되는 경향인 자성예언효과(self-fulfillment prophecy effect)를 실험한 심리학자들이 있다. Rosenthal과 Jacobson은 1968년에 초등학생을 대상으로 지능검사를 한 후 검사결과와 상관없이 무작위로 20%의 학생들을 뽑아서 교사들에게 지적능력과 학업성취의 향상가능성이 높은 학생들이라고 거짓정보를 주었다. 8개월 후 재검사를 한 결과 해당 학생들이 지능과 학업성적이 큰 폭으로 향상되는 결과가 나타났다. 이러한 결과가 나타나는 데 결정적 역할을 한 것은 아마도 담임교사의 믿음과 기대였을 것이다. 교사들은 명단 속의 학생들이 뛰어난 능력이 있으며 학업성적이 크게 향상될 것이라는 기대를 가지고 격려와 칭찬, 인정 같은 관심을 보였을 것이고 이러한 기대를 받은 아이들은 학습의 열의가 높아져 결국 능력까지 변하게 되었을 것이다.

Rosenthal과 Jacobson은 이러한 자성예언효과를 피그말리온 효과(Pygmalion effect)라고 불렀다. 이는 자신이 조각한 여인상을 사랑했던 피그말리온의 기대와 소원이 그대로 실현되었다는 그리스신화에서 유래한 용어이다. 즉 교사가 학생에게 거는 기대가 실제로 학생의 성적 향상에 효과를 미친다는 것을 입증한 것이다. 어떻게 행동하리라는 주위의 예언이나 기대는 행위자에게 영향을 주어 결국 그렇게 행동하게 만든다는 이론이다(한국전문대학교육협의회, 2010). 사람들은 일반적으로 타인이 나를 존중하고 나에게 기대하는 것이 있으면 기대에 부응하는 쪽으로 변하려고 노력하여 그렇게 된다는 것을 의미한다. 이와 같이 의미 있는 타인들이 자신에게 하는 긍정적 믿음이나 기대, 예측이 자신에게 그대로 실현될 수 있다는 점에서 자성예언은 자아존중감의 기초가 된다. '말이 씨가 된다'는 속담처럼 주변에서 잘할 것이라고 기대하고 스스로도 잘할 수 있다고 믿는 경우, 생각한 대로 결과가 나타난다는 것이다. 일상생활 속에서도 긍정적인 사고와 언어는 긍정적인 결과를 가져오고 부정적인 사고와 언어는 부정적인 결과를 가져오는 경우가 많다. 즉 자신에 대해 스스로 만들어 낸 개념 또는 이미지가 곧 행동화되어 나타날 수 있다는 증거이다.

피그말리온 신화

그리스신화에 등장하는 키프로스의 왕, 피그말리온은 뛰어난 조각가였다. 그는 현실의 여자들이 모두 결점투성이라 생각하여 독신으로 살려고 하였다. 그러던 그는 상아로 여성의 입상을 조각하였는데 완성된 자신의 작품이 너무나 아름다워 넋을 놓고 보다가 이 여신상을 사랑하게 되었다. 그래서 아름다운 옷과 장신구를 달아 주며 사람을 다루듯 정성을 다했다. 아프로디테 축제가 열리자 피그말리온은 제단 앞에서 신에게 기도를 올리며 이 조각상의 여인과 같은 아내를 달라고 기도했고, 여신 아프로디테는 피그말리온의 간절한 소망과 사랑에 감동하여 조각상을 사람으로 환생시켜 주었다.

(3) 자아존중감의 수준에 따라 행동과 태도에 중요한 영향을 미친다

자아존중감은 한 인간으로서 자신의 가치와 능력에 대한 주관적 판단과 평가를 내포하는 개념이다. 이로 인해 낮은 자아존중감은 자신이 만족스럽지 못한 존재라는 생각, 창피함과 죄의식, 일반화된 자기불신, 또는 무력감으로, 대인관계나 학교생활, 직장생활 등의 사회적응에 부정적 영향을 미치게 된다. 반면 높은 자아존중감은 자신이 다른 사람의 사랑과 관심을 받을 만한 가치가 있다는 생각, 자신의 능력에 대한 자신감, 성취욕구, 타인에 대한 이해력으로, 역경을 잘 이겨내고 원만한 인간관계 형성에 중요한 영향을 미친다.

3) 자아존중감은 왜 중요한가?

자아존중감은 인간행동의 동기적 요소로 작용하며, 학업뿐 아니라 삶의 거의 모든 영역에 영향을 미친다. EBS 제작팀(2009)은 자아존중감이 높은 아이들이 타인의 정서에 대한 공감능력이 높았으며 이러한 공감능력이 의사소통과 리더십에 긍정적인 영향을 미친다는 것을 보여 주었다. 또한, 자아존중감은 '나는 할 수 있다'는 자신감과 관련이 있기 때문에 새로운 과업에 대한 성공을 예상하게 하는데, 실제로 게임실험을 통해 자아존중감 지수가 낮은 아이들은 자신이 질 것이라고 예상했고 실제로 게임에서 졌으며 성공을 예상한 자아존중감 지수가 높은 아이들은 실제로 게임에서 이기는 결과를 보여 주었다.

자아존중감이 높은 사람과 낮은 사람이 갖는 특성을 구체적으로 비교해 봄으로써 자아존중감의 중요성을 정리하면 다음과 같다(한국전문대학교육협의회, 2010).

(1) 자아존중감이 낮은 경우

- 고난이나 역경을 만났을 때 심리적 회복력(resilience)이 낮다.
- 생에 대한 의욕이나 성취욕구가 낮다.

- 남에게 도움을 요청하거나 새로운 대안모색 없이 좌절, 자포자기하는 경우가 많다.
- 작은 어려움에도 쉽게 포기하고, 포기함으로써 더 자주 실패하게 되고, 실패는 부정적 자기평가로 이어져서 낮은 자아존중감을 강화시키는 악순환이 일어난다.
- 죄책감과 남의 비평에 대해 과민하게 반응한다.

(2) 자아존중감이 높은 경우

- 개인적 삶이나 직업세계의 역경을 잘 이겨낸다.
- 강한 성취욕구와 성과에 대한 자랑스러움, 즐거움을 누린다.
- 자아존중감이 높은 사람은 자신을 인정하고 수용하는 만큼 타인을 존중하고 너그러운 포용력을 갖기 때문에 원만한 인간관계를 맺게 된다.

이와 같이 자아존중감은 역경과 실패에 대처하는 방식이나 새로운 과업에 대한 개인의 행동양식에 영향을 미칠 뿐 아니라 인간관계 및 건강한 성격발달에도 중요한 영향을 미침을 알 수 있다.

2 자아존중감을 높이는 방법

1) 인정하고 수용해라!

사람들은 자기 자신을 탐색하고 이해하는 과정에서 자신의 긍정적인 면도 발견하지만 부정적인 면도 발견하게 된다. 이 경우에 흔히 긍정적인 면은 쉽게 인정하고 받아들이지만 부정적인 면은 인정하고 싶어 하지 않는다. 그래서 자신의 약점이나 단점이라고 생각하는 부분에 대해서는 인정하기를 거부하거나 은폐하는 것이다. 은폐한 부분을 감추려는 가식적 행동은 긍정적 자아개념은 물론 신뢰로운 인간관계 형성에도 방해가 될 수 있다. 따라서 자아존중감을 높이기 위해서는 자기 자신을 수용하고 사랑해야 한다. 완벽할 수 없는 한계를 가진 자신의 존재를 인정하고 그것을 사실로 받아들여야 한다. 자신의 장점뿐 아니라 단점도 인정하고 수용하는 것이 필요하다. 자신을 수용하는 것은 자신을 하나의 독립된 개체로 인정하는 것이며 인간으로서의 존재가치를 인정하는 것이다(설기문, 2014). 또한, 자신에게 주어진 상황을 조건 없이 받아들이고 나 외에 나를 사랑할 사람이 없다는 사실을 인식함으로써 긍정적인 자아개념을 형성할 수 있다.

2) 강점에 초점을 맞추고 약점은 변화가 필요한 부분이라고 생각해라!

사람은 누구나 장점과 단점을 모두 가지고 있다. 자아존중감을 높이기 위해서는 자신의 강점에 초점을 맞추는 것이 필요하다. 자신의 강점을 인정하고 받아들이는 것은 낙관성, 건설적 사고, 과거와 결별하는 능력, 자기가치, 미래에 더 잘 대처하는 방법을 계획하는 능력을 향상시킨다(Nelson & Low, 2012).

그런데 자아존중감이 낮은 사람은 자신의 강점보다 자신의 약점이나 자신이 갖고 있지 않은 것에 집중하는 경향이 있다. 사실 자신을 타인과 같은 선상에 놓고 비교하고 열등감을 느끼는 것만큼 어리석은 일이 없다. 왜냐하면 누군가와 자신을 비교할 때는 대부분 타인의 강점을 자신의 약점과 비교하기 때문이다(함규정, 2015). 자신이 가지고 있는 약점들 중 많은 것들은 극복 가능한 것이다. 변화시킬 수 없는 개인적 약점들은 수용하고 나머지 약점들은 변화시킬 수 있다는 용기를 가지고 변화를 시도하는 것이 중요하다. 또한, 자신의 장점을 찾아내는 방법과 감사하는 마음을 가지는 것이 필요하다.

3) 작은 목표를 세우고 성공하는 경험을 가져라!

의미 있는 목표를 설정하고 달성하는 것은 긍정적인 자아개념을 형성하는 데 도움이 된다. 이를 위해서는 실천 가능한 작은 목표를 설정하는 것이 중요하다.

작은 목표에 대해 자주 성공하는 경험을 갖게 되면 긍정적 자기평가로 이어져 자아존중감을 강화시키는 선순환이 일어날 수 있고 더 큰 자신감으로 다음 과제에 도전할 수 있게 된다. 반면에 목표치가 지나치게 높거나 비현실적인 경우에는 중도에 포기하기 쉽고 성공경험을 갖기 어렵기 때문에 자신의 역량과 가능성에 대한 자신감에 부정적인 영향을 미칠 수 있다. 시험성적은 무조건 1등이 목표이고 다이어트는 슈퍼모델이나 연예인의 몸매처럼 되는 것을 목표로 세우게 되면 실패할 확률이 높다. 따라서 자신의 능력과 자원을 고려해서 단계적으로 현실적인 목표를 세우는 것이 필요할 것이며, 실패가 있더라도 실패를 일이 되어가는 과정의 시행착오 정도로 생각하고 다시 도전할 수 있는 낙관성을 갖는 것도 필요하다.

4) 다른 사람의 칭찬과 평가에 연연하지 마라!

자아존중감은 어린 시절 부모와의 애착이나 지지경험, 교사와 친구들의 평가 등과 같은 외적 요인에 영향을 받지만 자기 자신의 사고와 태도 같은 내적 요인에도 영향을 받는다. 따라서 성인이 되어서의 자아존중감은 전적으로 자신의 책임이다. 주변의 중요한 사람들이 나에 대해 언어적·비언어적으로 많은 피드백을 주겠지만 자신의 평가 기준은 자신이 만드는 것이다.

다른 사람의 피드백에 연연할 필요가 없다. 상대방은 칭찬해 줄 때도 있고 안 해 줄 때도 있다. 상대방이 인정해 주느냐 아니냐에 따라 자아존중감이 좌우될 필요는 없다. 자아존중감이 낮은 사람들은 다른 사람들의 비평에 민감하게 반응하고 마음의 상처를 입거나 방어적인 태도를 취하기도 한다. 이처럼 자아존중감이 낮은 사람들은 타인의 피드백과 기준에 영향을 많이 받는데 타인의 기대와 목표를 무조건적으로 받아들일 것이 아니라 자신이 가치 있게 생각하는 목표와 이상을 가지는 것이 필요하다(임혜경 외, 2014).

적용하기

- **나의 최고의 재산** 〈부록 8〉
- **친구(동료)들의 격려 한마디!** 〈부록 9〉
- **자성예언 목록 만들기**

  '말이 씨가 된다'는 말처럼 스스로 잘할 수 있다고 믿고 주변에서 잘할 것이라고 기대하는 경우 생각한 대로 긍정적인 결과가 나올 수 있습니다. 자신이 이루고 싶은 자성예언목록을 만들어 보고, 다른 사람들도 알 수 있도록 공유해 보세요.

“ 누군가에게 화가 났을 때, 적당한 사람에게 적당한 정도로 적당한 시기에 적당한 의도를 가지고 적당한 방식으로 화를 내는 것은 쉽지 않다.

(Greenberg, 2002) ”

CHAPTER

02

자기관리

내 감정의 주인되기

4

내 감정의 주인이 되라

목표

1. 다양한 정서조절 방법을 이해하고 자신에게 적합한 정서조절 방법을 개발한다.

2. 효과적인 정서조절의 단계와 과정을 이해한다.

불쾌한 감정은 기쁘고 행복한 감정에 비해 우리 생활에 미치는 영향이 크다. 화, 걱정, 불안, 우울 등의 불쾌한 감정 때문에 해야 할 일을 제대로 못하거나, 실수를 하거나, 다른 사람과의 관계를 불편하게 만든 적이 있을 것이다. 감정은 억누르고 무시한다고 해서 그 감정이 사라지는 것은 아니다. 무시하고 억누른 감정은 가슴 한구석에 쌓였다가 예상치 못한 상황과 장소에서 어떤 방식으로든 나타날 수 있다. 감정적으로 욱해서 일을 그르치거나 주변 사람들과의 관계가 틀어지기도 하고, 중요한 시험이나 발표 등의 수행을 망치기도 한다. 따라서 유쾌한 감정이든 불쾌한 감정이든 적절한 상황에서 적당한 사람에게 적당한 정도로 표현하는 것이 필요하다.

그렇다면 불쾌한 감정을 조절하기 위해 어떤 방법을 사용하고 있는가? 대부분의 사람들은 불쾌한 감정이 들 때 TV, 영화를 보거나 술을 마시거나 컴퓨터 게임을 하고 친구를 만나 이야기 나누기, 운동하기 등의 방법을 사용한다. 사람마다 자신에게 효과가 있다고 생각하는 정서조절 방법이 다르고 사람마다 평소에 주로 사용하는 정서조절 방법의 사용패턴이 있을 것이다.

따라서 본 장에서는 불쾌한 감정을 조절하기 위해 평소 자신이 사용하는 정서조절 방법은 무엇이고, 이것이 효과가 있는지 등의 자신의 정서조절 방법에 대한 전체 사용 패턴을 확인해 봄으로써 자신에게 적합한 정서조절 방법을 찾아보고자 한다. 또한, 다양한 정서조절 방법과 효과적으로 정서를 조절하기 위한 단계와 과정을 알아보고자 한다.

진단하기

나의 정서조절 방법 사용패턴 〈부록 10〉

1 정서조절에 대한 이해

1) 정서조절의 개념

정서조절이란 자신의 긍정적, 또는 부정적인 정서를 수용하여 반영적으로 정서를 조절하고 관리하는 능력을 말한다(Mayer & Salovey, 1997). 정서조절 능력은 자신이 어떠한 감정 상태에 있는지, 그로 인해 어떠한 일이 발생하게 되는지, 자신이 목표하는 바가 무엇인지 등 자기 내면의 상태에 대한 자기이해가 우선되어야 발휘될 수 있는 능력이다. 학자들에 따라 자기정서조절 또는 타인 정서조절을 포함하기도 하고, 유쾌한 정서 또는 불쾌한 정서의 조절에 초점을 맞추기도 하였는데, 학자들의 정서조절에 대한 개념 정의를 살펴보면 다음과 같다.

- **곽윤정**(2004) 개인이 정서에 대한 경험과 표현을 상황적 요구에 맞춰 조율해나가는 능력으로, 단순히 발생한 정서를 억압하거나 무조건적으로 멈추게 하거나 통제하는 것 이상을 의미함
- **문용린**(2011) 자신의 기분이나 정서를 바꾸는 자기정서조절 능력뿐 아니라 타인의 기분도 전환해 줄 수 있는 타인 정서조절 능력을 의미함
- **이지영**(2014) 개인이 불쾌한 정서를 예방 또는 감소하기 위해서 동원하는 다양한 노력
- **Kress & Elias**(2006) 자신의 감정을 적절히 조절, 표현할 수 있는 능력으로, 불안·분노·우울에 대한 대처, 충동·공격성 조절, 스트레스 관리능력 등을 포함함
- **Salovey & Mayer**(1990) 자신과 타인의 정서를 효과적으로 조절할 줄 아는 능력
- **Westen**(1994) 유쾌한 정서를 극대화하고 불쾌한 정서를 최소화하기 위한 의식적·무의식적 노력

〈활동〉 정서조절에 대한 OX퀴즈

※ 정서조절에 대해 맞게 표현한 것에 O표, 틀리게 표현한 것에 X표 하세요. 혼동되는 문제가 있다면 본 장을 모두 학습한 후에 다시 풀어 보세요.

① 감정을 관리한다는 것은 감정적으로 행동해서는 안 된다는 것이다. (　　)
② 화가 나 있거나 감정적인 고통을 느낄 때는 충동에 더 쉽게 빠진다. (　　)
③ 정서조절 방법에는 효과적이고 적응적인 방법과 비효과적이고 부적응적인 방법이 있다. (　　)
④ 성별과 성격에 따라 사용하는 정서조절 방법에는 차이가 없다. (　　)
⑤ 느끼고 있는 감정의 종류에 따라 효과적인 정서조절 방법이 다르다. (　　)
⑥ 감정이 고양되어 있는 정도에 따라, 상황에 따라 효과적인 정서조절 방법이 다르다. (　　)

2) 정서조절의 중요성

정서조절이란 자신의 긍정적, 부정적 감정을 적절히 조절, 표현할 수 있는 능력이다. 따라서 정서조절은 일상생활이나 직무수행과정에서 발생하는 스트레스와 예기치 못한 상황에서 자신의 감정을 조절하는 정서적 능력으로 활용되며, 감정을 표현할 것인가 또는 억제할 것인가 등의 갈등은 정서조절에 있어 근본적인 것이다(이춘복, 2012). 정서를 조절한다고 해서 무조건 감정을 억누르라거나 감정적으로 행동해서는 안 된다는 것이 아니다. 정서조절은 자신의 감정을 억제함으로써 조절하기도 하고, 감정을 밖으로 표현하거나 발산함으로써 조절하기도 한다. 정서조절 능력이 뛰어난 사람은 열정적이지만 한편으로 감정통제를 잘하여 침착하며 자기감정을 자주 성찰한다. 반면에 정서조절이 미숙한 사람은 성질이 거칠고 감정통제를 못하며 때론 감정에 휩싸여 무모한 행동을 하고 충동적인 행동을 하기도 한다(Caruso & Salovey, 2009).

정서조절을 잘 못하면 어떤 일들이 발생할까? 자신의 감정을 적절히 조절하지 못하면 학업이나 직장업무뿐 아니라 대인관계, 건강에도 부정적인 영향을 미칠 수 있다. 불쾌한 감정 때문에 해야 할 일을 제대로 못하거나 사람들과의 관계를 불편하게 만든 적이 있을 것이다. 감정은 억누르고 무시한다고 해서 그 감정이 사라지는 것이 아니기 때문에 가족이나 상사로부터 꾹꾹 참았던 서러움을 갑자기 욱해서 심한 말로 표현하거나 공적인 장소나 상황에서 터뜨려 일을 그르칠 수 있다. 친구나 동료교사, 학부모와 좋은 관계를 유지하기 위해 넘겼던 일들로 인해 점점 그 사람을 만나고 싶지 않게 되고, 만나더라도 냉랭하게 대함으로써 오히려 관계를 틀어지게 할 수도 있다. 또한, 화, 짜증, 걱정, 불안, 우울 등의 불쾌한 감정을 제대로 관리하지 못하면 학업이나 직장업무에 몰입하지 못하기 때문에 성과를 내기 어렵고, 정신건강은 물론이고 신체건강까지 잃을 수 있다. 불쾌한 감정을 그때그때 적절히 표현하지 못하고 해소하지 못할 경우 슬픔은 우울이 되고 걱정은 심한 불안 등으로 악화될 수 있으며, 두통, 위장장애 등의 질병도 생길 수 있다.

따라서 정서조절이란 유쾌한 감정이든 불쾌한 감정이든 적절한 상황에서 적당한 사람에게 적당한 정도로 효과적으로 표현하는 것을 의미한다. 유아교사의 경우 교사의 정서조절에 의한 정서표현들은 유아에게 다양한 정서적 모델링이 될 수 있고, 교사의 자아존중감과 긍정적인 태도에 긍정적 영향을 미치므로(강신덕, 1997) 유아교사의 역할수행에서 정서조절 능력이 의미하는 바가 크다. 또한, 유아교사의 정서조절은 교사의 신체적·정신적 건강과 밀접한 관계가 있으므로(Salovey & Mayer, 1990) 부정적인 정서를 조절하는 힘, 즉 충동을 통제하는 능력은 유아교사의 성공적인 역할수행을 위해 반드시 필요한 능력이다.

2 정서조절의 방법

1) 정서조절 방법

불쾌한 정서를 조절하기 위해 어떤 방법을 사용하고 있는가? 정서를 조절하기 위해 사용할 수 있는 방법으로 알고 있는 것은 무엇인가? 많은 사람이 불쾌한 정서를 경험할 때 효과적으로 정서를 조절할 수 있는 방법을 잘 알지 못하면 충동에 더 쉽게 빠지고 술, 게임과 같이 일시적으로 효과는 있지만 궁극적으로 정서조절이나 정신건강에 도움이 되지 않는 정서조절 방법을 사용하기도 한다.

본 장에서는 정서조절 방법을 '개인이 불쾌한 정서를 예방 또는 감소하기 위해 사용하는 방법'이라고 정의하고, 인지적·행동적·체험적 정서조절 방법으로 구분하여 제시하고자 한다(이지영, 2014). 이러한 정서조절 방법은 일상생활에서 은연중에 많이 사용하게 되는데 정서조절 방법에 대한 이해를 돕기 위해서 예비유아교사와 현직교사 상황에 적용한 사례들은 〈부록 11〉에 제시하였다. 앞서 진단하기에서 검사했던 자신의 정서조절 방법을 생각하면서 '자신의 정서조절 방법 사용패턴'을 점검할 수 있을 것이다.

(1) 인지적 방법

정서적 자극이나 상황에 대한 생각, 즉 인지적 변화를 통해 정서적 변화를 유도하는 방법이다. 즉 자신의 생각과 신념의 변화를 통해 부정적 정서를 감소하는 방법이다. '생각을 바꾸면 세상이 달라진다.'는 말처럼 자극에 대해 자신이 어떤 평가적 생각을 하느냐에 따라 그 결과로 나타나는 감정은 달라진다. 따라서 인지적 정서조절 방법은 자신의 생각과 신념의 변화를 통해 정서를 조절하는 방법이다.

① 능동적으로 생각하기

불쾌한 감정과 관련된 생각에 접근하여 적극적으로 정서문제를 다루는 방법이다. 불쾌한 감정의 원인과 유발되는 과정을 파악하고 이해하려는 방법이다. 또한, 불쾌한 감정을 유발한 부정적인 생각을 좀 더 긍정적이고 대안적인 생각으로 바꾸는 방법이다. '다르게 해석해 볼 수는 없는가?', '처한 상황이나 문제를 합리적으로 생각한다면?' 등의 질문을 통해 긍정적인 방향으로 생각을 바꾸는 것이다. 불쾌한 정서를 궁극적으로 해소하기 위해서 매우 필요한 정서조절 방법이며, 정서조절효과가 가장 뛰어난 방법 중 하나이다.

② 수동적으로 생각하기

정서유발자극에 접근하지 않은 채 불쾌한 생각을 회피함으로써 정서를 변화시키는 방법이다. 또한, 자신에게 위안이 되는 말(예 괜찮을거야, 잘 될거야 등)을 함으로써 좀 더 나은 기분을 유도한다. 정서를 유발한 자극이나 대상에 접근하여 정서문제를 다루는 것이 아니므로 궁극적으로 정서를 해소할 수는 없지만 일시적으로 불쾌한 감정을 완화할 수 있다.

③ 인지적으로 수용하기

자신에게 일어난 일을 그대로 수용하는 것으로, '이미 일어났고 어떻게 달라질 수 없어.', '어쩔 수 없는 일이야, 받아들이자.'라고 생각하는 것이다. 자신에게 일어난 일을 받아들이지 못할 때 화가 나고 원망스러운 것이기 때문에 인지적으로 수용하는 것은 불쾌한 감정을 조절하는 데 가장 즉각적인 효과가 있는 방법이다.

④ 타인 비난하는 생각하기

불쾌한 감정이나 상황의 원인을 타인에게 돌리는 생각을 함으로써 좀 더 나은 감정을 유도하려는 방법이다. 다른 사람에게 탓을 돌리면 자신에 대한 책임을 벗음으로써 자책감은 줄일 수 있지만 타인의 분노감정을 유발함으로써 오히려 불쾌감은 커질 수 있다. 즉, 불쾌한 감정의 완화효과는 일시적이며 궁극적으로 해소할 기회는 갖지 못한다.

(2) 행동적 방법

불쾌한 감정을 유발한 대상이나 상황과 관련하여 어떤 행동을 취함으로써 정서적 변화를 얻는 방법이다.

① 문제해결 행동 취하기

불쾌한 감정을 유발한 대상이나 상황을 개선하거나 해결할 수 있는 구체적 방법을 행동으로 취함으로써 정서를 조절하는 방법이다. 생각을 할 수는 있지만 행동으로 옮기는 것은 쉽지 않다. 그러나 문제해결 행동을 취함으로써 불쾌한 감정을 유발한 대상이나 상황에 직접 개입하여 문제가 해결된다면 가장 효과적인 정서조절 방법이 될 것이다.

② 조언이나 도움을 구하기

처한 상황이나 문제를 변화하거나 해결하기 위해 주변 사람들에게 조언을 구하거나 직접 도움을 요청하는 방법이다. 혼자서는 어떻게 해야 할지 생각이 잘 떠오르지 않을 경우 동료나 선배에게 당면한 문제를 의논하면서 조언을 구하거나 도움을 청하는 방법이다.

③ 친밀한 사람 만나기

불쾌한 감정을 느끼며 고통스럽고 힘이 들 때, 함께 있는 것만으로 편안하고 위안이 되는 친구나 연인, 가족 등과의 만남을 통해 정서를 조절하는 방법이다. 이처럼 친구나 가족과 같은 친밀한 사람과의 만남은 위안과 안정감을 줌으로써 불안이나 슬픔과 같은 불쾌한 감정을 밀어내는 일시적인 효과가 있다.

④ 기분전환 활동하기

불쾌한 기분에서 벗어나기 위해 즐겁고 유쾌한 활동을 하는 것이며, 영화보기, 음악듣기, 산책하기, 친구들과 쇼핑하기, 헤어스타일 바꾸기, 좋은 곳에서 식사하기 등이 해당된다. 기분전환 활동하기는 일시적으로 불쾌한 감정을 완화할 수는 있으나 궁극적으로 정서조절을 하지는 못한다.

⑤ 폭식하기

불쾌한 감정을 해소하기 위해서 폭식을 하는 것이다. 폭식은 일시적으로 포만감을 줌으로써 무엇인가 채워진 느낌을 주어 불쾌한 감정에 대한 완충 작용을 하는 듯 보이지만 그 순간이 지나면 지나치게 배가 부른 탓에 심한 불편함을 느끼고 자신의 행동에 대한 수치심과 혐오감을 느끼게 된다. 따라서 폭식은 정서조절에 전혀 효과적이지 않을 뿐 아니라 정신건강에도 해로운 부적응적인 방법이다.

⑥ 탐닉활동하기

불쾌한 감정이 들 때 술, 담배, 게임 등에 빠져들어 현실의 고통을 잊고 흥분된 감정이나 즐거움을 찾는 방법이다. 이러한 탐닉활동은 기분을 좋게 해 주거나 쾌감을 주는 일에 몰두하게 함으로써 일시적으로 불쾌감을 벗어나게 해 주나 정서를 조절하는 현실적이고 궁극적인 방법들을 시도하지 않게 하기 때문에 부적응적인 정서조절 방법 중 하나이다.

(3) 체험적 방법

체험적 방법은 유쾌한 또는 불쾌한 감정을 느끼고 표현함으로써 정서적 변화를 초래하는 방법이다.

① 즐거운 상상하기

행복하고 즐거웠던 장면을 떠올리며 불쾌한 감정을 감소시키는 방법이다. 예를 들어, 푸른 바다나 산을 떠올리거나 행복했던 순간들을 생각하면서 마음을 이완하고 편안함을 느끼는 것이다.

② 감정을 표현하고 공감 얻기

주변 사람들에게 자신의 감정이 어떠한지 표현하고 공감이나 위안을 얻음으로써 불쾌한 감정을 완화하는 방법이다. 주로 여성들이 자주 사용하는 방법 중 하나로, 친구나 선배, 또는 주변 사람들에게 자신이 겪은 불쾌한 감정을 표현하여 공감이나 위안을 얻음으로써 부정적 정서를 조절하는 것이다.

③ 감정 수용하기

불쾌한 감정을 있는 그대로 느끼고 받아들이는 방법이다. 불안할 때 '불안하면 안 되는데…'라고 불안을 억누르면 더욱 불안해지는 것을 경험해 보았을 것이다. 불안한 감정을 그대로 느끼다 보면 일시적으로 불안한 감정이 커질 수 있지만 시간이 지나면 자연스럽게 감소한다. 감정 수용하기는 정서조절에 즉각적인 효과를 가져올 수 있는 방법이지만, 힘들고 고통스러운 감정을 마주하며 그대로 느끼고 받아들이는 것은 쉬운 일이 아니다.

④ 타인에게 부정적 감정을 분출하기

불쾌감을 유발한 상대방이나 주변 사람들에게 화나 짜증을 냄으로써 자신의 불쾌감을 해소하는 방법이다. 불쾌한 감정을 타인에게 분출하는 것은 일시적으로 해소되는 느낌을 주지만 상대방에게 상처를 줌으로써 인간관계의 갈등을 촉발하고 그로 인한 죄책감과 불안감 등의 불쾌한 감정을 증폭시키게 된다. 따라서 타인에게 부정적 감정을 분출하는 방법은 정서조절과 정신건강에 부정적 영향을 미치는 부적응적인 정서조절 방법이다.

이상의 정서조절 방법이 정서조절 능력과 정신건강에 미치는 영향을 분석했을 때 긍정적 영향을 미치는 적응적 방법과 부정적 영향을 미치는 부적응적 방법으로 정서조절 방법을 구분하여 도식화하면 [그림 11]과 같다.

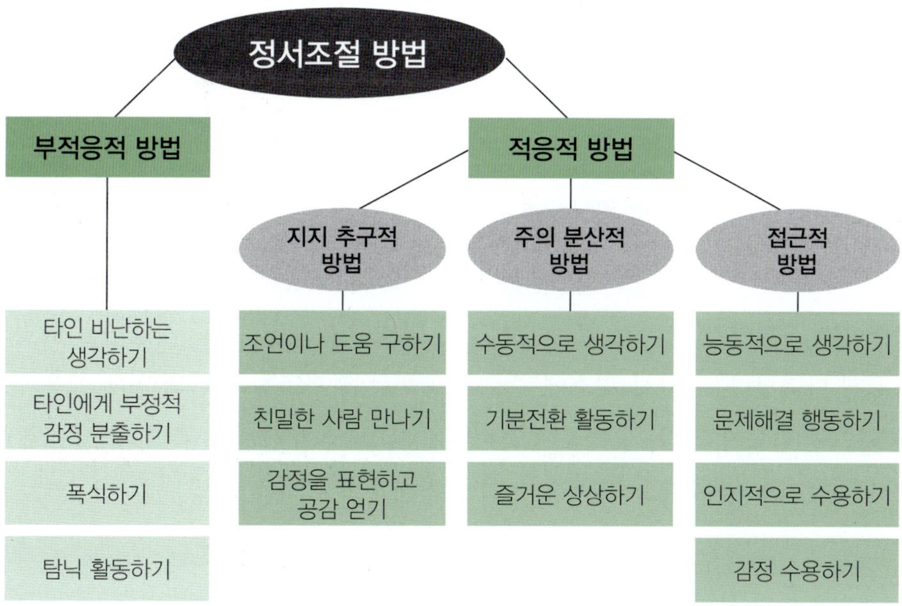

[그림 11] **정서조절 방법의 적응적·부적응적 방법의 구분**

출처: 이지영(2014). 정서 조절 코칭북. p.158. 내용을 수정보완함.

가장 능동적이고 효과적인 방법은 '능동적으로 생각하기'와 '문제해결 행동 취하기'였다. 일시적으로 주의를 돌림으로써 불쾌한 감정을 조절하는 주의분산적 방법이나 타인의 공감이나 조언·도움을 구하는 지지추구적 방법은 일시적인 정서조절 방법일 뿐 궁극적인 정서조절의 방법은 아닌 것으로 나타났다(이지영, 2010).

- **접근적 방법:** 자신이 처한 감정이나 상황에 직접 접근하여 정서를 조절하는 방법으로, 가장 능동적인 효과적인 방법은 '능동적으로 생각하기'와 '문제해결 행동 취하기'였으며, 불쾌한 감정을 그대로 느끼고 받아들이는 '정서적 수용하기'와 '인지적으로 수용하기'도 효과적인 것으로 나타났다.
- **주의분산적 방법:** 일시적으로 주의를 돌림으로써 불쾌한 감정을 조절하는 방법으로, 수동적으로 생각하기, 기분전환 활동하기, 즐거운 상상하기 등이 있다.
- **지지추구적 방법:** 불쾌한 감정을 경험할 때 다른 사람들에게 공감·위안을 얻거나 조언·도움을 구함으로써 정서를 조절하는 방법으로, '조언이나 도움 구하기', '친밀한 사람 만나기', '감정을 표현하고 공감 얻기' 등이 있다.

2) 정서조절 방법 사용의 특성

정서조절이 필요한 상황에서 사람들이 사용하는 정서조절 방법을 살펴보면, 사람마다 자신에게 효과가 있는 정서조절 방법이 다르고, 주로 사용하는 방법도 다르게 나타났다. 따라서 평소에 주로 사용하는 정서조절 방법의 전체 사용패턴을 확인할 필요가 있다. 성별과 성격유형에 따라, 정서의 종류에 따라, 상황에 따라 정서조절 방법 사용의 특성을 정리하면 다음과 같다(이지영, 권석만, 2009).

(1) 성별과 성격의 차이

불쾌한 감정이 들었을 때 성별에 따라, 성격유형에 따라 주로 사용하는 정서조절 방법에는 차이가 있다. 예를 들어, 여자 친구 또는 아내가 힘들다는 이야기를 할 때 남자는 '그건 이렇게 하면 되잖아.', '그건 네가 잘못했네.'와 같은 말을 하고 이럴 때 여자는 '내가 몰라서 그래? 그냥 들어주면 안 돼?' 하고 화를 내는 모습을 볼 수 있을 것이다. 이처럼 남녀의 경우 남성은 인지적 정서조절 방법을 많이 사용하고 여성은 체험적 정서조절 방법을 많이 사용하는 경향이 있다. 또한, 성격유형에 따라서 조용하고 내향적인 성격의 사람들은 불쾌한 감정을 조절하기 위해 인지적 방법을, 외향적인 성격의 사람들은 체험적 방법을 주로 사용하는 것으로 나타났다.

따라서 평소 체험적 방법을 자주 사용하는 여성이라면 인지적 방법의 사용을 증가시키는 것이 효과적이고, 인지적 방법을 주로 사용하는 남성이라면 체험적 방법의 사용을 증가시키는 것이 효과적이라 하겠다. 또한, 외향적 성격의 사람은 인지적 방법의 사용을, 내향적 성격의 사람은 체험적 방법의 사용을 증가시키는 것이 효과적이라 하겠다.

(2) 정서 종류의 차이

불안과 우울의 정서를 비교하면, 불안은 에너지가 고양된 상태이고 우울은 에너지가 떨어진 상태이다. 따라서 불안한 사람은 자신의 감정을 표현하고 공감을 얻는 방법과 조언이나 도움을 구하는 체험적 방법을 주로 사용하지만 불안한 감정에는 효과적이지 않다. 반면에 우울한 사람은 자신의 정서와 상황에 대해 '어쩔 수 없는 상황이지, 뭐 달라지겠어?', '내가 힘들어하고 있구나.'식의 수용하기 방법을 주로 사용하는데 이러한 수용하기 방법은 자칫 자포자기, 의기소침, 무기력한 감정 등의 잘못된 방향으로 작용할 수 있기 때문에 우울한 감정에는 효과적이지 않다.

이처럼 정서의 종류에 따라 효과적인 정서조절 방법에는 차이가 있다. 따라서 우울할 때는 좀 더 능동성을 증진할 수 있는 활동을 많이 하고 다른 사람에게 자신의 우울한 감정을 표현하고 공감을 구하거나 조언과 도움을 구하는 체험적 방법을 자주 사용하는 것이 필요하다. 또한, 불안할 때는 자신의 감정을 마주하고 느끼며 받아들이는 인지적 수용하기와 감정적 수용하기가 더 효과적일 것이다.

(3) 상황의 차이

불쾌한 감정이 고양되어 있을 때 효과적인 방법과 감정이 가라앉았을 때 효과적인 정서조절 방법이 다르다. 즉 감정이 고양되었을 때는 일시적으로 주의를 돌림으로써 불쾌한 감정을 조절할 수 있는 수동적으로 생각하기, 즐거운 상상하기, 기분전환 활동하기 등의 주의분산적 방법이 효과적이다. 또한, 감정이 가라앉았을 때는 자신이 처한 감정이나 상황에 직접 접근하여 정서를 조절하는 '능동적으로 생각하기'와 '문제해결 행동 취하기'와 같은 접근적 방법이 가장 효과적이고 타인의 공감이나 조언·도움을 구하는 지지추구적 방법이 효과적이다.

이상과 같이 성별과 성격유형에 따라 주로 사용하는 정서조절 방법에 차이가 있고, 정서의 종류에 따라, 상황에 따라 효과적인 정서조절 방법에는 차이가 있다. 또한, 정서조절 방법 중 인지적 방법이나 체험적 방법, 행동적 방법 중 어느 한쪽만을 사용하여 정서를 조절하는 데는 한계가 있으므로, 체험적 방법을 사용한 후에는 인지적 측면을 다루는 것이 필요하고 인지적 방법을 사용하면서 체험적 방법이 동반되어야 정서조절효과를 극대화할 수 있다. 따라서 불쾌한 감정을 조절하기 위해 평소 자신이 사용하는 정서조절 방법은 무엇이고, 한두 가지의 방법만을 제한적으로 사용하고 있는지, 이것이 효과가 있는지 등의 자신의 정서조절 방법에 대한 전체 사용 패턴을 확인하고, 불쾌한 감정이 들 때 사용할 수 있는 나만의 정서조절 방법의 레퍼토리를 풍부하게 다양화하는 것이 필요하다.

3 효과적인 정서조절의 단계 및 과정

정서조절은 여러 단계를 거치는 복합적인 과정이다. 효과적으로 정서조절하기 위한 과정을 4단계로 제시하면 [그림 12]와 같다.

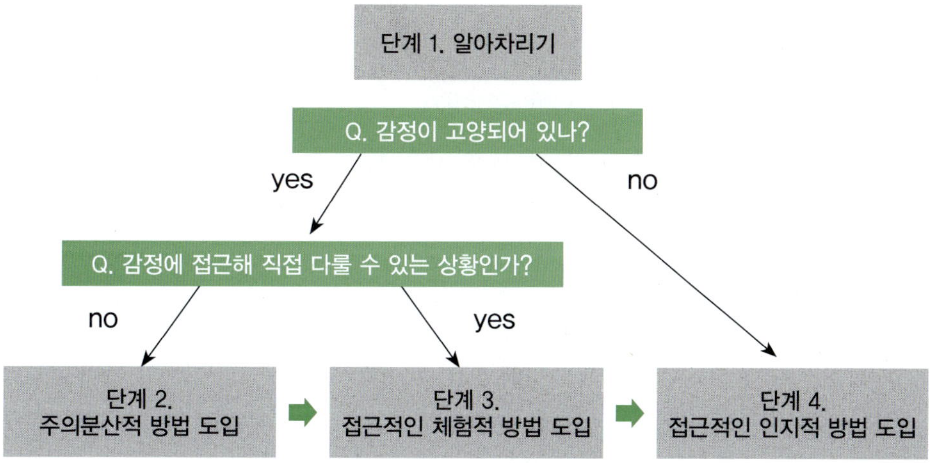

[그림 12] **효과적인 정서조절 4단계**

출처: 이지영(2014). 정서조절 코칭북. 내 감정의 주인이 되어라. p.222.

(1) 1단계: 알아차리기

- 정서를 조절하기 위한 첫 번째 단계는 자신의 감정에 주의를 기울여서, 어떤 감정을 느끼고 있는지 명명하고, 어느 정도로 강하게 느끼고 있는지 내적인 상태와 외적인 상태를 파악하는 것이다.
- 감정이 고양된 상태라면 단계 2 또는 단계 3의 방법을 도입하고, 감정이 고양되지 않은 상태라면 단계 4의 접근적인 인지적 방법을 도입한다.

(2) 2단계: 주의분산적 방법을 도입하기

- 고양된 감정을 일시적으로 완화하기 위하여 수동적으로 생각하기, 즐거운 상상하기, 기분전환 활동하기 등의 방법을 활용한다.
- 감정이 고양되거나 압도되어 있어서 감정을 직접적으로 느끼고 표현하기 어려운 상황이거나, 고양되어 있지 않지만 감정의 원인을 살펴보는 인지적 작업을 하기 곤란한 상황에서 가장 효과적인 방법이다.

(3) 3단계: 접근적인 체험적 방법을 도입하기

- 주의분산적 방법으로 일시적으로 불쾌한 감정을 완화하고 나면, 미해결된 감정을 대면하여 감정을 그대로 느끼고 수용하는 단계이다.
- 불쾌한 감정을 그대로 느끼고 받아들이는 '정서적 수용하기'와 '인지적으로 수용하기'를 사용한다.

(4) 4단계: 접근적인 인지적 방법을 도입하기

- 감정이 고양되어 압도되어 있을 때는 사고 작용이 억제되어 인지적 조절방법을 사용하기 어렵다.
- 감정이 어느 정도 가라앉았고 궁극적인 감정조절을 원한다면 불쾌한 감정이 발생한 원인과 과정을 이해하고 대안적인 사고로 대체하는 작업이 필요하다. 가장 능동적이고 효과적인 정서조절 방법으로 '능동적으로 생각하기'와 '문제해결 행동 취하기'가 해당된다.

적용하기

- 그래, 결심했어! : 정서 조절을 위한 대안 찾기 **〈부록 12〉**

5

스트레스 관리

목표

1. 스트레스의 원인과 결과의 관계를 이해한다.
2. 스트레스로 인한 신체적, 정서적 반응을 이해하고 조절하는 방법을 실천한다.

스트레스가 없다면 얼마나 좋을까? 그러나 불행히도 스트레스가 전혀 없는 진공상태란 없다. 대학생들은 진로에 대한 고민, 학점관리 및 자격증 취득, 취업경쟁에 대한 부담으로 심한 불안과 우울, 스트레스를 경험하고 있고, 현대의 직장인들은 급격한 사회변화와 무한 경쟁의 기업환경에 적응하면서 생활해야 하기 때문에 많은 직무 스트레스를 경험하고 있다.

특히 유아교사들은 어린 영유아들을 대상으로 장시간 동안 교육하고 보호하는 일을 하기 때문에 정신적, 육체적 노동 강도가 높다. 또한, 최근 질적 보육에 대한 사회적 관심이 높아짐에 따라 유치원 평가 및 어린이집 평가제, 교사의 자격요건 강화, 2019 개정 누리과정의 실행, CCTV 설치 등 유아교육·보육분야의 급속한 변화에 적응해야 하기 때문에 더욱 폭넓은 스트레스 요인에 노출되어 있다고 하겠다.

스트레스의 원인과 결과는 무엇일까? 스트레스를 받으면 우리의 몸과 마음은 반응을 한다. 몸은 스트레스에 저항하기 위해 심장박동이 빨라지고 호르몬 변화를 일으키게 되고, 마음은 분노, 불안, 우울 등의 정서적 반응을 하게 된다.

이에 본 장에서는 스트레스의 개념과 스트레스의 원인, 스트레스에 대한 신체적·정서적 반응에 대해 살펴보고자 한다. 또한, 스트레스 관리를 위하여 자동적 사고의 전환, 신체적 안녕을 위한 전략, 화·불안·우울을 관리하는 방법 등에 대해 알아보고자 한다.

진단하기

최근 나의 스트레스는? **〈부록 13〉**

1 스트레스에 대한 이해

1) 스트레스의 개념

스트레스(stress)는 라틴어 'stringer(팽팽하게 죄다)'에 어원을 두고 있으며, '긴장, 또는 압력'이라는 의미가 있다. 즉 스트레스란 적응과정에서 불가피하게 경험하는 심리적 현상으로, 유해한 환경자극에 대한 인간의 방어적 반응, 즉 긴장 상태를 의미한다. 이를 캐나다 맥길 대학의 생리학 교수인 Hans Selye가 현대 의학에 도입하면서 몸 안에서 일어나게 되는 비특이적 반응을 일컫는 말로 널리 보편화되었다(설기문, 2014).

현재 스트레스는 외부환경에서 받는 물리적·심리적 압력과 내부를 보호하려는 방어기능 사이에 균형이 깨져서 나타나는 신체적·정신적 증상(임혜경 외, 2014)을 의미하는 용어로 쓰이고 있다. 그런데 모든 스트레스가 부정적인 영향을 미치는 것은 아니며 스트레스가 미치는 영향에 따라 긍정적 스트레스인 유스트레스(eustress)와 부정적 스트레스인 디스트레스(distress)로 분류된다(Selye, 1975).

유스트레스는 약간의 긴장감으로 흥미, 기쁨, 열정을 가져온다. 반면에 디스트레스는 지나친 긴장감으로 짜증, 괴로움, 불편함 등으로 인해 신체적·정신적으로 고갈되는 경험을 갖게 한다. 그러므로 스트레스는 그 정도에 따라 삶에 기능적인 역할을 담당하기도 한다. 여기서 중요한 것은 '어느 정도'에서 유스트레스가 디스트레스로 변하느냐는 것이며, 심각한 디스트레스로 인한 부정적인 영향이 나타나기 전에 스트레스를 관리하는 것이 필요하다.

유아교사의 경우 교사가 경험하는 직무스트레스는 '교사로서 직무를 수행하는 과정에서 불안, 분노, 긴장 등의 부정적인 기분이나 불쾌한 정서 상태를 경험하는 것'을 의미한다(Kyriacou, 2001). 교사의 직무스트레스에 관한 선행연구들은 교사의 직무 스트레스가 교사의 개인건강과 교사 행동의 질에 부정적인 영향을 미치며(구은미, 2007; 신혜영, 이은해, 2005) 교사–유아와의 관계에서 직무스트레스가 높은 교사들이 낮은 교사들에 비해 긍정적 상호작용은 적고 비상호작용이 많이 이루어지는 것으로 보고하였다(엄정애, 김혜진, 2005). 또한, 지속적으로 해결되지 않는 스트레스는 소진으로 이어지며(조혜진, 김수연, 2011), 소진한 교사는 자신이 하는 일에 대한 의미와 열정을 잃어버리기 때문에 영유아들에게 집중하지 못하고 결근과 지각을 자주하게 되며 결과적으로 이직을 하거나 교육현장을 떠나는 것으로 나타났다(신성아, 2006).

이와 같이 적절한 스트레스는 오히려 업무에 활력을 주고 직무수행의 질적 향상에 도움을 주는 것으로 알려져 있지만 지나친 스트레스는 교사의 개인적인 건강은 물론 직무수행에도 부정적인 영향을 초래하며 심리적 탈진상태인 소진과 이직으로 이어질 수 있기 때문에 스트레스 관리에 대한 중요성이 부각된다.

2) 스트레스의 원인

스트레스의 원인은 무엇일까? 스트레스의 원인을 보통 스트레스 원(stressor) 또는 유발인자(trigger)라고 부른다. 스트레스가 전혀 없는 진공상태란 없다. 오히려 현대의 스트레스 원은 점점 늘어나고 있는데, 대부분의 학자들은 스트레스의 원인을 개인의 내적 요인와 외적 요인으로 구분하여 설명하고 있다(임혜경 외, 2014; Schilling, 2001). 본 장에서는 스트레스 원인을 크게 환경적 요인(생활사건, 물리적 환경)과 개인 내적 요인(비합리적 신념, 신체건강)으로 구분하여 살펴보고자 한다.

(1) 환경적 스트레스 요인

① 생활사건

일상생활에서 경험하는 생활 사건들이 개인에게 스트레스를 일으키는 요인으로 작용하고 있다. 일상생활에서 일어나는 생활사건은 크게 가족이나 친구와 관련된 생활사건, 학교·직장·사회와 관련된 생활사건, 경제적 생활사건 등이 있다.

- **가족이나 친구와 관련된 생활사건:** 질병과 죽음, 이혼, 결혼, 임신, 불화 등
- **학교·직장·사회와 관련된 생활사건:** 입학, 전학, 부서이동, 이직, 해고, 은퇴, 조직 내 갈등 등
- **경제적 생활사건:** 카드연체, 과도한 대출 등

이와 관련하여 Holmes와 Rahe(1967)는 개인에게 스트레스를 주는 43개의 생활사건 리스트를 작성하고 그것이 개인의 재적응에 미치는 영향력을 산출하여 스트레스 순위를 매긴 '사회재적응 평가척도'를 개발하였다〈표 4〉. 또한, 이 평가척도를 사용하여 개인의 스트레스 정도와 질병발병 간에 유의한 관계가 있음을 보여 주었다.

여기에 제시된 스트레스를 유발하는 생활 사건들을 보면 부정적 생활 사건들도 있지만 임신, 출산, 휴가 등의 긍정적 생활사건도 포함되어 있음을 볼 수 있다. 또한, 최근에 이 도구를 활용하여 영국에서 성인 2000명을 대상으로 일상생활에서 받는 스트레스 정도를 조사한 결과(권현, 2016. 3. 17)를 보면, 스마트폰 분실과 브렉시트(영국의 유럽연합탈퇴)가 테러위협과 비슷하게 높은 순위로 나타나 사회적 변화를 반영하고 있음을 보여 주었다.

〈표 4〉 Holmes와 Rahe의 사회 재적응 평가척도

생활사건	변화치	생활사건	변화치
1. 배우자의 죽음	100	23. 자녀의 출가	29
2. 이혼	73	24. 시댁 또는 처가와의 갈등	29
3. 별거	65	25. 우수한 개인적인 공적	28
4. 수감생활	63	26. 배우자의 복직 또는 휴직	26
5. 가족의 죽음	63	27. 학기 초 또는 학기 말, 입학 또는 졸업	26
6. 상해 또는 질병	53	28. 생활조건의 변화	25
7. 결혼	50	29. 개인 습관의 변화	24
8. 해고	47	30. 상사와의 갈등	23
9. 별거 후 재결합, 부부간 화해	45	31. 작업시간 또는 작업조건의 변화	20
10. 은퇴	45	32. 이사	20
11. 부모의 건강	44	33. 전학	20
12. 임신	40	34. 여가의 변화	19
13. 성 문제	39	35. 개종	19
14. 새로운 가족구성원	39	36. 사회 활동의 변화	18
15. 직업상 겪는 중대한 위기	39	37. 저당 혹은 소액 대출	17
16. 재정적 상황의 변화	38	38. 취침 습관의 변화	16
17. 친한 친구의 죽음	37	39. 가족이 모이는 시간의 변화	15
18. 직업적 상황 변화, 부서 이동	36	40. 음식 습관의 변화	15
19. 잦은 부부 싸움	35	41. 휴가	13
20. 저당 또는 과도한 부채(1,000만 원 이상)	31	42. 크리스마스	12
21. 저당물의 압수	30	43. 벌금 또는 교통벌칙금	11
22. 직업상 책임의 변화	29		

※채점 방식

지난 1년간 본인에게 일어난 생활사건들을 모두 고르고, 해당 생활사건의 변화치를 모두 합산한다.

① 150점 이하: 스트레스가 낮은 편

② 150~199점: 질병 발생률은 9~33% 정도, 질병에 대한 저항력이 높음

③ 200~299점: 질병 발생률은 30~52% 정도

④ 300점 이상: 질병 발생률은 50~85% 정도, 위험상태임

② 물리적 환경

공해, 대도시의 소음, 기후, 공기, 주거환경, 바이러스 등 다양한 물리적 환경이 개인에게 스트레스 요인으로 작용하고 있다. 급속한 경제의 성장으로 사람들은 물질적 풍요를 누리고 있지만 이로 인한 환경오염, 기후변화, 생태계 파괴 등으로 인해 스트레스를 경험하고 있다. 일례로 환경오염과 공해 등으로 호흡기 질환과 아토피 환자가 늘어나고 있으며 야외활동을 위해 매일 민감하게 미세먼지 농도를 체크해야 하는 현실이 되었다. 또한, 도시인구의 과밀화로 만들어진 아파트는 새집 증후군과 층간 소음 등의 심각한 스트레스 요인으로 작용하고 있다.

(2) 개인 내적 스트레스 요인

① 비합리적인 자동적 사고

자극이 되는 사건이나 상황에 대해 비합리적인 자동적 사고가 부정적 감정을 유발하는 스트레스 요인으로 작용한다. 자동적 사고는 어떤 자극이나 상황에 대해 특별한 의식 없이 아주 빠르고 짧게 자동으로 튀어나오는 사고로서, 의식적으로 무엇인가를 의도하거나 심사숙고해서 형성되는 것이 아니며 합리적인 사고의 결과물이 아니다. 합리적 신념은 어떤 사태를 이해하고 해석하는 객관적이며 타당한, 근거 있는 신념을 말하며, 비합리적 신념은 주관적이며 근거가 없는, 그래서 왜곡되기 쉬운 신념을 말한다(설기문, 2014). 비합리적 자동적 사고에 영향을 미치는 요인으로는 이분법적 사고, 과잉 일반화, 개인화 등의 인지적 오류가 있다(이지영, 2014).

- **이분법적 사고:** 생활사건의 의미를 '이것 아니면 저것'이라는 식의 이분법적 범주로 나누어 둘 중의 하나로 해석하는 오류이다. 예를 들어, '완벽하게 성공하지 못하면 실패한 것이다.', '나를 좋아하지 않으면 싫어하는 것이다.', '내편이 아니면 적이다.' 등이다.
- **과잉 일반화:** 한두 번의 사건에 근거하여 일반적인 결론을 내리고 무관한 상황에도 그 결론을 적용하는 오류이다. 예를 들어, 한두 번 시험에 떨어진 사

람이 '나는 어떤 시험을 치든지 나의 노력과 상관없이 실패할 것이 뻔하다.' 라고 일반화하거나 소개팅에서 한두 번 마음에 드는 여성과 커플이 되지 못한 사람이 '여자들이 나를 안 좋아해.', '나는 소개팅을 해도 잘 되지 않아.'라고 일반화하는 경우이다.

- **개인화:** 자신과 무관한 사건을 자신과 관련된 것으로 잘못 해석하는 것이다. 예를 들어, 사무실로 들어오는데 동료들이 웃고 있는 모습을 보고서 '나에 대해 뭔가 얘기하고 있었던 것 아니야?'라고 생각해서 불쾌한 감정을 갖거나 컴퓨터를 수리하러 온 직원의 퉁명스러운 표정을 보고서 '저 사람이 기분이 나쁜 것은 내가 무엇인가 잘못했기 때문이야.'라고 생각하는 것이다.

② 신체적 건강

건강하지 못하면 스트레스에 더욱 취약해진다. 몸이 아프거나 피곤한 것은 스트레스의 원인일 뿐 아니라 이러한 상태 자체가 스트레스에 대한 반응이기도 하다.

3) 스트레스의 결과

(1) 신체적 반응

스트레스에 대한 신체적 반응은 우리 몸을 보호하기 위한 적응기제로, 심장의 활동을 늘려서 '전투태세'를 갖추면서 '전투'에 필요 없는 소화기관 등의 기능을 일시 중지시킨다. 스트레스를 받으면 우리 몸은 다음 세 단계를 거쳐 반응하게 된다(한광일, 2008).

첫째, 경고 반응기이다. 우리의 몸이 스트레스 원에 적극적인 저항을 나타내는 시기이다. 1~48시간 안에 반응이 나타난다. 경고 반응기의 첫 번째 상태는 쇼크인데, 체온과 혈압의 저하, 저혈당, 혈액 농축 등의 쇼크가 일어난다.

둘째, 저항 반응기이다. 스트레스 상황에 적응하려하거나 저항을 하는 단계로 스트레스 원에 대한 저항이 가장 강한 시기이다. 이 시기에는 부신피질 호르몬이 분비되는데, 이 호르몬은 혈압을 높이고 임파구수를 줄이는 일을 하게 되어 혈압은 올라가고 면역력은 떨어지는 반응이 지속된다.

셋째, 소진 반응기이다. 스트레스가 계속되면 저항 또는 적응 에너지가 고갈된다. 이 상태까지 오게 되면 스트레스 원에 대한 저항력이 떨어져 신체적·정서적으로 병이 생긴다.

(2) 정서적 반응

스트레스에 대한 정서적 반응은 주로 화, 불안, 우울로 나타난다(이지영, 2014; 임혜경, 2014).

첫째, 화는 스트레스 상황에서 짜증, 분노, 격노 등으로 빈번히 경험되는 정서이다. 화는 자신의 삶이나 안전감, 자아존중감이 위협당할 때 유발되며, 자신을 보호하기 위해 상대방에게 공격성을 갖고 대항하게 하고 억울하거나 부당한 일을 당했을 때 스스로를 보호해 준다.

둘째, 불안은 고통이 있거나 그것이 예상될 때, 혼자 있을 때, 위험하다고 느낄 때 두려움, 긴장, 걱정 등으로 나타난다. 불안은 안절부절못하는 상태, 쉽게 피로해지는 신체적 증상과 동반되며 현대인들의 스트레스와 가장 밀접한 정서이기도 하다.

셋째, 우울은 돌이킬 수 없는 상실이나 좌절과 관계되는 정서로, 슬픔, 고통 등으로 나타나며 낮은 각성 상태이다. 자신에게 신체적, 심리적으로 가까운 사람과 멀어졌을 때, 타인과 단절될 때, 희망이 사라졌을 때, 중요한 목표가 실패했을 때 나타나는 정서적 반응이다.

2 스트레스 관리하기

스트레스 관리란 스트레스를 주는 사건에 대응하여 건강한 자제력을 발휘하여 해야 할 일을 침착하고 신중하게 계속해서 일이 잘 돌아가도록 하는 능력(Nelson

& Low, 2012)이다. 우리가 일상에서 스트레스를 다루는 것은 마치 곡예사가 저글링을 하는 것처럼 위태롭고 균형감이 필요하다. 또한, 적정수준의 유스트레스를 유지하면서 심각한 디스트레스로 전환되어 오래 지속되지 않도록 스트레스를 관리하는 것이 필요하다.

스트레스의 원인이 되는 개인의 내적 요인과 외적 환경적 요인을 잘 관리하는 것이 적극적인 대처방법이 될 것이다. 스트레스 관리를 위하여 비합리적인 자동적 사고 전환하기, 신체적 안녕을 위한 전략, 화·불안·우울 관리하기를 제시하면 다음과 같다.

1) 비합리적인 자동적 사고 전환하기

스트레스 요인 중 개인의 비합리적인 자동적 사고가 불쾌한 감정을 유발할 수 있음을 확인하였다. 따라서 스트레스 관리를 위하여 비합리적인 자동적 사고를 합리적이고 적응적인 사고로 전환하는 연습이 필요하다. 어떤 사건이나 상황에 대하여 비합리적이고 부정적으로 생각하고 해석할 때 부정적인 결과를 가져올 수밖에 없기 때문이다.

어떤 사건이나 상황에 대하여 어떻게 해석하고 생각하느냐에 따라 다른 결과가 나타나는데, 이를 ABC원리, 감정에 대한 인지적 모델로 설명할 수 있다(설기문, 2014; 이지영, 2014; 임혜경 외, 2014). 감정에 대한 인지모델은 어떤 사건에 대한 자신의 인지, 즉 생각에 초점을 두고, 내가 자극을 어떻게 인지하느냐가 감정과 행동에 영향을 미친다는 것으로, A는 선행사건(Activating event)을 말하고, B는 신념, 생각, 해석(Belief)을, 그리고 C는 결과(Consequence)를 의미한다.

A	➡	B	➡	C
자극, 사건 (스트레스 원인)		생각 (자동적 사고)		감정 (행동)

[그림 13] **감정에 대한 인지적 모델**

이 원리를 적용하면, 어떤 사건이나 상황에 대하여 어떻게 해석하고 생각하느냐, 그리고 그것에 대하여 어떤 신념을 가지느냐에 따라 전혀 다른 정서를 경험할 수 있다. 즉 특정 사건이나 상황에 대하여 합리적인 신념과 생각으로 해석하고 받아들이면 생산적 감정을 경험하지만 비합리적인 신념과 생각으로 이해하면 비생산적인 감정을 경험할 수밖에 없다.

아래의 사례를 통해 비합리적인 자동적 사고를 합리적이고 적응적인 사고로 전환하는 연습을 해 볼 수 있다. 또한, 감정일기를 쓰는 것은 일상생활에서 자동적으로 나타나는 자신의 비합리적 사고유형을 이해하는 데 도움이 된다. 스스로 매일 자신의 생각을 기록하다 보면 자신에게 스트레스를 가져오는 역기능적인 사고를 인식하고 합리적으로 사고하는 데 도움이 된다.

A 지하철에서 지나가던 사람이 어깨를 툭 치고 갔다.	**비합리적 신념** B1 저 사람이 일부러 나를 치고 간 거야	C1 화가 남
	합리적 신념 B2 사람이 많아서 잘 보지 못했겠지.	C2 화가 나지 않음

A 애인과 헤어졌다.	B1 내가 못나서 애인에게 버림받았다.	C1 슬픔, 절망
	B2	C2

A 주임선생님에게 인사를 했는데 언짢은 표정으로 나를 보며 지나갔다.	B1 내가 뭘 잘못했나? 나한테 화가 나 있다. 나를 무시한다.	C1 당황, 불안, 화
	B2	C2

2) 신체적 안녕을 위한 전략

대부분의 사람들은 스트레스를 받게 되면 면역력이 떨어지고 감기, 두통, 소화기계통의 질병이 잘 걸리게 된다. 신체적 안녕은 정서적, 심리적 안녕과 매우 밀접하게 관련되어 있으며, 건강한 신체는 정서적으로 건강하게 하고 삶을 보다 적극적으로 살아가도록 해 준다. 따라서 평소에 건강관리를 잘하고 스트레스로 인해 나타나는 신체적 반응을 잘 인식하여 적절한 휴식과 긴장완화를 위한 다음과 같은 방법들을 활용하는 것이 필요하다.

(1) 자신에게 효과적인 긴장 이완법을 개발하고 연습한다

강렬한 감정상태일 때, 근육이 긴장되고 심장박동이 증가하며 호흡이 가빠지고 소화가 잘 안되거나 식은땀이 나고, 두통, 위통 등 교감신경계의 흥분으로 야기되는 신체반응이 나타난다. 이때 자신의 감정을 가라앉힐 수 있는 긴장 이완법을 갖는 것이 필요하다.

- 지나치게 흥분되어 있거나 불안하여 안절부절못하거나 화가 나있다면 복식호흡을 통해 감정을 누그러뜨릴 수 있다.
- 명상도 좋은 방법이다. 『멈추면, 비로소 보이는 것들』이라는 혜민 스님의 책 제목처럼 나아가는 기술만큼 멈추는 기술도 필요하다. 하루에 한 번은 하던 일을 멈추고 가만히 앉아 나를 바라보자. 마치 제3자가 나를 바라보듯 나의 마음속과 주변에 흩어져 있는 물건들을 쳐다보자. 명상은 우리 삶의 큰 방향을 잡아 주는 나침반과 같은 역할을 한다(함규정, 2015). 하루에 한 번 나 자신과 대화를 할 수 있는 시간을 갖는다. 하루 1~2분이면 충분하다. 마음의 근심이 되고 있는 일이나 사람들에 대한 생각에서 벗어나 나는 지금 어떤 마음인지, 행복한지, 이루고 싶은 꿈이 무엇인지를 깨닫게 해 줄 것이다.
- 푸른 바다나 숲, 넓은 잔디가 있는 언덕을 떠올리거나 즐거웠고 편안했던 기억을 떠올리는 상상하기도 도움이 된다.
- 산책, 영화보기, 음악듣기, 맛있는 것 먹기 등 기분을 좋게 하는 활동을 함으로써 불쾌한 감정을 상쇄하고 기분을 전환할 수 있다.

(2) 평소 적당히 잠을 자고, 휴식을 취하고, 놀고, 운동하고, 현명하게 먹고 마신다

늦은 밤까지 게임, 스마트폰, 영화 등을 보고 야식을 먹고 나서 늦게 일어나고 불규칙적으로 식사와 운동을 하게 되면 개인의 건강은 물론 학업과 직장생활, 가족들과의 관계에도 문제가 될 수 있다. 즉 신체적 안녕을 위해 규칙적이고 건강한 생활습관을 갖는 것은 너무 당연하고 모두 알고 있는 방법이지만 스트레스 관리를 위해 실천하는 것이 중요한 전략이다.

3) 화 · 불안 · 우울 관리하기

스트레스 반응으로 나타나는 화, 불안, 우울 등의 정서적 반응은 일상생활에서 경험하게 되는 자연스러운 반응이다. 그런데 이러한 감정이 너무 격렬하거나 오랫동안 지속된다면, 개인의 건강이나 학업, 직장업무, 인간관계에 미치는 2차적 영향이 크기 때문에 화, 불안, 우울을 다루고 관리하는 것이 필요하다. 스트레스로 나타나는 화, 불안, 우울의 정서를 관리하는 방법에 대해 살펴보면 다음과 같다.

(1) 화 다스리기

화, 분노는 자연스러운 것이다. 누구나 화를 낼 수 있다. 그러나 화라는 정서를 얼마나 현명하게 잘 다루고 표현하느냐가 중요하다.

① 마음속에 '화'라는 감정을 인정하고 수용하는 것이 필요하다

마음속에 화를 느끼는 것은 기쁨을 느끼고 행복한 기분을 느끼는 것과 같이 자연스러운 일이다. '화를 내면 안 되는데… 저 사람한테 화내면 안 돼.'와 같이 자신의 감정을 받아들이지 못하고 '화'라는 감정을 애써 부정하고 외면하려는 경우가 있다. 감정을 경험하는 것과 행동하는 것은 별개이다. 화를 경험하는 것은 실제로 화를 바깥으로 분출하는 것과는 별개임에도 불구하고 사람들은 화를 느끼고 경험하는 것 자체를 화내는 행동과 동일시함으로써 공연히 죄책감을 느끼거나 화를 느끼지 않으려고 노력하는 경우가 있다. 감정을 느끼고 인정해야 다스릴 수 있다. 자신의 감정을 확인하고 감정에 단순히 이름을 붙이는 것만으로도 뇌를 안정시키고 강렬한 감정을 회복하는 데 도움이 된다(McLaren, 2014).

감정은 무시하고 외면한다고 없어지는 것이 아니다. 감정이란 누가적(累加的)인 특성이 있어서 어떤 형태로든 처리되기 전에는 없어지지 않고 쌓이게 된다(설기문, 2014; Caruso & Salovey, 2009). 그래서 화를 한 번 참고 두 번 참는 것은 어느 정도 가능하지만 계속해서 참게 되면 나중에 쌓여서 '홧김'에 큰일을 저지르게 되는 것이다. '화'라는 감정을 느끼고 인정해야 다스릴 수 있다.

② '화'가 폭발하는 순간에는 복식호흡이나 타임아웃을 통해 화를 누그러뜨린다

감정이 격해 있을 때, 특히 그것이 '화'와 같은 감정일 경우에 즉시로 감정을 표현하는 것은 사태를 악화시킬 위험이 크기 때문에 조금이라도 여유를 갖는 것이 필요하다. 화가 치밀어 올라 있거나 지나치게 흥분되어 있다면 복식호흡을 시도함으로써 감정을 가라앉힐 필요가 있다. 깊게 숨을 들이마시고 내쉬는 복식호흡은 자신의 감정을 조절하기 위해 사용할 수 있는 아주 간단하면서도 강력한 기술 중 하나이다(이지영, 2014; 함규정, 2015; Bradberry & Greaves, 2013). 복식호흡은 특별한 상황이나 조건이 필요하지 않고 다른 사람의 눈에 두드러지게 띄는 방법이 아니기 때문에 상황에 따라 효과적으로 시도할 수 있다.

또한, 화가 났을 때 화를 '다 쏟아 붓는 것'을 막고 분노의 상승순환을 깨기 위하여 타임아웃을 하는 것도 좋은 방법이다. 화가 난 감정을 추스르고 냉정을 찾기 위해 문제 상황에서 벗어나 시간을 갖는 것이 필요함을 의미하며, Schilling(2001)은 격렬한 생리적 자극으로부터 감정이 회복되는 데는 최소한 20분의 시간이 필요하다고 하였다. 김경일(2019)은 '화를 다스리는 법' 동영상에서 화가 났을 때 슬기롭게 해결하는 방법을 화가 난 장소에서 두 다리를 사용하여 도망치는 것이라고 하였다. 즉 순간적으로 화가 났을 때는 화가 난 장소에서 벗어나 도망치면 뇌가 그 상황에서 적극적으로 피했다고 생각하기 때문에 3분 정도만 지나도 화를 가라앉힐 수 있다는 것이다.

③ 적절한 시간과 장소에서 적절한 강도로 '화'를 표현한다

화가 어느 정도 가라앉았다면 '지금 이 문제가 내 건강보다 중요한가?' 그리고

'내가 지금 화를 내서 이 상황을 바꿀 수 있는가?'의 두 가지 질문을 스스로에게 던져 보고, 정말 화를 낼 만한 상황이라면 화를 적절히 표현하는 것이 필요하다(함규정, 2015). 이때 상한 감정을 폭발하듯이 표현하기보다는 잠시 숨을 고르고 상대방에게 자신의 감정 상태에 대해서 언제, 어떻게 표현하면 좋을지 생각할 필요가 있다. 감사의 마음을 표현하거나 사과를 할 때도 시간과 장소가 중요한 것처럼 '화'를 표현할 때도 적절한 시간과 장소에서 적절한 강도로 표현하는 것이 필요하다.

(2) 불안 가라앉히기

불안은 미래에 대해 생각하고 나쁜 일이 일어날 것이라고 걱정하는 것에서 유발되며, 두려움, 긴장, 걱정 등의 감정으로 나타난다. 불안한 사람은 인지적으로 잘못될 것에 대해 안절부절못하면서 '만약 ~하면 어떡하지? 이렇게 되면 안 되는데…'라고 걱정한다. 또한, 정서적으로도 '불안하면 안 되는데…'라며 불안한 감정을 느껴선 안 된다는 태도를 보인다. 아래의 사례처럼 불안의 감정을 받아들이지 못하고 부정적으로 생각하게 되면 불안은 오히려 더욱 커지고 악화될 수 있다.

〈사례연구〉

오늘은 유치원(어린이집)에서 학부모 간담회가 있는 날이다. 나는 진행 사회와 우리 기관에서 중점으로 실행하고 있는 교육프로그램을 발표하게 되었다. 교육청(구청) 시범사업으로 실행되었던 프로그램이라 교육청(구청)관계자와 학부모님들이 많이 참석하였다. 너무 긴장되고 떨린다. 자꾸만 가슴이 쿵쾅쿵쾅 거리고 숨이 가빠온다.

이럴 때 어떻게 하겠습니까?

반응1)

발표할 때 떨리는 것은 자연스러운 거야. 게다가 어려운 분들이 앞에 계시니까 얼마나 긴장되겠어? 내가 긴장하고 떨린다고 해서 큰일 날 것은 없어. 긴장된 상황이니 내 입장을 이해할거야.

반응2)

내가 긴장하고 떨고 있다는 것을 들켜서는 안 되는데… 목소리가 떨리면 안 되는데… 손은 왜 이렇게 떨리지? 내가 긴장하고 있다는 것을 다른 사람들이 알면 아마 나에게 실망하고 비웃을 거야.

위 사례의 두 번째 반응처럼 긴장하고 불안하면 안 된다고 생각하며 억제하는 경우에는 더 긴장되고 불안해질 수 있다. Greenberg(2002)는 두려움과 불안을 느낄 때 두려움을 제거하는 유일한 방법은 두려움을 느끼는 것이라고 하였다. 불안을 그대로 느끼다 보면 처음에는 강렬하게 느껴지지만 시간이 지날수록 조금씩 완화되어 30분 정도면 상당히 해소되고, 이런 과정을 반복하다 보면 점차 불안이 감소하는 데 걸리는 시간도 짧아지게 된다(이지영, 2014). 정서조절 방법 중 인지적으로 이미 일어났고 어쩔 수 없는 일임을 받아들이는 '인지적으로 수용하기'와 불안한 감정을 있는 그대로 느끼고 받아들이는 '감정 수용하기'의 방법이 불안을 가라앉히는 데 도움이 될 수 있다.

(3) 우울 벗어나기

우울은 과거에 상실, 실패로 인해 유발된 슬픔, 좌절, 절망 등의 감정이 지속되면서 낮은 각성상태로 유지되고 있는 정서이다. 우울한 사람은 위축되고 활동성이 적어서 다른 사람을 만나려하지 않고 혼자서 안으로 숨어들어가려는 경향이 있으므로 활동성을 높이는 것이 필요하다. 또한, 절망감과 무력감을 느끼는 상황에서 다른 사람에게 공감이나 조언을 구하는 지지추구적 방법이 효과적이다.

- 긍정적으로 주의를 다른 곳으로 돌릴 수 있는 운동, 영화, 게임, 산책 등의 활동을 늘린다.
- 낮은 각성을 활기찬 상태로 마음을 바꾸게 하는 것이 필요하다.
- 다른 사람에게 공감이나 조언을 구할 수 있는 긍정적인 인간관계를 형성하고 유지한다.

적용하기

- **'스트레스 관리전략 개발하고 실천하기' 브레인스토밍**
  ① 소그룹으로 나눈 후 평소 자신이 화, 걱정, 불안, 우울 등을 느꼈을 때 이를 관리하기 위해 사용하는 좋은 방법들을 생각나는 대로 포스트잇에 적어 보세요.
  ② 비슷한 성격의 방법끼리 범주로 묶고 범주들에 이름을 붙인 후 스트레스관리 방법 중 본인이 평소 사용하는 방법과 새롭게 사용하고 싶은 방법들에 대해 이야기 나눠 봅시다.

6

미래의 마시멜로

목표

1. 목표설정과 시간관리를 위한 기본 원칙을 이해하고 생활에서 실천한다.
2. 자신의 목표와 발전을 위하여 정서를 관리할 수 있다.

올해 세운 목표가 있는가? 해마다 새해 계획을 세우지만 잘 지켜지지 않는 이유는 무엇일까? 놀고 싶고, 먹고 싶고, 사고 싶은 충동을 통제하면서 자신이 세운 목표를 이루려고 몰입했다 하더라도 화가 나거나 불안해지면 그 기분을 해소하기 위해 쉽게 충동에 빠져 새해 결심을 포기하기 쉽기 때문이다.

인간의 행동은 머리가 아니라 마음이 지배한다(조벽, 2016). 게임하는 시간을 줄이고 공부해야 한다는 것은 알지만 게임하고 싶은 마음이 더 강하기 때문에 게임을 끊기가 쉽지 않은 것이다. 다이어트를 하겠다고 결심했지만 우울하고 기분이 언짢은 일이 생기면 쉽게 음식의 유혹에 빠져 폭식을 하게 된다. 감정은 이성보다 훨씬 위력적이다. 따라서 목표를 달성하고 성과를 원한다면 감정을 관리해야 한다.

본 장에서는 먼저 자신의 목표추진력을 진단해 보고 목표 달성을 위한 이성과 감정의 역할, 목표설정의 원리와 시간관리의 기본 원칙, 목표 달성을 위해 길러야 할 정서적 힘에 대해 살펴보고자 한다.

진단하기

나의 목표 추진력 〈부록 14〉

1 목표 달성을 위한 이성과 감정의 역할

사람들은 누구나 크고 작은 목표를 가지고 있다. 개인적 목표일 수도 있고, 소속된 학교나 직장에서의 목표일 수 있고, 단기간 또는 장기간에 걸친 목표일 수도 있다. 자기관리는 이러한 목표를 성취하기 위해 자신의 행동 및 과제수행을 관리하고 조정하는 것이다. 따라서 자기관리 능력은 적절한 개인 목표를 설정하고, 목표 달성을 위한 계획 수립, 자원관리, 과정관리 등을 통해 자신의 발전을 도모할 수 있는 능력을 의미한다(Kress & Elias, 2006). 또한, 자기관리 능력에는 이러한 개인적 목표를 달성하기 위해서 자신의 감정, 충동, 행동을 조절하고 통제할 수 있는 능력이 포함된다(Zins et al., 2004). 이러한 자기관리 능력의 개념정의에서 알 수 있듯이 목표 달성을 위해 길러야 하는 능력은 의미 있는 개인목표를 세움으로써 스스로에게 동기를 부여하고, 자신의 시간과 자원을 관리하며, 과제를 완성하고, 예상치 못한 요구와 변화에 유연하게 대처하는 방법을 배우는 것이다(Nelson & Low, 2012). 어떤 사람이 되겠다든지, 또는 어떤 일이나 성과를 내겠다는 목표와 관련된 의식적인 결정은 이성의 영역에 속하지만, 그러한 목표를 달성하기 위해 충동을 조절하고 열정과 에너지를 쏟으며 스스로에게 동기를 부여하는 추진력은 감정의 역할이다.

예를 들어, 출근하기 전에 피트니스센터에서 운동을 하여 3개월 안에 5kg을 감량하고, 퇴근 후에는 직장인 영어 회화반에서 공부하여 올해 안에 토익시험을 봐서 원하는 점수만큼 올리겠다는 목표를 세웠다고 하자. 목표를 달성하기 위해 우선순위에 따라 일정을 잘 관리하다가도 이러한 계획이 무너지는 때가 온다. 바로 직장에서 동료 간에 언짢은 신경전이 있었거나 원장님에게 호되게 혼이 났을 때이다. 이렇게 열이 나고 속이 상한데 퇴근하고 영어학원에 가겠는가? 저녁에 속상한 마음을 달래기 위해 친한 친구들과 맥주를 마시고 다음 날 운동도 거르게 될 것이다. 규칙을 깨는 것은 처음만 어렵지 두 번, 세 번 운동과 공부를 거르는 일은 어려운 일이 아닐 것이다. 이처럼 자신이 세운 목표를 이루려고 몰입했다가도 화가 나거나 불안해지면 그 기분을 해소하기 위해 쉽게 충동에 빠져 결심을 포기하기 쉽다.

따라서 자기관리를 잘 하기 위해서는 자신의 비전과 목표를 설정하고 이를 성취하기 위해 자신의 일정을 장단기로 계획하고 우선순위에 따라 효과적으로 수행해야 한다. 또한, 목표를 달성하고 성과를 원한다면 감정을 관리해야 한다. 감정조절을 잘 하는 사람은 흔들리지 않고 목표를 향해 한걸음씩 나아간다. 화가 나거나 우울해도 할 일을 멈추지 않고 꾸준히 해 나간다. 설사 중도에 실패를 하거나 잠시 중단했다가도 스스로에게 동기를 부여하면서 다시 시작할 것이다. 이러한 자기관리 능력은 개인의 목표뿐 아니라 팀이나 직장에서의 목표에도 영향을 미친다.

자기관리는 이성과 감정의 결과물로, 중요한 것은 사고와 감정의 조화이다. 이성은 구체적이고 합리적인 목표를 설정하고 우선순위를 정해 실천할 수 있도록 돕는다. 감정은 열정을 가지고 개인 또는 공동의 목표를 추진하도록 도우며 다른 사람의 마음을 움직여 함께 협조하도록 돕는다. 따라서 원하는 성과와 목표가 있다면 이성적으로 목표와 시간계획을 세우는 능력이 필요하고, 현재의 충동을 조절하면서 열정을 가지고 목표를 추진할 수 있는 감정조절능력이 필요하다.

2 목표 설정과 효과적인 시간관리

1) 목표 설정의 원칙

목표가 잘 정의되지 않으면 성취하기도 어렵다. 성공하는 사람들은 실제적이고 성취 가능한 목표를 설정한다. 활동목표는 너무 크거나 높은 경우 세부목표를 나누고 실행 가능한 목표로 조정한다. 목표설정에 도움을 줄 수 있는 지침 중 SMART원칙을 제시하면 다음과 같다.

- **구체성(Specific)**: 목표가 구체적이고 명확한가?
- **측정가능성(Measurable)**: 목표 달성도를 측정할 수 있는가?
- **행동중심(Action-oriented)**: 목표가 미래지향적인가? 목표가 성취되었을 때 확인할 수 있는 결과는 무엇인가?
- **현실성(Realistic)**: 기한 내에 목표를 성취할 수 있는 것인가? 목표 성취를 위해 활용할 수 있는 자원이 있는가?
- **기한성(Time-bounded)**: 목표 달성을 위한 기한이 정해져 있는가?

2) 우선순위 설정의 원칙

비전과 목표가 설정되면 수행해야 할 과제와 역할들을 도출하고, 우선순위를 정하여 일정을 계획한다. 우선순위 설정의 기준은 '중요성'과 '긴급성'이며, 이는 [그림 14]와 같다. 즉 우선순위를 정하는 방법은 가장 중요하고 가장 긴급한 일일수록 우선순위가 높다고 판단하는 것이다. 우선순위를 설정하는 방법을 구체적으로 살펴보면 다음과 같다.

① 자신의 목표와 수행과제들을 모두 나열한다.
② 이 목표들이 모두 측정 가능한 것인가를 확인한다.
③ '왜 이것을 해야 하는가' 중요도를 분석한다.
④ 긴급성을 평가한다.

우선순위가 결정되면 일의 우선수위에 따라 구체적인 일정을 수립한다. 여기서 한 가지 주의할 점은 빨리 해결해야 될 긴급한 문제라고 하여 우선순위를 높게 잡고 이를 중심으로 계획을 세우게 된다면 오히려 중요한 일을 놓치게 되는 잘못을 저지르게 된다.

일반적으로 자기관리를 잘 하고 성공하는 사람들은 2순위의 긴급하지 않지만 중요한 일들을 잘 관리한다. 긴급한 1, 3순위의 일들 때문에 긴급하지 않지만 중요한 건강관리나 중장기 목표들을 소홀히 하고 있지 않은지 반성적으로 평가해 볼 필요가 있다. 또한, 중요하지도 않고 긴급하지 않은 메일, 전화, 스마트폰 검색, 게임 등을 우선적으로 하면서 많은 시간을 보내고 있지 않은지 점검하며 시간관리를 해야 한다.

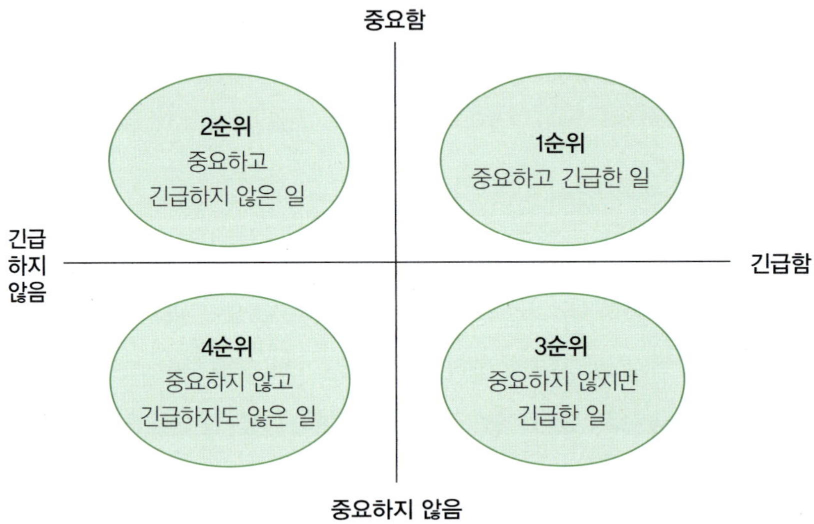

[그림 14] 우선순위 설정

- 1순위: 중요하고 긴급한 일

  예 1~2개월 내에 있는 평가나 과제, 간담회, 면담, 시험 등

- 2순위: 중요하고 긴급하지 않은 일

  예 인간관계 구축, 자기개발(운동, 대학원 진학) 등

- 3순위: 중요하지 않지만 긴급한 일

  예 구청 또는 교육청의 일상적인 공문처리, 정기회의 등

- 4순위: 중요하지 않고 긴급하지도 않은 일

  예 개인적인 전화, 메일체크 등

〈활동〉 나의 역할과 과제의 우선순위 정하기

※ 자신의 역할과 업무를 고려하여 지난 한달 동안 내가 수행한 활동이나 과제들을 모두 적어 보고, 해당 활동들의 중요성과 긴급성을 고려하여 A, B, C, D 해당되는 칸에 적어 보세요. 자신이 주로 어떤 영역의 일들을 하고 있는지, 중요도가 높은 일에 많은 시간을 투자하고 있는지, 중요한 일이 아니라 단지 좋아하는 일이나 긴급하게 발생하는 일 위주로 일하는 것은 아닌지 생각해 봅시다.

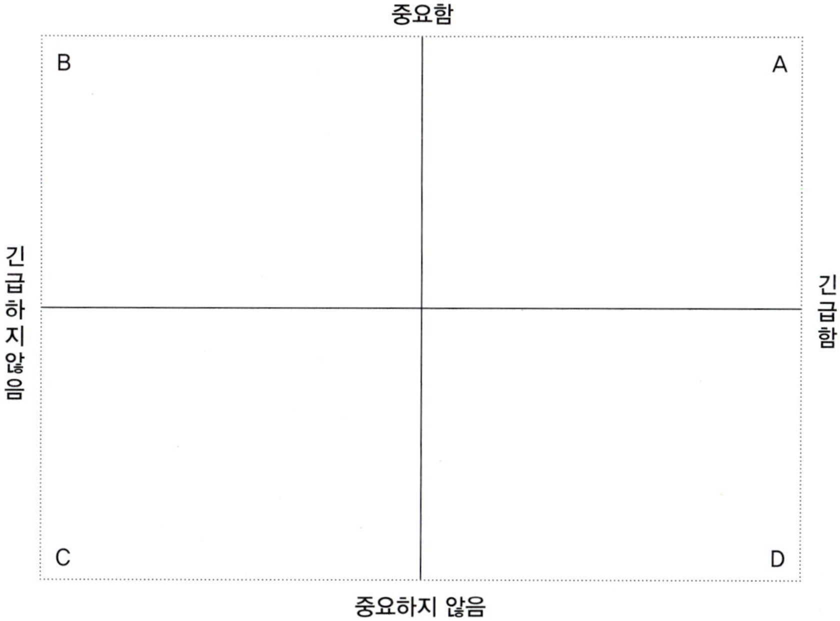

시간관리는 자기관리를 의미한다. 시간은 매우 개인적인 것이지만 동시에 누구에게나 동일한 양의 시간이 주어진다.
시간을 어떻게 소비하느냐에 따라서 나의 삶의 질이 결정된다. 효과적인 시간관리를 위하여 목표와 우선순위를 정해서 실천하라!

우선순위를 정하는 원칙

1. 중요한 일과 긴급한 일을 구분하고 중요한 것을 먼저 하도록 한다. 중요한 것은 목표와 관련된 것이고 긴급한 것은 시간과 관련된 것이다.
2. 평소에 가장 우선순위가 높은 일은 자신의 기본 업무 및 책임과 관련된 것이다.
3. 위기에 가장 우선순위가 높은 일은 생명을 보존하는 일, 위기를 빨리 해소할 수 있는 일, 문제를 빨리 해결할 수 있는 일이다.
4. 다른 사람이 개인적으로 부탁하는 일은 우선순위가 낮은 일이다. 먼저 자신의 기본적인 책임을 수행한 다음에 시간과 능력이 있으면 처리해 주는 것이 좋다.
5. 쉬운 일과 좋아하는 일만 골라서 하면 안 된다. 우선순위의 표준은 어디까지나 '중요도'이다.
6. 여러 가지 일을 단시일에 처리하기 위해서는 '파레토(Pareto)의 원리'를 적용하는 것이 좋다. 이 원리는 '사물의 20%에서 전체 가치의 80%가 창출된다.'는 것인데, 시간관리에서도 소수의 중요한 일 20%에 80%의 시간을 집중하고, 기타의 일 80%에 20%의 시간을 배분하는 것이다. 즉, 중요한 일에 시간과 노력, 재능을 투입하면 상대적으로 큰 효과를 거둘 수 있다.
7. 자신이 아무리 좋아하는 일이라고 한 가지 일에만 매달려서는 안 된다. 삶은 균형과 조화를 이루어 나가야 하므로 중독증에 빠진 사람은 우선순위를 상실한 사람이라 할 수 있다.
8. 우선순위를 지켜나가야 한다. 중요한 일은 한 번에 하나씩 집중적으로 처리해 나간다. 한 가지 일이 완성되지 않았는데 다른 일을 시작하면 우선순위가 바뀌어 혼란스럽다.
9. 상황이나 역할이 변동되면 우선순위도 달라진다. 결혼을 하면 혼자였을 때와 우선순위가 달라지고 교사일 때와 주임교사 또는 원감이었을 때도 우선순위가 달라진다.
10. 우선순위를 잘 결정하기 위해서는 항상 장기적인 안목을 갖고 앞을 내다보아야 한다. 지금은 손해가 되더라도 장기적으로 이익이 되는 것을 택하는 것이 지금은 이익이 되어도 장기적으로 손해 보는 것보다 낫다는 것이다.

출처: 유성은(2007). 시간관리와 자아실현. 중앙경제평론사.

3 목표 달성을 위한 정서관리

원하는 성과나 목표를 달성하기 위해 가지고 있어야 할 정서적 힘은 무엇일까? 만 4세 유아를 대상으로 나중에 얻게 될 보다 큰 만족을 위해 지금 현재의 작은 만족을 참을 수 있는 능력인 만족지연능력(Delay of Gratification)을 실험한 학자가 있다. 미국 스탠포드 대학의 월터 미셀(Walter Mischell)박사는 만족지연능력이 사회성과 성취도에 얼마나 중요한 영향을 미치는지 실험하였는데, 놀랍게도 만족지연능력이 장래의 성공을 예측해 주는 키워드임을 보여 주었다. 인내심의 차이가 성적의 차이가 되고 성취능력을 좌우한다는 것이 실증적으로 밝혀진 것이다. 2개의 마시멜로를 얻기 위해 유혹이나 충동적 행동을 자제할 수 있었던 아이들은 성장 후 대인관계나 학업성취도에서도 유능함을 보여 주었다. 즉 우리가 살아가면서 만나게 되는 여러 가지 유혹과 충동을 이기거나 절제할 수 있다면 인생에서 더 의미 있는 것들을 성취하는 것이 어렵지 않음을 보여 준 것이다(EBS뉴스, 2015; EBS 제작팀, 2009).

마시멜로 실험

월터 미셸 박사는 만족지연능력이 인생에 미치는 영향을 연구하기 위해 마시멜로 실험을 진행하였다. 4세 유아 600명을 대상으로 아무도 없는 방에서 마시멜로를 나누어 준 후 지금 먹어도 괜찮지만 연구자가 바깥에 다녀올 동안 먹지 않고 기다리면 하나씩 더 주겠다고 한 후 반응을 확인하였다. 15년 후 대학에 들어갈 무렵 동일 아이들을 추적하여 사회성과 성취도 조사를 한 결과, 먹고 싶다는 욕구를 참지 못한 아이들은 작은 어려움에도 쉽게 좌절하고 포기하는 일이 많았으며 대인관계도 제한적이었고 SAT점수(미국대학입학자격점수)는 500점대로 나타났다. 반면에 먹고 싶다는 욕구를 자제한 아이들은 학교에서 원만한 생활을 하고 있었고 인기도 많았으며 SAT점수도 600~700점대로 나타났다.

마시멜로 실험에서 아이들이 두 배의 마시멜로를 얻기 위해 만족지연능력, 인내심이 필요했던 것처럼 미래에 원하는 목표나 성과를 얻기 위해 현재 우리에게 필요한 정서적 힘은 무엇일까? 어떻게 정서를 관리해야 할까? 원하는 성과나 목표를 달성하기 위해 길러야 할 정서적 능력에는 여러 가지가 있겠지만 성취기대감 가지기, 실패에 대한 두려움 줄이기, 책임감 기르기로 정서관리에 대해 살펴보고자 한다.

1) 성취 기대감 가지기

무엇인가를 이루어 내는 데 있어서 가장 강력한 추진력은 과제가 끝났을 때 경험할 성취에 대한 기대감이다(Schilling, 2001). 지금 겪고 있는 어려움이나 고단함, 좌절, 지루함 등을 견디게 하는 힘이 된다.

성취기대감을 가지기 위해 머릿속에 자신이 목표를 달성하고 성공하는 모습을 그리는 것은 어려운 과제를 달성하고자 할 때, 새로운 기술을 연마하려고 할 때 매우 좋은 방법이다. 뇌는 눈으로 보는 것과 마음속에 그리는 것을 잘 구분하지 못한다. 실제로 사람이 일몰을 보고 있는 동안 MRI로 촬영한 뇌 사진과 머릿속에 일몰 장면을 떠올릴 때 촬영한 사진 사이에는 별다른 차이가 없었다(Bradberry & Greeves, 2013).

또한, 자신을 통제하기 어렵게 만드는 상황에서 자신이 원하는 모습으로 행동하고 있는 자신의 모습을 그려 보라. 예를 들어, 양궁선수들이 자신의 경기 모습을 이미지 트레이닝하는 것처럼 중요한 프리젠테이션 중에 마음을 안정시키고 자신감 있게 진행하고 있는 모습을 그려 보는 것이다. 또한, 자신의 감정을 건드리는 사람과 이성적으로 대화하고 있는 모습을 그려 보는 것이다. 자신이 원하는 모습으로 행동하고 말하는 것을 상상하고 여기에서 오는 만족감과 긍정적인 감정을 느껴보는 것은 이후에 실제상황에서 성공가능성을 높여 줄 것이다.

활은 마음으로 쏘나 봅니다… 대기실에서 포착한 기보배

2016년 리우올림픽 양궁 여자 4강전을 앞두고 선수대기실에서 기보배 선수가 눈을 감은 채 활 없이 시위를 당기는 모습이 화제가 되었다. 경기하는 모습을 머릿속으로 그리며 연습을 하는 이미지 트레이닝이다. 대표팀 선수들은 최상의 경기력을 발휘하는 자신의 모습을 상상하는 가상 훈련법을 통해 심리적인 안정감을 강화하고 있다.

조선일보(2016. 8. 13.)

2) 실패에 대한 두려움 줄이기

누구나 시작하기를 두려워한다. 새로운 시작과 시도를 가로막는 감정이 두려움이다. 사람도 일도 새로운 시작은 두려운 것이다. '시작이 반이다'라는 속담처럼 새로운 시작과 시도를 해 보려고 용기를 내다가도 '용두사미', '작심삼일'이라는 말처럼 중도에 그만둘 때의 좌절감이나 주변의 시선 등을 의식해서 시작하기를 두려워하는 경우도 많다.

중간에 그만두더라도 시도했던 경험 자체가 자신의 자산이 된다. 또한, 성과가 좋게 나타나지 않고 잘 못하더라도 꾸준히만 하면 된다. 실패에 대한 걱정, 잘해야만 한다는 두려움만 버리면 자신의 목표에 좀 더 가까이 다가갈 수 있을 것이다.

3) 책임감 기르기

계획한 대로 실천하는 것은 결코 쉬운 일이 아니다. 중간에 어려운 일이나 장애에 부딪히게 되면 중도에 포기하고 싶은 마음도 생긴다. 또한, 처음에는 의욕있게 시작했다가도 시간이 지나면서 나태해지기도 한다. 자신이 맡았거나 스스로 하겠다고 한 과제나 목표를 완성하기 위해서는 자기 자신이나 타인과 한 약속을 지키겠다는 책임감이 필요하다. 책임감이란 자신이 말한 것을 행하고, 자신이 맡은 일을 완성하고, 시작한 것을 끝내겠다는 내적인 약속이다.

목표 달성과 관련해서 책임감을 증진시키고 강화하는 방법으로, 주변사람에게 자신의 목표를 공개하는 것이 좋다(Bradberry & Greeves, 2013). 친구나 가족, 또는 배우자에게 자신의 목표를 말하면 주변 사람들이 자신의 목표를 알고 있다는 사실만으로도 엄청난 책임감이 생길 것이다. 다른 사람들이 자신에게 거는 기대나 관심은 나태함과 포기하고 싶은 마음을 떨쳐버리게 하는 강력한 도구가 될 것이다.

적용하기

- 목표 설정하기 **〈부록 15〉**
- 나의 현재 유혹 vs. 미래의 만족 **〈부록 16〉**

“오 위대한 신령이시여, 내가 내 이웃의 가죽신을 신고 십리를 걸어 보기 전에는 그 사람을 평가하지 않도록 해 주소서.

(아메리카 인디언 속담)”

CHAPTER

03

사회인식

타인의 감정 공감하기

7

감정신호 읽기

목표

1. 타인 정서 인식의 개념과 중요성을 이해한다.
2. 감정신호를 활용하여 타인의 감정과 상태를 인식하는 능력을 기른다.

'열 길 물속은 알아도 한 길 사람 속은 모른다.'는 속담이 있는 것처럼 다른 사람의 감정을 읽는 것은 어려운 일이다. 지금 내 기분이 꽤 만족스럽고 흡족한 상태인데 동료교사가 와서 '기분이 안좋아 보이네요. 무슨 문제 있어요?'라고 묻는다면 그 교사의 감정인식은 빗나간 것이다. 더구나 꾸며낸 감정과 진짜 감정을 구분해 내는 것은 더 어렵다. 다른 사람의 감정을 정확하게 인식하는 능력은 직장이나 사회생활에서 성공하기 위한 중요한 기술이다.

감정을 나타내는 것은 단지 인간만은 아니다. 타인 정서 인식은 다른 사람의 감정을 읽는 능력뿐 아니라 음악, 그림 등 예술 속에 담긴 감정을 느낄 수 있는 능력도 포함된다. 예술은 사람들을 생각하게 하고 느끼게 한다.

그렇다면 다른 사람이 보내는 감정신호를 잘 읽으려면 어떻게 해야 할까? 다른 사람의 감정을 인식하는 첫 번째 단계는 관심을 갖는 것이고, 다른 사람이 보이는 언어적, 비언어적 단서들을 잘 읽는 것이다.

따라서 본 장에서는 타인 정서 인식의 개념과 중요성, 언어적·비언어적 단서를 활용하여 다른 사람의 정서를 이해하는 방법을 알아보고 명화에 담긴 감정을 읽어보는 활동을 실행해 보고자 한다.

진단하기

나의 타인 정서 인식 수준 〈부록 17〉

1 타인 정서 인식의 개념 및 중요성

1) 타인 정서 인식의 개념

타인 정서 인식은 자신에 대해 배우고 이해하기 위해 자신의 내면을 들여다보는 것이 아니라 다른 사람에 대해 배우고 이해하기 위해 바깥을 보는 것이라 할 수 있다. 타인 정서 인식이란 타인의 정서를 공감하고 이해하는 능력으로, 타인의 정서를 공감한다는 것은 다른 사람의 얼굴표정이나 태도를 올바르게 해석하고, 상대방의 시선에서 상황을 바라보고 상대방의 감정을 예견할 수 있다는 것을 전제로 한다(Maertin & Boeck, 1996). 또한, 타인 정서 인식은 타인의 상태를 파악하고 이해할 수 있는 능력으로, 타인의 감정, 느낌이나 타인이 처해 있는 상황을 이해할 수 있음을 의미한다(Goleman 외, 2003). Caruso와 Salovey(2009)는 타인 정서 인식에 대해 다음과 같이 정의하고 있다.

- 사람의 감정을 정확하게 읽어내는 능력이다.
- 사람의 감정뿐 아니라 음악, 조각, 그림 등 예술 속에서 감정을 느낄 수 있는 능력이다.
- 상대방의 숨겨진 의도를 찾을 수 있는 능력, 즉 진짜 감정과 만들어진 감정을 구분할 수 있는 능력이다.

이와 같이 타인 정서 인식은 타인의 감정, 느낌이나 타인이 처해 있는 상황을 이해할 수 있는 능력으로, Goleman 등(2003)이 제시한 사회적 역량의 기초가 된다. 즉 타인 정서 인식과 관계관리 능력은 타인과의 관계를 관리할 수 있는 사회적 역량에 포함되며, 타인의 감정이나 상태에 관심을 갖고 공감하는 것은 상호신뢰에 기본이 되며 원만한 인간관계형성에 기초가 된다.

2) 타인 정서 인식의 중요성

다른 사람의 감정을 정확하게 인식하는 능력은 의사소통과 대인관계를 위한 기본이며, 사회생활이나 직장에서의 성공을 위해서 매우 중요한 능력이다. 다윈은 『사람과 동물의 감정표현(The Expression of the Emotions in Man and Animals)』이라는 책에서 다양한 종(種)들의 예를 들면서 사교적이며 당신을 돕고 싶어 하는 낯선 사람과 비사교적이며 당신을 공격할 준비를 하고 있는 낯선 사람의 차이를 인식하는 것은 생사를 결정하는 일이라고 하였다(Caruso & Salovey, 2009).

유아교사의 타인 정서 인식은 유아나 동료교사, 부모들의 감정, 욕구, 상황을 이해하는 능력으로, 타인 정서 인식이 높다는 것은 다른 사람의 얼굴표정이나 태도를 올바르게 해석하고 그들의 시선에서 상황을 바라보고, 그들의 감정을 예견할 수 있다는 것을 의미한다. 만약 어떤 교사가 아이의 또래관계를 걱정하는 어머니와 면담을 나눴다고 하자. 면담 후 교사는 어머니가 아이의 상황에 대해 안심했고 면담을 만족스럽게 끝냈다고 생각했는데 다음 날 그 어머니가 원장님에게 '담임 선생님은 우리 아이가 공격적이고 문제가 있다고 생각하는 것 같다.'라고 불만을 표시했다면 교사는 어머니의 정서 인식을 제대로 하지 못한 것일 수 있다. 이 사례의 교사처럼 타인이 보이는 감정적 단서들을 잘 알아차리지 못하고 부정확한 감정정보를 가지게 되면 잘못된 결론을 내리게 된다.

교사와 유아와의 관계에서도 정서적 이해가 부족하면 정서적 오해가 생길 수 있다. 이를 Hargreaves(2000)는 정서적 스캐닝(emotional scanning)으로 설명하였다. 정서적 스캐닝은 상호작용하는 상대방의 정서를 이해하고 이를 상호작용 과정에 적용하는 것을 말하는데, 가르치고 배우는 사람들이 그들의 관계 속에서 나타나는 정서적인 이해에 대한 스캐닝에 실패하게 되면 정서적인 오해가 발생하고 이것은 나아가 교사-유아 간의 상호작용에 부정적인 영향을 준다고 하였다.

이와 같이 다른 사람이 보내는 감정신호는 다른 사람의 생각과 상황을 이해하는 데 중요한 단서가 되며, 타인이 보여 주는 감정적 단서를 정확하게 해석하고 상대의 입장에서 공감하는 능력은 갈등해결과 원만한 인간관계 형성에 기초가 된다. 반면에 상호작용 과정에서 타인이 보이는 감정적 단서를 제대로 알아차리지 못하고 잘못된 해석을 하게 되면 정서적 오해가 생기고 관계에 부정적인 영향을 미칠 수 있다.

2 언어적 · 비언어적 단서로 타인 정서 이해하기

1) 타인 정서 인식의 방법

다른 사람의 감정을 읽는 것은 쉬운 일이 아니다. 다른 사람의 감정을 읽는 것도 어려운 일이지만 꾸며낸 감정과 진짜 감정을 구분해 내는 것은 더 어려운 일이다. 왜냐하면 상대방이 보내는 신호가 명확하지 않거나 너무 미묘해서 잘 감지할 수 없기 때문이고, 어떤 사람들은 일부러 자신의 감정을 드러내지 않기 때문이다. 또 다른 이유는 자신이 다른 사람의 말이나 행동에서 중요한 감정적 단서를 찾는 방법을 잘 모르거나 관심이 없기 때문이다.

그럼에도 불구하고 다른 사람이 보내는 감정신호를 잘 읽으려면 어떻게 해야 할까? 타인 정서 인식에서 가장 중요한 방법은 듣기와 관찰이다. 대부분의 많은 사람들은 자신의 감정에 사로잡혀 상대방의 입장을 고려하지 못할 때가 많은데, 대화 도중에 혼자만의 생각에 빠지거나 다른 사람이 말하려는 것을 예측하는 경우이다. 따라서 타인의 정서인식을 위해 다른 사람이 하는 말을 귀와 마음으로 듣고, 몸짓 언어와 얼굴표정, 자세, 목소리 톤 등을 관찰하는 것이 중요하다. 효과적으로 타인의 정서를 이해하기 위한 기술은 다음과 같다(Bradberry & Greaves, 2013; Caruso & Salovey, 2009).

첫째, 주의를 집중한다.

다른 사람이 어떤 감정과 상황에 있는지 알고 싶다면, 첫 번째 단계는 관심을 갖는 것이고, 다른 사람이 보이는 언어적, 비언어적 정보에서 감정적 단서들을 잘 찾아내는 것이다.

둘째, 언어적, 비언어적 정보를 관찰한다.

- 언어적 정보: 사용된 감정의 단어들, 사용된 말투, 말하는 속도와 높낮이
- 비언어적 정보: 얼굴표정, 눈과 입, 자세, 제스처 등

셋째, 일관성 혹은 모순점을 찾는다.

- 대화의 내용과 얼굴표정이나 몸짓, 목소리 톤이 일치하는지 확인해 봄으로써 꾸며낸 감정과 진짜 감정을 구별할 수 있다. 예를 들어, 상대방의 의견에 동의하거나 호의를 가지고 있으면 미소를 띠고 시선을 마주치는 경향이 있는 반면, 좋아하지 않거나 동의하지 않으면 말로는 '좋다'고 하면서도 가능한 한 시선을 맞추려 하지 않는다.
- 단어와 목소리 톤, 또는 단어와 얼굴표정이 일치하는지 관찰한다.

넷째, 모순된 점을 분석하고 핵심을 짚는다.

2) 타인 정서를 인식하기 위해 찾아내야 할 감정적 단서

감정은 다른 사람이 보내는 신호를 알아차리고 해석할 수 있는 중요한 수단이다. 다른 사람이 보내는 신호는 다른 사람의 입장을 이해하는 데 도움이 된다. 타인 정서 인식이란 타인의 정서를 공감하고 이해하는 능력으로, 다른 사람의 얼굴표정이나 태도를 올바르게 해석하고 상대방의 감정을 예견할 수 있다는 것을 전제로 한다. 다른 사람의 감정인식을 위해 찾아내야 할 감정적 단서들을 얼굴표정, 목소리 톤, 몸짓 언어 중심으로 살펴보면 다음과 같다(Caruso & Salovey, 2009).

(1) 얼굴표정

Ekman(1972)은 얼굴표정은 내부의 정서 상태를 반영하는 것으로, 8개의 주요 안면 근육만으로도 놀람, 두려움, 혐오, 화, 슬픔, 행복 등의 기본 정서들의 차이를 충분히 설명할 수 있다고 하였다[그림 15]. 이를 근거로 Ekman과 Friesen(1975)

은 얼굴 근육의 움직임과 이로 인한 얼굴표정에 대한 연구를 통해 특정 정서를 표현하는 기본적인 얼굴표정을 부호화하고 얼굴표정에 나타난 감정을 해독하기 위한 그림과 코드를 [그림 16], 〈표 5〉와 같이 제시하였다. Ekman 등은 연령이나 문화권과 상관없이 기본 정서가 존재한다고 보았으나 사회화 과정에 따라 특정 정서를 경험하고 있으면서도 그와 일치하는 얼굴표정을 짓지 않는 사람들도 있다고 하였다.

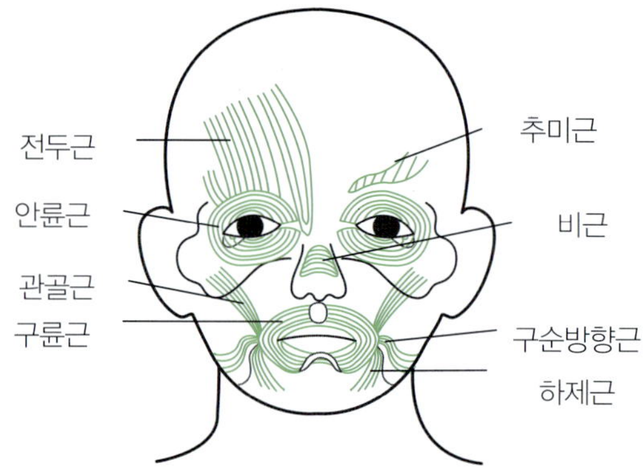

[그림 15] **여덟 가지 주요 안면 근육**

출처: Ekman & Friesen(1975), 정옥분 외(2008). p.78 재인용.

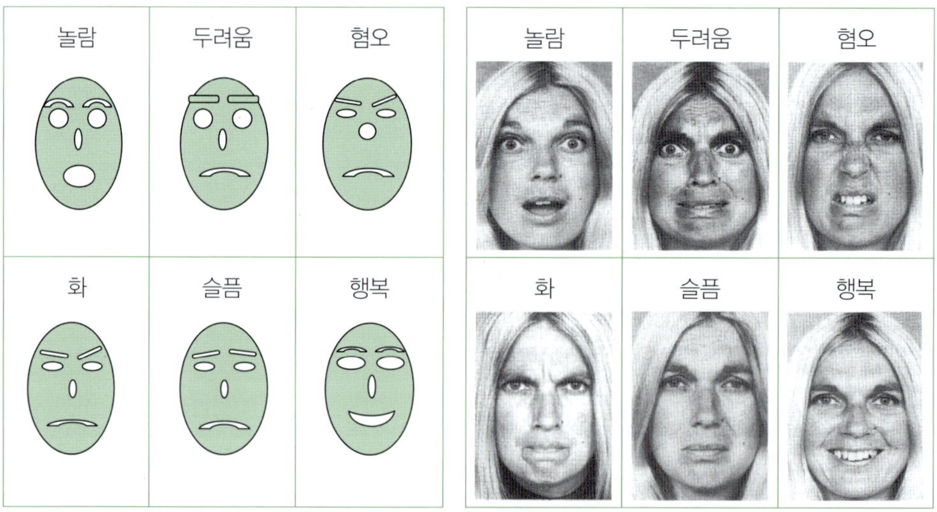

[그림 16] **기본적인 감정표현**

〈표 5〉 **얼굴표정에 담긴 감정 해독 코드**

감정	입	눈	코	다른 특성
놀람	입술을 벌림	눈썹이 올라가고 눈이 크게 떠짐		턱이 아래로 떨어짐
두려움	입술이 뒤로 당겨짐	눈썹이 긴장되고 눈이 크게 열림		
혐오	둥글게 말림	아래 눈꺼풀이 위로 밀려 올라감	주름이 잡힘	
화	꽉 다묾	눈썹이 모아지고 눈이 노려보듯 작아짐		
슬픔	입꼬리가 내려감	처진 눈썹		낮은 에너지
행복	입꼬리가 올라감	눈가에 주름이 잡힘		뺨이 올라감

〈표 5〉를 보면 얼굴표정에 담긴 여섯 가지 감정을 해독하기 위한 주요 단서가 나와 있다(Caruso & Salovey, 2009; Ekman, 2014). 입, 눈, 코에 집중하는 것은 다른 사람이 느끼는 감정을 확인하는 가장 효과적인 방법이다. 예를 들어, 놀랐을 때 얼굴표정은 눈썹이 올라가고, 눈이 크게 떠지며, 턱이 아래로 떨어지고, 입술은 벌어진다. 혐오를 느낄 때 윗입술은 둥글게 말려 위로 올라가고 아래 눈꺼풀은 위로 밀려 올라가고 눈썹은 내려가며 코에 주름이 생긴다.

(2) 목소리 톤에 담긴 감정

목소리 톤은 사람과 문화에 따라 다양하지만 사람의 감정을 판단할 때 〈표 6〉에 있는 목소리 톤과 의미를 참고할 수 있다.

〈표 6〉 목소리 톤에 담긴 감정

목소리 톤	의미
단조로운 말	지루함
느린 속도와 높낮이	우울
빠른 속도와 힘 있는 음조	열정
높은 목소리	놀람
퉁명스러운 말	방어
거칠고 높은 목소리	화
높고 길게 늘어지는 말	불신

(3) 몸짓 언어

다른 사람의 몸과 자세에서도 비언어적인 감정의 단서를 읽어낼 수 있다. 〈표 7〉을 보면 비언어적인 행동과 그 행동이 감정적으로 무엇을 나타내는지 참고할 수 있다.

〈표 7〉 몸짓 언어의 단서와 감정적 의미

몸짓 언어의 단서	보이는 모습	감정적 의미
위치	상대방과 마주한다 약간 외면한다	관심 폐쇄적
팔	팔을 벌린다 팔을 포갠다	개방적 방어적
자세	앞으로 기울인다 상대방에게서 떨어져 뒤로 기댄다	관심 거절

3 예술작품에 담긴 감정 읽기

감정을 나타내는 것은 인간만이 아니다. 예술은 우리를 생각하게 하고 느끼게 한다. 타인의 정서를 인식하는 능력은 다른 사람의 감정뿐 아니라 음악, 조각, 그림 등 예술 속에서 감정을 느낄 수 있는 능력도 포함된다(Caruso & Salovey, 2009). 예를 들어, 어떤 음악에는 경쾌하고 행복함이 느껴지고 어떤 음악에서는 슬프고 애잔함을 느끼게 된다. 그림에 표현된 색상, 선, 사람의 얼굴표정, 손과 몸동작 등을 통해 따뜻함과 차가움, 슬픔, 좌절, 기다림, 행복 등을 느끼게 된다. 아래의 명화들을 감상하면서 명화 속 등장인물이나 화가의 감정을 생각해 보고, 그렇게 생각하게 된 감정적 단서가 무엇인지 이야기하면서 명화에 담긴 감정을 읽어 보자.

〈활동〉 명화에 담긴 감정읽기

ㅁ **명화 속 등장인물을 자세히 관찰한 후 표현된 다양한 정서를 인식해 봅시다.**

① 다음 작품에서 어떤 감정이 느껴집니까?
② 작품 속 등장인물의 현재 감정은 무엇일까요?
③ 작품 속 등장인물은 현재 무엇이라고 말하고 있는 것 같습니까?
④ 왜 그렇게 생각했나요?
⑤ 〈부록 18〉에서 화가와 그림 제목을 확인한 후 자신이 그림에서 읽은 감정과 비교해 보세요.

적용하기

- **무언의 협동화**
  - 준비물: 4절(또는 8절) 도화지, 그리기 도구
  - 방법: 2~3명의 소그룹으로 나누고 도화지를 나눠 준 후 아무 말도 하지 않고 그림을 함께 완성하도록 한다. 완성 후 어떤 식으로 그림을 완성했는지, 과정에서 상대방의 어떤 마음과 생각을 읽었는지 이야기를 나눈다.

8

너의 마음을 알아

목표

1. 의사소통과 대인관계에서 공감의 중요성을 이해한다.
2. 적극적 경청을 통해 공감능력을 기른다.

대화를 할 때 상대방이 나의 감정과 상황을 공감해 준다면 어떤 기분이 들겠는가? 상대방이 나의 이야기에 귀를 기울여 주고 나의 마음을 이해해 준다면 아마도 존중받고 있다고 느끼면서 보다 마음을 열고 대화를 하게 될 것이고 관계의 질도 더 발전하게 될 것이다. 합격이나 승진, 칭찬을 들어서 기쁜 상황이라면 기쁨이 배가 될 것이고 이별이나 좌절, 실패를 경험한 상황이라면 위로가 될 것이고 화가 난 상황이라면 화가 조금 누그러지면서 대화를 나누게 될 것이다.

이처럼 공감은 의사소통과 인간관계에서 매우 중요한 부분이다. 대화에서 상대방이 직접 하는 말의 내용을 이해하는 것도 중요하지만 상대방이 느끼는 감정을 이해하고 표현해 주는 공감 또한 매우 중요하다. 그런데 누군가의 생각과 감정을 공감해 주는 것이 그리 쉬운 일은 아니다. 유아가 낮잠을 자고 일어나서 혹은 다른 친구와 다투고 나서 갑자기 울면서 '엄마, 보고 싶어.'라고 말하거나 귀갓길에 학부모가 '요즘 우리 아이가 친구들과 못 어울리고 혼자 노는 것 같아요.'라고 말한다면 어떻게 이야기해 주어야 할까?

본 장에서 공감이란 무엇이고 공감을 표현하는 방법과 공감을 잘하기 위해서 고려할 요인들은 무엇인지 살펴본 후에 위의 질문에도 함께 답을 찾아보고자 한다.

진단하기

나의 공감능력 〈부록 19〉

1 공감의 개념 및 중요성

1) 공감의 개념

공감이란 '타인의 사고나 감정을 자기의 내부로 옮겨 넣어, 타인의 체험과 동질의 심리적 과정을 만드는 것'을 의미한다(두산백과사전, 2015). 어원을 살펴보면, '공감'은 영어로 sympathy, 또는 empathy라고 하는데, sympathy는 그리스어 syn(함께)과 pathos(열정, 고통, 기타 일반적으로 깊은 감정)의 합성어로 '타인의 감정을 본인과 같이 느낀다는 것'을 의미한다. 또한, 'empathy(감정이입)'는 독일어 'einfühlung(아인피울웅)'에서 유래했다. einfühlung은 독일 철학자 로베르트 비셔(Robert Vischer)가 1873년 미학을 주제로 한 박사논문에서 처음 사용한 단어로, 예술작품과 문학을 창조하는 인간의 능력을 묘사하면서 이 단어를 사용했다. einfühlung은 단순히 타인의 감정을 공유하는 상호작용 능력뿐 아니라 우리 주변을 둘러싼 세상, 즉 자연, 예술, 음악, 문학, 사상, 철학 등과의 감정적인 소통능력까지 의미함으로써 공감이라는 개념에 대해 훌륭한 지표를 덧붙이는 데 공헌했다고 평가되고 있다(McLaren, 2014). 이외에 학자들의 공감에 대한 개념 정의를 살펴보면 다음과 같다.

- **설기문**(2014) 공감이란 상대방이 느끼는 감정을 이해하는 것으로, 상대방이 느끼는 감정을 이해하는 것과 함께 그 이해하는 바를 말로 표현하는 것임.
- **Nelson & Low**(2012) 공감은 타인이 표현한 느낌, 생각 및 요구를 정확하게 이해하고 이에 건설적으로 대응하는 능력임. 상대방에게 그의 말을 듣고 이해했으며, 상대방의 느낌을 이해했음을 상대방에게 알리는 과정임.
- **McLaren**(2014) 공감이란 타인의 감정을 자신의 것으로 받아들여 이해하고 이를 효과적으로 표현하는 것임. 비숍 쾰러의 걸음마기 유아대상 공감실험 결과를 근거로, 타인의 감정을 이해했지만 표현하지 않으면 공감능력을 발

휘하지 못한 채 공감과정을 멈춘 것이며, 공감은 다른 사람의 감정에 동화되는 것 이상을 의미함.

걸음마기 유아의 공감실험

독일 심리학자인 도리스 비숍 쾰러(Doris Bischof-Kuhler) 박사는 걸음마기 유아의 공감능력을 연구하였다. 유아와 성인을 대상으로 각자 곰인형과 수저를 가지고 놀이를 하도록 한 후 성인이 가지고 놀던 장남감이 망가져서 괴로워하며 우는 연기를 할 때 유아들의 반응을 확인하였다. 성인이 우는 소리를 내자 유아들은 모두 성인이 힘들어하는 것을 눈치 채고 괴로움을 느끼는 모습을 보였지만 대부분 특별한 행동을 나타내지 않았는데 비숍쾰러 박사는 이러한 수준을 유아들이 성인의 감정에 공감하는 것으로 보지 않았다. 반면 일부 유아들은 성인 참가자의 몸을 어루만지거나 망가진 곰인형과 수저를 고치려고 애쓰는 행동을 보였으며 어떤 유아들은 자신이 가지고 놀던 곰인형과 수저를 건네며 위로하는 행동을 보였는데 비숍 쾰러 박사는 이 단계에 이르러서야 비로소 아이들에게 공감능력이 형성된 것이라고 보았다.

이상에서 살펴본 공감의 어원과 학자들의 정의를 정리하면, 공감의 대상을 인간의 감정뿐 아니라 자연, 예술 등으로 확대하여 정의하기도 하고, 타인의 감정을 이해하고 표현하는 개념으로 정의한다는 것을 알 수 있다. 결국 공감이란 타인이 느끼는 감정, 느낌과 처해 있는 상황을 상대방의 관점에서 내 것처럼 이해하는 것이며, 상대방의 감정을 이해하고 있음을 상대에게 효과적으로 표현하는 능력임을 알 수 있다. 아메리카 인디언 속담에 '오 위대한 신령이시여, 내가 내 이웃의 가죽신을 신고 십리를 걸어 보기 전에는 그를 평가하지 않도록 해 주소서.'라는 말이 있는 것처럼 공감은 배려하는 관계에서 나타나며 '상대방의 입장에 서서', '그의 눈을 통해서' 세상을 바라볼 때 공감이 일어난다(Nelson & Low, 2012).

2) 공감의 중요성

첫째, 공감은 정서적 차원에서 도움이 되고 치유가 되는 의사소통이다.

대화를 할 때 상대방이 나의 이야기에 귀를 기울여 주고 나의 마음과 상황을 이해하면서 공감해 준다면 어떤 기분이 들겠는가? 공감적 반응은 상대방이 나의 말을 매우 관심 있게 경청하고 있으며 나의 마음을 충분히 이해하고 있다는 사실을 알게 해 준다. 또한, 상대방이 나를 존중하고 있으며, 시간을 들여 관심을 베풀만한 가치가 있는 사람, 중요한 존재로 생각하고 있다고 느끼게 함으로써 정서적으로 치유가 된다.

둘째, 공감은 '다른 사람의 입장에서 볼 수 있는 능력'으로, 갈등상황에서 상대의 감정이나 시각을 이해하는 데 도움이 된다.

인간관계에서 섭섭한 마음이 들거나 의견대립 또는 갈등상황이 있을 때 부모, 배우자, 친구, 동료교사, 주임교사, 원장의 입장에서 문제를 보게 되면 상대방의 입장에서 바라보는 경험만으로도 해결의 실마리를 찾을 수 있을 것이다. 상대방의 시선에서 상황을 바라보고 상대방의 감정과 상황을 이해하는 능력은 갈등해결과 원만한 인간관계를 형성하고 유지하는 데 중요한 능력이다.

셋째, 유아교사에게 공감능력은 유아가 보이는 행동 이면의 마음을 공감해서 긍정적으로 상호작용하기 위해 필요한 능력이다.

가르치는 일은 해석적인 활동으로, 교사는 매일 수백 번씩 유아의 행동을 해석하게 된다(Powell & Kusuma-Powell, 2013). 어떤 아이가 울고 있다고 하자. 유아는 엄마와 헤어져서, 친구가 놀잇감을 뺏어가서, 감기 기운이 있어서 등의 이유로 슬프거나 화가 났거나 외롭기 때문에 눈물이 난 것일 것이다. 그런데 교사가 유아의 울고 있는 행동만을 주목해서 왜 울기만 하는지, 뚝 그치고 말해 보자고 다그친다면 어떻게 될까? 이처럼 유아의 울음, 짜증, 공격적 행동 등이 무슨 의미인지에 대한 교사의 정서적 이해가 없다면 정서적 오해가 일어나게 된다. 따라서 유아교사의 공감능력은 유아가 보이는 행동 이면의 마음을 이해하는 능력으로, 돌봄의 기초가 된다고 하겠다.

2 공감의 과정

1) 공감의 단계

공감의 과정에는 경청과 피드백의 제공이 포함된다. 즉 공감은 상대방이 표현한 생각과 감정을 이해하고 이해한 바를 효과적으로 표현하는 능력으로, 이를 위해서는 주의 깊게 경청하고 효과적으로 피드백을 제공하는 것이 필요하다. 이러한 공감의 과정을 단계별로 구체적으로 제시하면 다음과 같다.

(1) 상대가 가지고 있는 문제와 느낌에 대해 주의 깊게 듣고, 적극적으로 경청한다

타인의 감정을 공감하기 위해서는 먼저 상대방이 당면하고 있는 문제에 대해서 스스로 어떻게 느끼는지 주의 깊게 듣고 적극적으로 경청하는 것이 필요하다. 다른 사람의 생각과 느낌을 존중하면서 적극적으로 경청하기 위해서는 인내심과 열린 마음을 가지고 개인적 판단을 피하는 것이 필요하다. 또한, 적극적인 경청을 위해서는 '그랬군요. 그래서요?', '그래서 어떻게 되었나요?', '~했다는 말이지요.' 등과 같은 반응이 필요하다.

(2) 상대방이 이야기한 대화내용과 감정을 이해한다

공감은 단순히 상대방의 이야기를 듣고 이해하는 것이 아니라 '그 사람의 입장에서 듣고 이해하는 것'이다. 공감을 위해서는 자신의 세계관을 한 켠에 제쳐 두고 상대방이 보는 관점에서 세상을 바라보아야 한다(Nelson & Low, 2012). 또한, 언어적 메시지에는 내용도 포함되지만 감정도 포함된다. 따라서 이해는 들리는 어떤 메시지에 단순히 관심을 집중하는 것이 아니라 메시지에 담긴 언어적 내용과 감정을 상대방이 의도하는 뜻에 가까운 의미를 부여하는 것을 말한다(설기문, 2014).

(3) 상대방의 감정과 상황을 잘 이해하고 있다는 점을 적절한 말로 반응해 준다

공감 반응단계로, 상대의 감정과 상황을 잘 이해하고 있다는 점을 적절한 말로써 상대에게 전달해 주는 것이다. 공감적 반응은 상대방이 자신의 느낌을 파악하거나 인식하는 데 도움을 준다. 상대방에게 공감을 표현하는 기본적인 형식은 '당신은 ______________라고 느끼는군요.'라고 말하는 것이다.

공감한 바를 표현하다 보면 남의 감정을 너무 앞질러 추측하고 짐작함으로써 상대방을 당황하게 만들 수도 있기 때문에 신중할 필요가 있다. 하지만 Nelson과 Low(2014)는 공감을 표현한 내용이 틀렸다면 상대방이 알려 줄 것이고 감정을 더욱 명확하게 밝혀 줄 것이기 때문에 자신이 인식한 상대방의 감정을 표현하는 것에 대해서 두려워할 필요는 없다고 하였다.

2) 공감능력자의 특성

공감능력이 뛰어난 사람은 어떤 특성을 가지고 있을까? Nelson과 Low(2012)는 공감능력이 뛰어난 공감능력자들이 가지고 있는 특성을 다음과 같이 정리하였다.

- 상대방이 하는 말을 잘 듣기 위해 적극적인 경청을 한다.
- 상대방이 격렬한 감정 속에 있을 때 인내심과 이해심을 보인다.
- 상대방과 의견이 달라도 그 다름을 인정한다.
- 다른 사람이 무엇을 느끼고 있는지 잘 감지한다.
- 다른 사람의 관점으로 사물을 본다.
- 다른 사람의 느낌을 감지하고 존중한다는 것을 전달한다.

3 공감적 표현의 수준

공감적 이해란 듣는 사람이 상대방의 입장이 되어 그의 주관적인 세계를 이해하는 것을 말한다. 즉 청자가 제3의 귀를 가지고 상대방의 마음속에 있는 '소리 없는 소리' 또는 '마음의 소리'를 듣는 것을 의미한다. 또한, 우리가 상대방의 눈으로 사물을 보는 것과 같이 상대방이 지니고 있는 생각과 느낌의 틀을 이용하여 그 사람의 생각과 감정을 이해하는 것이다.

이러한 공감적 이해에는 세 가지 수준이 있는데 인습적 수준, 기본적 수준, 심층적 수준으로 구분할 수 있다(NCS 국가직무능력표준, 2015a). 수준별 사례를 통해 인습적 수준, 기본적 수준, 심층적 수준의 의미를 이해하고 공감을 표현하는 방법을 연습해 보고자 한다.

1) 인습적 수준

인습적 수준이란 듣는 사람이 상대방의 말을 듣고 그에 대한 반응을 보이기는 하지만 주로 자신의 생각에 사로잡혀 있기 때문에 자기주장만을 할 뿐, 상대방의 생각이나 느낌과 일치된 의사소통을 하지 못하는 경우이다. 아래 사례에서 A의 반응이 이에 해당하며, 상대방의 이야기를 듣고 난 후 성급하게 판단하여 설익은 조언이나 상투적인 충고를 하게 되는 것이다.

2) 기본적 수준

기본적 수준이란 듣는 사람이 상대방의 행동이나 말에 주의를 기울여 상대방의 현재 마음 상태나 전달하려는 내용을 정확하게 파악하고 그에 맞는 반응을 보이는 것이다. 공감적 이해를 위해 '잘 듣기'를 연습하는 프로그램에서는 상대방이 한 말을 듣고 반복해서 이야기를 해 주는 '미러링(mirroring)' 또는 '앵무새 놀이'

라는 활동을 하는데 기본적 수준의 공감적 이해를 하는 데 도움이 된다.

B의 반응이 이에 해당하며, 상대방의 의견이나 생각에 대하여 재언급이나 요약 등을 하면서 반응을 보이게 된다.

3) 심층적 수준

심층적 수준은 보다 깊은 수준에서의 공감을 의미한다. 즉 듣는 사람이 언어적으로 명백히 표현되지 않은 상대방의 내면적 감정, 사고를 지각하고 이를 자신의 개념 틀에 의하여 왜곡 없이 표현하는 것이다. C의 반응이 이에 해당하며, 상대방의 생각과 감정에 대해 보다 깊이 있게 이해하고 긍정적으로 반응하게 된다.

사례

남자친구와 사귄지 2년이 지났는데도 우린 서로를 잘 모르는 것 같아요. 늘 싸우기만 하고 서로 이해해 주고 감싸 주는 경우는 거의 없어요. 다른 커플들도 다 이렇지 싶다가도 때로는 굳이 이렇게 싸우면서 사귀어야 하나 하는 생각이 들기도 해요. 참 답답합니다.

A: 데이트할 때부터 그렇게 싸워서야 되겠어요. 2년 정도 사귀었으면 서로에 대해 알 때도 됐는데 서로 잘 안 맞는 것 같네요. 서로 상대방을 이해해줘야지…

B: 서로 이해하고 감싸 주기보다 싸우는 일이 많아서 정말 답답하고 속상하겠어요.

C: 남자친구와 사귀는 것에 회의가 든단 말이군요. 참 답답하고 속상하겠어요. 심지어는 헤어지고 싶다는 마음까지 들겠어요.

사례

요새 민수가 어린이집에서 친구들과 못 어울리고 혼자 노는 것 같아요. 친구들한테 왕따 당하는 것이 아닌가 싶어 걱정이에요.

A: 민수는 친구들과 잘 어울리는 편이예요. 아직 어려서 아이들끼리 왕따 이런 거는 없어요.

B: 민수가 친구들과 못 어울리고 혼자 논다고 생각하셔서 걱정하셨겠어요.

C: 또래관계가 형성되는 중요한 시기인데 친구들과 못 어울린다고 생각하셔서 걱정이 되신다는 말씀이지요?

적용하기

- 공감적 반응하기 〈부록 20〉

9

서로 다른 관점

목표

1. 타인의 관점을 이해하고 다름을 존중한다.
2. 인간관계에서 지각의 의미를 이해한다.
3. 갈등이나 의견의 불일치를 최소화하는 능력을 기른다.

'장님 코끼리 만지기' 우화를 보면, 한 마을에 사는 장님들이 코끼리의 꼬리, 다리, 귀, 상아를 각각 만지고 돌아온 후에 코끼리의 생김새에 대해서 '긴 털로 이루어졌다, 굵은 기둥같이 생겼다, 얇고 넓은 가죽같이 생겼다, 긴 창과 같이 생겼다'고 우기며 다투는 것을 볼 수 있다. 인간의 지각이 자기중심적이라는 것을 보여 주는 예이다. 인간은 어떤 현상에 대해 이해할 때 다른 사람들이 그것에 대해 어떻게 지각하는가와 상관없이 자신의 과거 경험, 생각, 감정 등에 기초하여 판단하고 지각한다.

비슷한 예로, 얼마 전 있었던 친구모임이나 교직원 회의, 부모간담회에 대해서 이야기를 나누다가 같은 자리에 있었던 사람들인데도 서로 다른 기억을 가지고 있어서 당황하거나 놀랐던 일이 누구나 한 번쯤 있을 것이다. 또한, 누군가를 처음 만났을 때 그 사람의 잘하는 것, 또는 못하는 것 한 가지만 보고 그 사람 전체를 판단했다가 후에 첫인상 때문에 성급한 판단을 했다고 후회한 경험도 있을 것이다. 이러한 차이는 세상에 대하여 자기가 지각하는 대로 믿고 받아들이기 때문에 생기는 것이며, 이 과정에서 지각의 오류와 생각의 차이가 생길 수 있다.

이러한 지각의 차이로 인간관계에서 사람들 간에 갈등이나 의견의 불일치가 일어나는 것은 아닐까? 본 장에서는 지각의 과정은 어떠하고 지각의 과정에서 일어날 수 있는 오류들은 무엇인지, 사람들 간의 의견 차이를 줄이고 갈등을 최소화하기 위해 서로의 관점과 입장을 이해하는 방법에 대해 생각해 보고자 한다.

진단하기

지각의 자기중심성 : 두 개의 또 다른 그림 〈부록 21〉

1 지각의 과정과 오류

1) 지각의 의미

지각(知覺, perception)이란 감각기관의 자극으로 생겨나는 외적 사물의 전체상(像)에 관한 인식으로, 외적 현상을 어떻게 이해하고 받아들이며 해석하는가와 관련된 문제이다. '두 개의 또 다른 그림'이나 '장님 코끼리 만지기' 우화에서 경험했던 것처럼 우리는 어떤 현상에 대하여 자신의 과거 경험, 생각, 감정 등에 기초하여 판단하고 지각하게 된다. 즉 사람이 받아들이고 믿는 것은 그가 지각한 내용에 따라 달라지며, 인간의 지각은 기본적으로 자기중심적임을 알 수 있다.

사물과 현상에 대한 지각뿐 아니라 다른 사람에 대한 지각은 개인의 행동에 영향을 미치는데, 다른 사람의 속성을 지각하는 대인지각은 인간관계 형성과 의사소통의 질을 결정하는 매우 중요한 심리적 요인이 된다. 인간관계에서 지각과 반응의 과정은 상호밀접하게 관련되어 있다(임혜경 외, 2014). 따라서 정확한 대인간의 지각은 효과적인 인간관계의 형성, 유지, 발전에 중요한 요소가 된다. 타인과의 의사소통과 관계를 맺을 수 있는 능력은 타인의 행동과 감정을 정확하게 지각할 수 있는 능력과 직결된다. 그릇된 지각은 인간관계에 있어 갈등을 일으키는 원인이 되거나 사람과 사람 사이에 장벽을 조성하기도 한다.

2) 지각의 과정

지각은 일반적으로 선택, 조직, 해석의 과정을 거치면서 이루어지는데 지각이 이루어지는 과정을 구체적으로 살펴보면 다음과 같다(설기문, 2014).

(1) 선택

우리는 매 순간 수많은 자극과 정보 중에서 특정한 자극과 정보에 대해서만 선택적으로 관심을 보이게 되는데, 선택의 과정에서 강렬성, 반복성, 대비성, 동기성을 갖는 자극과 정보들을 선택하게 된다. 이처럼 선택의 과정은 결코 객관적이지 않으며, 특정한 자극과 정보에 대해서만 관심을 기울이고 나머지 정보에 대해서는 무시함으로써 우리의 인식과 지각은 왜곡된다.

예를 들어, 얼마 전 있었던 친구모임이나 교직원 회의에 대해서 이야기해 보라고 한다면 사람들은 어떻게 말할 것인가? 그때 있었던 일들을 사람들이 똑같이 이야기할 수 있을까? 같은 자리에 있었던 사람들인데도 서로 다른 기억을 가지고 있어서 당황하거나 놀랐던 일이 누구나 한 번쯤 있을 것이다. 이처럼 사람들은 자신에게 특별히 의미가 있거나 관심 있는 정보들만 선택적으로 받아들여 인식하고, 이때 나머지는 모두 생략하기 때문에 같은 상황에 있었던 사람들이라도 서로 기억하는 것이 다를 수 있다는 것이다. 특히 사람들은 아래와 같은 특성을 갖는 정보와 자극에 대해서 선택적인 관심을 갖게 된다.

- **강렬성:** 동일 조건이면 더 밝고 더 크고 더 강한 특성을 가진 정보에 관심을 갖는다.
- **반복성:** 자주 보이는 광고, 자주 만나는 사람을 인식하기 쉬운 것처럼 반복적인 자극이 관심을 끈다.
- **대비성:** 다른 자극과 구별되거나 변화를 보이는 자극은 쉽게 인식된다.
- **동기성:** 심리적으로 어떤 것에 대한 결핍상태에 있거나 어떤 것에 관심을 갖고 동기화되어 있는 경우에는 특별히 그것을 민감하게 받아들이고 반응하게 된다.

(2) 조직

지각의 과정에서 사람들은 어떤 정보를 인식할 때 자신만의 기준과 원리에 따라 그 정보를 의미 있는 방식으로 조직하여 지각한다. 개인마다 외부의 사건이나 정보를 조직하는 방식이 다르기 때문에 동일한 상황에 대해서도 지각의 차이가 생길 수 있다. 인간생활에서 경험되는 논쟁의 많은 부분은 일련의 사건이나 과정을 서로 다른 방식으로 조직함으로써 생기는 것이라고 볼 수 있다. 아래 엄마와 아들의 논쟁 사례를 통해 엄마와 아들이 보이는 정보조직의 차이를 생각해 보자.

- 엄마의 정보조직과 아들의 정보조직은 어떠한가?

  엄마:

  아들:

엄마: 어휴, 지긋지긋해! 넌 어째서 매일 밤 술을 마시고 늦게 들어오니?
아들: 에이, 엄마 잔소리 좀 그만 하세요.
엄마: 아니, 내가 언제 잔소리를 했다고 그래?
아들: 맨날 잔소리지…
엄마: 그럼 내가 괜히 이러는 거야? 네가 일찍 들어오고 공부라도 열심히 하면 내가 그러겠어?
아들: 엄마가 맨날 이렇게 잔소리를 하는데 뭐가 좋아서 집에 일찍 집에 들어오고 싶겠어요.
엄마: 누가 할 소리를 누가 하는지 모르겠네. 기차 차네… 본인이 한 일은 생각도 않고 잔소리 탓만 하네…
아들: 정말로 그건 제가 할 소리예요. 어쩌다 일이 있어서 친구 만나고 늦게 온 건데 맨날 잔소리만 하시고… (중략)

이 논쟁에서 엄마는 '아들의 늦은 귀가 → 잔소리'로 사건을 조직하지만 아들은 '엄마의 잔소리 → 늦은 귀가'로 사건을 조직하는 것을 볼 수 있다. 이와 같이 우리가 정보를 어떻게 조직하느냐에 따라 전혀 다른 방식으로 지각하게 된다는 사실을 알 수 있다.

(3) 해석

지각의 과정에서 마지막 단계는 해석이다. 위의 사례에서 만약 아들이 문제를 개선하기 위한 노력으로 엄마에게 '알겠어요. 이제부터는 수업 끝나면 학교도서관에서 공부하고 올게요.'라고 이야기했다고 가정해 보자. 이때 아들의 제안에 대해 엄마가 할 수 있는 해석과 그에 따른 반응에는 무엇이 있을까? 앞서 스트레스 관리에서 다루었던 ABC기법을 참고하면 어떤 경험이나 사건을 합리적인 생각, 또는 비합리적인 생각으로 해석하느냐가 이후 감정과 행동에 영향을 미치게 된다. 만약 엄마가 아들이 집에 늦게 들어오기 위한 핑계를 대는 것이라고 해석하게 된다면 아들에게 더 실망하고 화를 내게 될 것이다. 반면에 아들이 마음을 잡고 노력하는 모습을 보이기 위해 애쓴다고 생각하게 된다면 아들이 도서관에서 공부하는 것을 격려해 주고 관계를 회복할 수 있을 것이다. 이처럼 엄마가 아들의 제안을 어떻게 해석하느냐에 따라 엄마의 반응은 달라질 것이다. 결국 어떤 사물이나 사건 현장을 어떻게 해석하느냐에 따라 지각이 달라지는 것이다.

A 이제부터 수업이 끝나면 학교 도서관에서 공부하고 올게요.	**B1** 늦게 집에 오기 위해 핑계를 대는구나.	**C1** 실망, 화
	B2 이제 마음을 잡고 공부를 하려고 하는구나.	**C2** 안도, 희망

3) 지각의 오류

앞서 지각의 과정에서 외부의 정보와 자극을 선택, 조직, 해석하는 과정에서 여러 가지 지각의 오류를 경험하게 됨을 확인했다. 그 외에도 우리가 지각을 함에 있어서 오류를 범하는 일반적인 경향성이 있는데 이를 살펴보면 다음과 같다(설기문, 2014; 임혜경 외, 2014).

(1) 외현적 결과에만 초점을 두고 지각하는 경향이 있다

우리는 어떤 사건이나 상황을 지각할 때 사건이 일어난 원인보다 그 결과에만 초점을 두고 사건을 지각하는 경향이 있다. 앞의 엄마와 아들의 논쟁 사례에서도 아들은 자신이 늦게 귀가함으로써 엄마의 잔소리에 대한 원인을 제공했다는 점에 대해서는 별로 생각하지 않은 채 엄마의 행동에만 불평을 하였다. 마찬가지로 엄마 역시 자신의 잦은 잔소리 때문에 아들이 늦게 귀가하게 된다는 점에 대해서는 무관심한 채 결과적인 아들의 행위에 대해서만 나무랐다. 또 다른 예로 아이들끼리의 다툼에서도 한 아이가 다른 아이를 먼저 괴롭히고 장난감을 빼앗아 간 것은 생각하지 않고 그 때문에 결과적으로 상대 아이를 때려서 생긴 상처나 다친 결과에 대해서만 문제 삼게 되는 경우가 많다.

(2) 처음 접하는 정보, 첫인상에 집착하는 경향이 있다

어떤 사람에 대한 인상을 형성하는 데 있어서 처음 접하는 정보가 나중에 접하는 정보보다 더 중요한 영향을 미친다. 이러한 현상을 초두효과(primary effect)라고 하는데, 먼저 접하는 정보에 근거하여 일단 인상을 형성하게 되면 나중에 접하는 정보는 그 인상에 일치하도록 받아들여지기 때문이다. 이와 같이 인간관계에서 첫인상이 매우 중요하다. 하지만 첫인상이 정확하지 않을 수도 있고 사람은 변할 수도 있다는 점에서 첫인상에 집착하는 것은 문제가 있다고 하겠다.

(3) 하나가 좋으면 다른 것도 좋을 것이라고 생각하는 경향이 있다

우리는 어떤 사람에 대해서 하나가 좋으면 나머지 것도 좋을 것이라고 생각하는 경향이 있다. 이처럼 타인의 한 가지 좋은 면을 보고 내적으로 일관되게 평가하려는 경향을 후광효과(halo effect)라고 한다. 예를 들어, 어떤 사람에 대해서 외모에 대해서 좋은 인상을 받았을 경우 그 사람의 지능이나 능력도 뛰어날 것이라고 생각하는 것이다. 타인에 대한 좋은 인상과 그 사람의 지능과 능력은 어떤 논리적인 관계도 없지만 긍정적인 특성은 긍정적인 특성끼리, 부정적인 특성은 부정적인 특성끼리 함께 지니고 있을 것이라는 추론을 하는 경향이 있다.

(4) 남들도 나와 같이 생각하고 느낄 것이라고 믿는 경향이 있다

인간은 누구나 자기중심적인 경향이 있다. 그래서 자신의 기분이 좋으면 남들도 기분이 좋고 자신이 영화를 재미있게 보았으면 다른 사람도 재미있게 보았을 것이라고 짐짓 가정하게 된다. 그래서 남의 진정한 생각, 기분, 상태와 상관없이 자기중심적으로 남을 판단하고 해석해 버리는 오류를 범하게 된다.

2 인간관계에서 지각의 의미

인간관계에서 갈등과 다툼이 일어나는 이유는 무엇일까? 혹시 지각의 차이와 관계되지 않을까? 지각의 오류를 이해하고 지각의 차이를 인정하게 된다면 갈등을 줄일 수 있을까? 인간관계에서 지각의 의미와 지각의 부정확성을 개선하기 위한 노력에 대해서 살펴보고자 한다.

1) 지각의 오류에 대한 인식과 지각 개선

지각의 과정에서 우리는 외부의 정보와 자극을 선택적으로 지각하고 나머지는 생략함으로써 왜곡된 정보를 수집하게 되며, 또한 우리가 정보를 어떻게 조직하고 해석하느냐에 따라서도 전혀 다른 방식으로 지각된다는 사실을 알 수 있었다. 또한, 사람들은 의사소통을 하는 과정에서 지각의 오류를 범하게 되는데 거기에는 외현적 결과 위주의 지각, 첫인상 오류, 후광효과, 자기중심적 경향 등 많은 원인들이 있다. 즉 우리는 지각과정에서 자신도 의식하지 못하는 가운데 지각오류를 함으로써 정확하지 못한 지각을 하면서도 정확하게 지각하는 것으로 착각하면서 의사소통을 하는 경우가 많다.

따라서 이러한 지각의 부정확성에 대해 인식하고 지각의 부정확성을 개선하려는 노력은 좋은 인간관계를 맺는 데 매우 중요한 부분이다. 자신의 지각 타당성을 점검하고 지각의 부정확성을 개선하기 위한 구체적 지침을 제시하면 다음과 같다(임혜경 외, 2014)

(1) 자신의 지각이 정말 정확한지에 대해 스스로 의문을 제기한다

사람들은 자신이 본 것은 정확하다는 것을 다른 사람들에게 확신시키기 위해 '내가 거기 있었기 때문에 잘 안다.'고 주장한다. 자신의 지각이 확실하다고 강조하면서 지각의 정확성에 대해 확인하려 하지 않는다. 그러나 지각과정에서 얼마든지 지각의 오류를 범할 수 있기 때문에 자신의 지각에 대한 정확성을 확인해 볼 필요가 있다. 자신의 지각에 대한 정확성에 의문을 제기하고 자신의 오류가능성을 수용하는 것은 인간관계의 원만한 상호작용을 위해서 매우 중요하다.

(2) 지각의 정확성을 증명할 수 있는 보다 많은 정보를 수집하도록 한다

상대방에 대한 지각이 그 사람의 인상이나 행동에 대한 한두 가지 정보에만 근거한다면 어떤 단정적인 결론을 내리기 전에 더 많은 정보를 수집하도록 노력해야 한다. 우리 속담 중 '하나를 보면 열을 안다.', '될 성부른 나무는 떡잎부터 안다.'라는 말은 잘하는 것 한 가지만 보고 전체를 판단하는 지각의 오류를 범할 수 있음을 보여 주는 것으로, 지각의 측면에서 신중함이 필요함을 보여 준다.

(3) 지각은 시간이 지나면서 변화시킬 필요가 있다

한번 형성된 지각은 그것이 상대방에 대한 오해임에도 불구하고 계속해서 지각의 오류를 하게 한다. 사람들은 흔히 오래된 불완전한 정보에 기초한 것임에도 불구하고 기존의 지각에 안주하는 경향이 있다. 설령 그것이 잘못된 것일지라도 변화시키기보다는 그대로 있는 것이 더 쉽기 때문이다. 비록 어떤 사람의 첫인상이 나빴다 하더라도 계속 만나다 보면 그 사람에게서 좋은 점을 발견할 수 있으며, 또 그 사람이 다음에 보다 긍정적인 방향으로 변할 수도 있는데 계속 첫인상에만 집착한다면 그 사람에 대한 지각은 오류를 범할 수밖에 없다. 따라서 이미 형성되어 있는 지각의 틀을 언제나 조절, 변화시킬 수 있는 여유가 필요하다.

2) 관점 차이를 보는 다섯 가지 입장

인간관계에는 갈등이 존재한다. 서로 다른 관점, 생각, 가치관의 차이로 인해 사람들 간에 갈등이 생길 수밖에 없다. 갈등과 의견의 불일치가 생겼을 때 관점 차이를 보는 다섯 가지 입장을 살펴보고[그림 17], 이러한 불일치를 최소화하거나 극복할 수 있는 방안을 모색해 보고자 한다(설기문, 2014).

(1) 제1입장: 나는 옳고 당신은 틀렸다

이 입장은 우리가 보편적으로 갖는 입장이다. 그렇기 때문에 쉽게 다른 사람을 비난하고, 상대로 하여금 생각을 바꾸어 나의 생각을 수용하기를 바란다.

(2) 제2입장: 당신은 옳고 나는 틀렸다

이 입장은 제1입장과 반대되는 것으로 상대방의 의견을 옹호하고 자신의 의견은 부정하는 태도이다. 자신의 의견을 부정한다는 측면에서 대단히 취하기 어렵고 노력이 필요한 입장이나 갈등이나 의견의 불일치를 극복하게 하는 데 있어 매우 효과적이다.

(3) 제3입장: 둘 다 옳지만 동시에 둘 다 틀렸다

이 입장에서는 각자의 장단점을 다 인정하게 된다. 각자 자신의 각도에서는 옳을지 모르나 타인의 각도에서 보면 틀릴 수밖에 없다는 사실을 이 제3입장에서는 잘 보여 준다.

(4) 제4입장: 그 문제는 생각만큼 그렇게 중요한 것은 아니다

이 입장에서 본다면, 갈등과 의견 불일치를 일으키는 이 문제가 아무리 심각하다 할지라도 지금의 '나와 너'의 관계가 더 중요하기 때문에 인간관계에 위기를 경험할 만큼 그 문제 자체에 그렇게 집착할 필요가 없다는 사실을 이해하게 된다. 그러므로 그 문제에 집착하여 옳고 그름을 따지며 갈등과 불일치로 인한 위기를 경험하는 것보다는 관계를 회복하는 일에 더 많은 관심을 쏟을 필요가 있다는 교훈을 갖게 한다.

(5) 제5입장: 결론–네 개의 입장은 모두 다 일리(一理)가 있다

이제 앞의 네 개의 입장을 다 거치고 나서 최종적으로 도달하게 되는 결론이 바로 제5입장인데, 이 입장에서는 앞의 네 가지 입장 모두가 옳다고 인정한다. 논리적으로 보면 이 입장은 모순적이다. 하나가 옳으면 다른 것은 틀려야 할 것 같은데, 그러나 우리의 현실은 그렇지 않다는 것이 이 입장이 보여 주는 교훈이다.

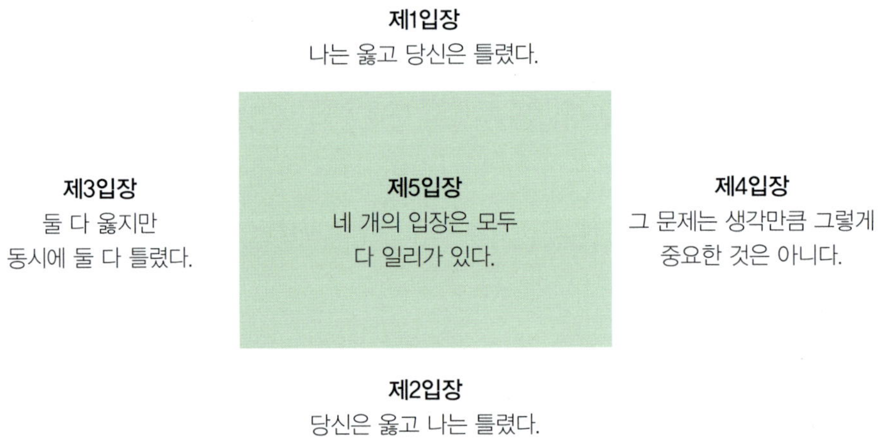

[그림 17] 관점의 차이를 보는 다섯 가지 입장

인간이 경험하는 일들은 흑백론으로 해결되지 않는 것이 많다. 그럼에도 불구하고 흑백론으로 모든 것을 옳고 그름의 이분법적인 입장에서만 해결하려고 하는 데서 문제가 생기고 갈등이 생기는 것이다. 불행히도 우리는 대부분 어렸을 때부터 정답은 오직 하나라고 배워 왔다. 이 잘못된 개념을 받아들이는 순간 우리의 마음은 닫히고 시각은 좁아지게 된다(Schilling, 2001). 서로의 관점이나 시각의 다양성을 인정하고 이러한 차이가 존재함을 이해하는 것이 갈등해결의 열쇠이며, 의견의 불일치를 최소화하는 방법이다. 또한, 다른 사람의 감정을 이해하고 공감하는 것도 서로의 관점과 견해, 정서들의 다양함을 이해하고 존중하는 것이 전제되어야 가능한 능력이다.

적용하기

- 같은 동화 다른 이야기: 빨간모자, 오해받은 늑대이야기 〈부록 22〉

“함께 배우고 자라는 것은 춤을 추는 것과 같다. 한 발 한 발, 교사와 유아는 관계 안에서 서로에 대해 배운다. 함께 춤을 추는 동안 때로는 교사가 이끌고, 때로는 교사가 유아를 따라야 한다.

(Wittmer & Petersen, 2011)”

CHAPTER

04

관계관리

교사로서 효과적으로 소통하고 관계 맺기

10

효과적인 의사소통

목표

1. 대인관계에서 의사소통의 중요성과 원리를 이해한다.
2. 의사소통에서 경청과 자기표현을 돕는 기술을 탐색하고 실천한다.

최근 '소통'이 사회적으로 화두이다. 가정, 학교, 직장, 사회 어디서든 인간관계에서 소통이 강조되고 있다. 누군가와 이야기를 더 나누고 싶다면, 반대로 누구와는 이야기를 별로 나누고 싶지 않다면 그 차이는 무엇일까? 또 누군가와 이야기를 나누면 도대체 꽉 막힌 것같이 말이 안 통한다고 느낀다면 무엇 때문일까? 사람들은 모두 상대방의 기분을 상하지 않으면서도 자신의 생각과 느낌을 효과적으로 전달하고 싶고, 상대방에게 더 이야기를 나누고 싶은 사람이 되고 싶을 것이다.

이처럼 자신의 생각과 감정을 주고받는 의사소통 기술은 원만한 인간관계를 형성하고 유지하기 위하여 매우 중요한 요소이다. 의사소통은 언어뿐 아니라 목소리 톤, 표정, 몸짓, 자세 등 비언어적 신호들을 주고받는 과정이다. 언어적으로 정확하게 자신의 생각을 전달하고 적절하게 비언어적 신호들을 사용하거나 정확하게 간파해 내는 것은 대인관계 기술에서 실제적이고 핵심적인 부분이다.

본 장에서는 효과적으로 의사소통하기 위해서 비언어적, 언어적 의사소통의 중요성과 경청, 자기표현을 돕는 대화기술에 대해서 이해하고 실천해 보고자 한다.

진단하기

나의 의사소통능력 〈부록 23〉

1 의사소통의 개념과 원리

1) 의사소통의 개념

의사소통(communication)은 라틴어 'communis(공통, 공유)'에 어원을 두고 있으며, '상호 공통점을 나누어 갖는다.'라는 의미가 있다. 즉 의사소통이란 두 사람 또는 그 이상의 사람들 사이에서 의사의 전달과 상호교류가 이루어진다는 뜻이며, 어떤 개인 또는 집단이 개인 또는 집단에 대해서 정보, 감정, 사상, 의견 등을 전달하고 그것들을 받아들이는 과정을 의미한다(NCS국가직무능력표준, 2015a). 이외에 의사소통에 대한 학자들의 정의를 살펴보면 다음과 같다.

- **설기문**(2014) 의사소통이란 화자가 자신의 의미를 메시지로 표현하고 청자가 메시지 안에 담긴 의미를 이해하는 과정이다.
- **임혜경 외**(2014) 의사소통은 한 사람 또는 그 이상의 사람으로부터 다른 사람에게 정보가 전달되어야 하는 과정으로, 의사소통을 잘 한다는 것은 말하는 사람이 정보를 정확하게 전달하고 듣는 사람은 그 정보를 정확하게 받아들이는 것을 말한다.
- **조벽**(2016) 소통의 핵심은 공감과 경청이다. 공감(共感)과 경청(傾聽)에 마음 '心'이 들어가 있는 것처럼 귀를 열고 말귀만 알아듣는 것이 아니라 마음을 열고 들어야 한다. 독을 뺀 말, 공감, 경청으로 마음을 열어야 의사소통이 가능하다.

이와 같이 의사소통은 화자와 청자들 간에 자신의 의미를 언어적, 비언어적 메시지로 주고받는 과정이다[그림 18]. 의사소통은 화자, 메시지, 청자, 피드백으로 이루어진다. 화자란 생각, 감정, 정보 등의 메시지를 전달하는 사람이다. 청자는 화자가 전달하는 생각, 감정, 정보 등의 메시지를 받아들이는 사람이고, 피드백은 화자의 메시지가 정확히 전달되고 이해되었는지 확인하고 자신의 의사소통 방법을 수정하거나 보완하는 것이 포함된다.

의사소통에서는 언어뿐 아니라 목소리 톤, 표정, 몸짓, 자세 등 비언어적 신호들도 중요한 단서가 된다. 언어적으로 정확하게 자신의 생각을 전달하고 적절하게 비언어적 신호들을 사용하거나 정확하게 간파해 내는 것은 의사소통에서 핵심적인 부분이다. 특히 직장에서의 의사소통은 개인들이 집단을 이루어 활동할 때 그 활동을 효과적으로 수행할 수 있도록 해 준다. 효과적이고 원활한 의사소통은 조직과 팀의 핵심적인 요소이며, 구성원 간에 정보를 공유하는 중요한 기능을 한다. 따라서 자신의 생각과 감정을 주고받는 의사소통기술은 직장생활은 물론 일상생활에서 바람직한 인간관계형성을 위해 매우 중요한 요소이다.

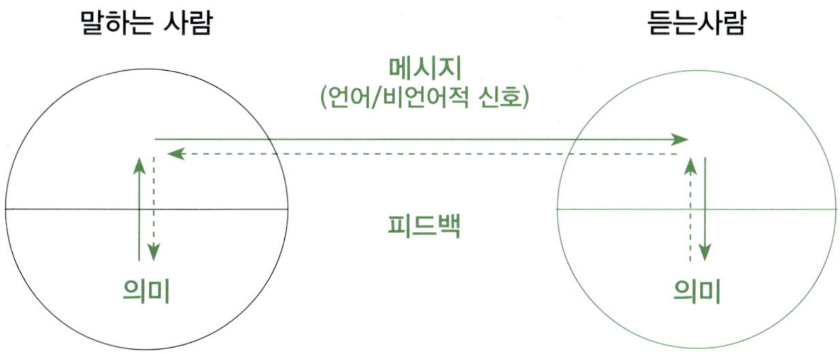

[그림 18] **의사소통 모형**

2) 의사소통의 원리

의사소통의 중요한 원리를 살펴보면, 다음과 같다(설기문, 2014).

(1) 의사소통은 의도적·비의도적으로 이루어질 수 있다

사람들은 보통 남에게 어려운 부탁을 하거나 윗사람에게 직언을 해야 하는 경우라면 신중하게 자기가 할 말을 생각해서 하게 된다. 이것은 의도적으로 의사소통하는 경우다. 그러나 사람들이 모든 경우 의도를 가지고 의사소통을 하지는 않는다. 때로는 전혀 의도하지 않은 의사소통이 이루어질 수 있다. 무의식적으로, 또는 흥분된 상태에서 불쑥 어떤 말을 하거나 행동을 하기도 하고 자신도 모르게 실언을 하는 경우도 많다.

(2) 사람들은 언어적·비언어적 방식으로 의사소통을 한다

사람들은 침묵하고 있는 순간에도 의사소통을 한다. 침묵은 때로는 '생각하고 있다.'는 말을 하는 것일 수도 있으며, '할 말 없다.', '상대하고 싶지 않다.'고 말하는 것일 수도 있고, '너무 감격하여 할 말을 잊었다.'는 말을 하는 것일 수도 있다. 이처럼 우리는 꼭 말을 하지 않더라도 비언어적인 메시지를 통하여 매 순간 의사소통을 하고 있다. 따라서 사람들이 살아 있는 동안 의사소통을 하지 않는 것은 불가능하다.

(3) 한번 이루어진 의사소통은 되돌릴 수 없다

사람들은 때때로 과거로 돌아가서 자신이 한 말이나 행동에 대해서 없었던 것으로 하고 싶어 하지만, 그것은 불가능하다. 지나간 실수에 대해서 이후에 사과를 하거나 오해에 대해 해명함으로써 마음의 상처를 완화시키고 이해의 폭을 넓힐 수는 있으나 과거 자체를 없었던 것으로 할 수는 없다.

(4) 의사소통은 반복될 수 없다

의사소통은 계속 진행되는 과정이므로 같은 것을 반복하기는 불가능하다. 즉, 같은 사람에게 같은 말을 하더라도 시간과 장소에 따라 그 말의 의미와 말에 대한 반응은 달라질 수 있기 때문이다. 또 같은 말이라도 다른 사람에게는 그 말의 의미와 반응이 달라질 것이다. 사람들은 시간과 장소에 따라 늘 변화한다. 그러므로 의사소통 역시 늘 똑같이 반복될 수 없다.

이와 같이 의사소통은 의도적인 경우가 아니라도 비의도적으로도 이루어질 수 있으며 언어적, 비언어적 방식으로 이루어지며, 한번 이루어진 의사소통은 되돌릴 수 없고 의사소통은 화자와 청자, 상황적 요소들 간의 역동적 관계에서 이루어지는 것으로 반복되지 않는 특성이 있다. 이는 의사소통에서 언어뿐 아니라 비언어적 신호들도 의미 구성에 중요한 단서가 되므로 정확하게 표현하고 읽어 내는 능력이 필요하며, 의사소통은 상황적 맥락에서 이해되어야 하고 한번 이루어진 의사소통은 되돌릴 수 없기 때문에 신중할 필요가 있음을 의미한다. 따라서 의사소통을 통해 화자와 청자 간에 의미 있는 정보를 교류하고 인간관계에 좋은 영향을 미칠 수 있도록 자신의 생각과 느낌을 효과적으로 표현하고 타인의 이야기를 주의 깊게 듣고 생각과 느낌, 사고를 이해하려는 노력이 필요하다.

2 경청하기

의사소통은 내가 상대방에게 일방적으로 메시지를 전달하는 과정이 아니라 상대방과의 상호작용을 통해 메시지를 다루는 과정이다(NCS 국가직무능력표준, 2015a). 따라서 성공적인 의사소통을 위해서는 내가 가진 정보를 상대방이 이해하기 쉽게 표현하는 것도 중요하지만 상대방이 어떻게 받아들이는지도 중요하게 고려해야 한다. 즉 의사소통을 하기 위한 기본적인 자세는 경청하는 것이다. 효과적인 의사소통을 위하여 경청의 의미와 중요성, 적극적인 경청하기를 위한 방법을 살펴보면 다음과 같다.

1) 경청의 의미와 중요성

경청은 한자로 기울 경(傾), 들을 청(聽)으로, '기울여 자세히 듣는 것'을 의미한다. 즉 경청이란 상대방의 이야기를 주의 깊게 들으며, 상대방의 생각, 느낌, 감정들을 공감하는 능력이다. 경청은 의사소통 과정에서 상대방으로부터 신뢰를 쌓을 수 있는 최고의 방법이라 할 수 있다. 또한, 경청을 하면 상대가 본능적으로 안도감을 느끼고 무의식적인 믿음을 갖기 때문에 의사소통과 인간관계에 긍정적인 영향을 미친다.

스티븐 코비(Stephen R. Covey)의 「성공하는 사람들의 7가지 습관」에서 성공하는 사람들의 다섯 번째 습관이 '먼저 듣고 이해시켜라', 즉 '먼저 듣고, 나중에 말하라.'였다는 것에서 알 수 있듯이 의사소통에서 경청은 매우 중요하다. 의사소통에서 경청이 핵심이 되는 이유는 무엇일까? 이해를 받고 싶은 마음은 인간의 가장 근원적인 욕구이기 때문에 자신의 모습 그대로 평가받고 존중받기를 바라기 때문이다.

하지만 다른 사람의 이야기에 귀를 기울여서 잘 듣는다는 것이 그리 쉬운 일은 아니다. 공자는 '말을 배우는 데는 2년밖에 안 걸리지만, 듣기를 배우는 데는 60년이 걸린다.'고 하였다. 유대 속담에는 '말하는 것은 지식의 영역이고, 듣는 것은 지혜의 영역'이라고 하였다. 또한, 인간은 1분 동안 400~500단어를 생각할 수 있는 생각의 속도를 가졌지만, 듣기 속도는 1분당 100단어 정도이기 때문에 4~5배 빠른 생각의 속도는 상대가 말하는 동안 다음에 내가 할 말을 떠올리게 만들고 그 결과 우리는 상대방의 말을 자르고 들어가 상대를 좌절시키는 경우가 많다(류재석, 2008). 따라서 효과적인 경청을 위하여 판단, 해석, 충고하려는 충동, 탐색 등을 멈추고 상대방의 말에 집중하여 들으려는 노력이 필요하다.

2) 비언어적 표현 경청하기

경청의 대상은 상대방의 언어적 메시지뿐 아니라 비언어적 메시지까지 포함한다. 따라서 상대방이 하는 말의 참 뜻을 알고 싶다면, 말해지는 것 이상을 들어야 한다. 커뮤니케이션 이론 중 메라비언의 법칙을 보면, 의사소통에서 말의 내용이 차지하는 비중은 7%에 불과하고 표정, 몸짓, 태도, 시선, 목소리, 억양 등과 같은 비언어적인 요소가 93%를 차지한다(임혜경 외, 2014). 즉 의사소통과정에서 귀만 가지고 들어서는 안 되며 상대의 언어적 소리뿐 아니라 상대의 표정, 몸짓, 목소리 억양 등의 비언어적 표현도 이해하기 위해 눈과 귀, 입, 마음을 이용해서 들어야 함을 의미한다. 따라서 의사소통에서 상대방의 얼굴표정, 눈맞춤, 몸의 각도, 상대와의 거리 등의 시각적 이미지와 목소리 톤과 억양 등의 청각적 이미지들이 중요하므로, 상대방이 하는 말의 내용과 시각적, 청각적 요소들을 일치시켜 세밀하게 관찰하고 이해하는 것이 필요하다.

메라비언의 법칙

캘리포니아 대학 심리학과 교수 앨버트 메라비언(Albert Mehrabian)은 말, 청각, 시각에 모순된 정보를 동시에 주었을 때 사람들이 어떤 것에 더 영향을 받고 우선하여 감정을 판단하는지 연구하였다. 연구결과 모순된 정보에서 상대의 감정을 판단하기 위해 받아들이는 정보의 비중은 말(7%), 청각(38%), 시각(55%)으로 나타나, 메라비언의 법칙을 7-38-55법칙이라고도 한다. 즉 인간의 의사소통은 시각에 55%, 청각에 38%, 말의 내용에 7%를 의존한다고 보고하였다.

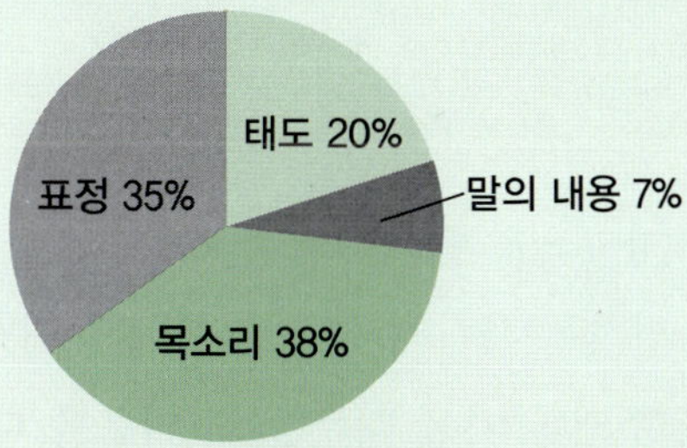

〈의사소통의 구성요소〉

① **눈과 귀로 듣는다:** 상대의 언어적 내용뿐 아니라 상대의 표정, 몸짓, 목소리 등의 비언어적 표현도 듣는다.

② **입으로 듣는다:** 적극적 경청을 위한 반응을 표현한다.

③ **마음으로 듣는다:** 들을 청(聽)에는 하나(一)의 마음(心)이란 뜻이 있다. 상대방의 주관적 정서까지 이해하기 위해서는 우선 내 마음을 비워야 한다.

3) 적극적 경청하기

경청한다는 것은 자신의 시간과 관심을 쏟는 적극적인 선택행위이다. 즉 단순히 상대방의 이야기를 들어 주는 것과 경청의 의미는 다르다. 듣는 것은 수동적인데 반해 경청은 능동적인 의미의 탐색라고 하겠다. 누군가와 대화를 나눌 때 상대방이 나의 이야기에 관심을 갖고 진지한 자세로 눈을 맞추며 이야기를 들으면서 질문하고 반응해 주는 것을 상상해 보라. 이처럼 적극적인 경청은 의사소통에 있어서 기본이 되는 태도이다. 적극적인 경청의 태도에는 상대가 무엇을 느끼고 있는가를 상대의 입장에서 받아들이는 공감적 이해가 중요하며, 비판적·충고적인 태도를 버리고 상대방이 말하는 단어 이외에 다른 비언어적 표현에도 관심을 가지면서 상대방이 말하는 동안 경청하고 있다는 것을 표현해 주는 것이 필요하다. 효과적으로 적극적 경청을 하기 위한 방법을 살펴보면 다음과 같다(NCS국가직무능력표준, 2015a).

(1) 주의를 집중한다

말하는 사람의 모든 것에 집중해서 적극적으로 들어야 한다. 상대방의 이야기에 주의를 기울 때는 몸과 마음을 다하여 들을 수 있어야만 자신의 관심을 상대방에게 충분히 보여 주는 것이 된다. 따라서 산만하게 움직이는 행동은 중단하고 다른 생각을 한다거나 대충 듣지 않도록 주의해야 한다. 즉 상대방의 말의 내용뿐 아니라 얼굴과 몸의 움직임, 말의 어조와 억양, 소리의 크기까지 주의를 기울여서 듣는다.

(2) 상대방의 경험을 인정하고 더 많은 정보를 요청한다

상대방의 경험을 인정하고 더 상세히 알고 싶다는 뜻을 표현하는 것이다. 예를 들어, 고개를 끄덕인다거나 '네~ 그랬군요. 그래서요?', '과연! 정말 그렇겠군요. 그래서 어떻게 되었습니까?' 등으로 표현한다. 상대방이 말하고 있는 것에 대해 관심과 존중을 표현하게 되면 비록 상대방의 말에 완전히 동의하지 않더라도 상대방의 경험이 무엇인지 알게 된다.

(3) 정확성을 위해 요약한다

대화 도중에 주기적으로 대화내용을 요약하면 상대방에 대한 자신의 이해의 정확성을 확인하는 데 도움이 될 뿐 아니라 자신과 상대방을 서로 알게 하며 동일한 메시지를 공유하는 데 도움이 된다.

(4) 더 많은 정보를 얻기 위해 개방적인 질문을 한다

개방적인 질문은 상대방으로부터 보다 많은 정보를 얻기 위한 방법으로, 단답형의 대답이나 반응보다 상대방 다양한 생각을 이해하고, 서로에 대한 이해의 정도를 높이는 데 효과적이다. 개방적인 질문은 보통 '누가, 무엇을 어디에서, 언제 또는 어떻게'라는 어휘로 시작된다. 이때 '왜'라는 질문은 보통 진술을 가장한 부정적·추궁적·강압적인 표현이므로 사용하지 않는 것이 좋다.

3 자기표현을 돕는 나 메시지(I Message) 화법

1) 나 메시지의 장점

의사소통에서 긍정적으로 자기표현을 하기 위해서는 너(You)를 주어로 다른 사람을 비난, 질책, 판단하기보다 나(I)를 주어로 자신의 생각과 느낌, 감정 등을 직접적으로 표현하는 것이 효과적이다. 특히 갈등이나 논쟁이 벌어지는 상황에서 무익한 말싸움이 되지 않도록 하면서 상대방에게 나의 생각과 의견을 직접적으로 전달하는 나 메시지 화법에 대해 살펴보고자 한다.

나 메시지의 장점을 살펴보면, 첫째, 나 메시지는 상대방을 직접 판단·평가·공격하는 것이 아니기 때문에 상대방을 방어적으로 만들지 않는다. 둘째, 나의 입장과 감정을 솔직하게 전달하여 진지한 대화가 이루어지게 한다. 셋째, 상대방의 의식, 태도, 행동의 변화를 부드럽게 요청할 수 있다. 나 메시지를 전달할 때 부정적인 감정을 너무 강조하지 않는 것이 좋으며, 나 메시지가 상대방에게 무시될 때는 다시 한번 확고한 메시지를 보내거나 상대방의 입장에 대한 '공감적 경청'도 필요하다.

2) 나 메시지의 구성요소

나 메시지는 세 가지 요소로 구성된다. 첫째, 상대방의 특정 행동, 태도, 의식에 대해 간결하게 정리하고, 둘째, 그러한 상대방의 행동, 태도, 의식으로 인한 나의 감정을 표현하고, 셋째, 상대방의 행동, 태도, 의식의 변화를 요청하는 것이다. 이러한 나 메시지의 전달 형태는 아래와 같으며, 사례 연구를 통해 나 메시지를 적용해 보고자 한다.

"나는 ___________ 때 ___________ 한 기분이 들어. 이렇게 해 주면 좋겠어."

〈사례연구〉

상황 1) 같은 방을 쓰는 동생(언니, 친구)이 옷을 벗어서 아무 곳에나 던져 놓는다.

- 너 메시지: 너는 어쩌면 매번 옷을 벗어서 그렇게 아무 데나 던져 놓니?
- 나 메시지: 나는 방에 옷이 여기저기 걸쳐져 있으면 기분이 좋지 않아.
  내일부터는 옷을 벗으면 옷걸이에 걸어서 옷장에 넣어주면 좋겠어.

상황 2) 남자 친구가 종종 연락을 두절할 때가 있는데 설명해 주지도 않는다.

- 너 메시지:
- 나 메시지:

4 직장에서의 의사소통

직장생활에서 의사소통은 공식적인 조직 안에서의 의사소통을 의미하며, 의사소통은 조직과 팀의 효율성과 효과성을 성취할 목적으로 이루어지는 구성원 간의 정보와 지식의 전달과정이다. 효과적이고 원활한 의사소통은 조직과 팀의 핵심적인 요소이며 조직의 생산성과 구성원의 사기를 높이고 정보를 공유하는 중요한 기능을 한다(NCS국가직무능력표준, 2015a).

직장 내에서 동료나 후배교사, 원장 사이에 업무상 의사소통이 잘 이루어진다면 서로에 대한 선입견이나 지각의 차이를 좁힐 수 있으며 팀워크와 사기가 높아져서 능률이 향상될 것이다. 반면에 직장 내에서 의사소통이 원활하게 이루어지지 않는다면 의견 차이가 갈등과 불화로 이어져 협력적인 조직분위기를 저해하고 업무 효율성도 저하될 수 있을 것이다. 이와 같이 직장 내에서 구성원 간의 의사소통은 업무효율성과 협력적 분위기, 대인관계에 중요한 영향을 미치는 핵심 요소로서, 의사소통 수준과 바람직한 의사소통을 위한 조직 내 의사소통의 정확성에 대해 살펴보고자 한다.

1) 의사소통 수준

사람들이 의사소통을 할 때는 상대방에 대해 가지고 있는 신뢰감의 정도에 따라 그 수준이 달라진다. 대부분의 사람들은 서로 대화를 할 때 아래의 의사소통 수준 안에서 대화를 하게 되는데 이를 소개하면 〈표 8〉과 같다(Fritz et al., 1999; 박은혜, 2010 재인용).

〈표 8〉 의사소통 수준

수준	정의	특징 및 예
1수준	피상적인 의사소통	· '안녕, 잘 지내?'처럼 단순한 반응만 한다. · 가장 신뢰가 낮은 관계에서 이루어지는 의사소통으로 무의미하거나, 진심이 없고, 방어적인 특징을 보인다. · 실제 공유하는 내용이 없으므로 협력이 이루어지지 않는다.
2수준	사실 보고	· 사람이나 상황에 대한 정보를 전달하는 수준으로 제한된다. · 판단을 제공하지 않는 단순한 사실만 말한다. · 대화자들이 아닌 다른 사람의 행동이나 사실을 보고한다.
3수준	개인적인 생각과 판단	· 개인적인 정보에 대해 상호작용한다. · 다른 사람과 공유하기 위한 생각과 판단을 제공한다. · 감정이 표현되지 않도록 적당히 거리를 두어 정중하게 의사소통한다. · 상대방의 생각을 진정으로 이해하지 못한다.
4수준	개인적인 느낌과 감정	· 자신의 생각과 판단, 신념과 함께 감정을 나눈다. · 솔직한 감정적 표현과 정서가 담긴 의사소통을 한다.
5수준	완전한 의사소통	· 완전히 개방적인 의사소통을 한다. · 가장 높은 수준의 신뢰를 바탕으로 협력적인 의사소통을 한다. · 집단 안에서 구성원들은 보다 나은 해결책을 제공하며 서로에게 고마움을 표현한다.

학교나 직장 등 내가 속해 있는 사회조직 안에서 구성원들과 어떤 수준의 의사소통을 하고 있는가? 모든 사람과의 의사소통 수준이 높을 필요는 없지만 자신이 맡고 있는 역할과 업무를 고려할 때 의사소통의 수준을 개선해야 할 사람이 있는지 점검해 볼 필요가 있다.

2) 바람직한 의사소통을 저해하는 요인

의사소통은 내가 상대방에 메시지를 전달하는 과정이 아니라 상대방과의 상호작용을 통해 메시지를 다루는 과정이다. 성공적인 의사소통을 위해서는 자신이 가진 정보와 의견을 상대방이 이해하기 쉽게 표현하는 것뿐 아니라 상대방이 어떻게 받아들였는지, 정확하게 이해하였는지 소통의 수용성과 정확성을 확인하는 것이 필요하다. 이러한 측면에서 바람직한 의사소통을 저해하는 요인을 살펴보면 다음과 같다(NCS국가직무능력표준, 2015a).

(1) '일방적으로 말하고', '일방적으로 듣는' 무책임한 마음

업무와 관련된 의사소통에서 서로가 '정확히 전달되었는지', '정확히 이해했는지'를 확인하지 않고 말한 사람은 '이해했겠지'라고 생각하고 듣는 사람은 '이런 말이겠지'라고 생각하며 넘어가는 것이다. 의사소통에서 확인할 수 있는 순간을 넘겨버리게 되면 서로가 공유한 정보가 정확한지 확인하기 어렵고 엇갈린 정보를 가지게 될 수도 있다.

(2) '전달했는데', '아는 줄 알았는데'라고 착각하는 마음

사소한 것이라도 '엇갈린 정보'를 바로잡지 않은 채 의사소통을 하면 업무상 문제가 발생한다. 하지만 말한 사람은 '전달했는데' 또는 '아는 줄 알았는데' 하며 착각에 빠져 있기 때문에 업무상 문제를 정보공유의 부족에서 오는 것이라고 생각하지 않기 때문에 개선이 어렵다.

(3) '말하지 않아도 아는 문화'에 안주하는 마음

'말하지 않아도 안다.', '호흡이 척척 맞는다.', '일은 눈치로 배워라.' 등과 같이 직접적인 대화를 통해서 일을 하기보다 오히려 눈치를 중요시하는 의사소통을 미덕이라고 생각하는 경향이 있다. 말하지 않아도 통하는 관계는 최고의 관계이지만 직장 내에서 필요한 것은 의사소통의 정확성이다.

이러한 간단하고 기본적인 의사소통 원칙들이 실천되지 않을 때 하인리히의 법칙처럼 직장 내에서 사소한 문제들이 나타나게 되고, 이러한 사소한 불통의 문제들이 업무나 인간관계에 큰 문제를 일으키게 된다. 하인리히 법칙은 물리적인 사고나 사건에 기초하여 제시된 법칙이지만 직장 내에서 일어나는 업무적 사고나 개인 또는 팀 간의 갈등상황에도 적용할 수 있을 것이다. 즉, 일방적인 의사전달, 정확하지 않은 의사표현과 확인하지 않고 넘어가는 행동 때문에 엇갈린 정보를 갖게 되고, 이렇게 바로잡지 않은 엇갈린 정보들이 쌓여서 업무상의 문제를 일으키고 구성원들 간의 협력관계를 방해하게 되는 것이다.

하인리히의 법칙

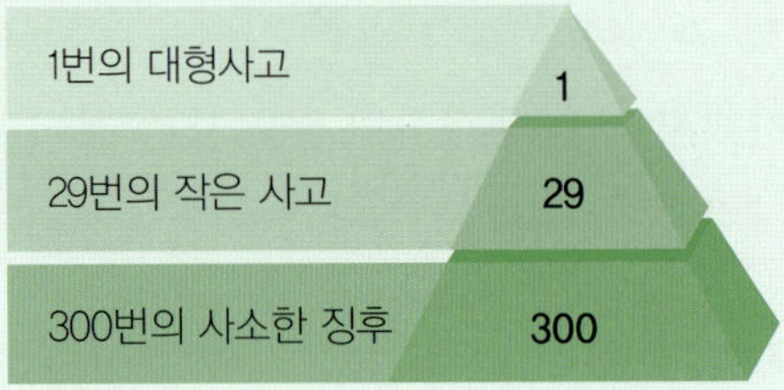

1931년 허버트 윌리엄 하인리히(Herbert William Heinrich)는 미국의 한 보험사(travelers insurance company)에서 근무하였는데 수많은 사고처리 업무를 하면서 산업재해 사례 분석을 통해 하나의 통계적 법칙을 발견하였다. 즉 대형사고가 발생하기 전에 그와 관련된 수많은 경미한 사고와 징후들이 반드시 존재한다는 것을 밝힌 법칙인데, 대형사고와 작은 사고 그리고 사소한 징후의 발생 비율이 1:29:300이라는 것이다.

큰 사고는 우연히 또는 어느 순간 갑작스럽게 발생하는 것이 아니라 그 이전에 반드시 경미한 사고들이 반복되는 과정 속에서 발생한다는 것을 실증적으로 밝힌 것으로, 큰 재해는 항상 사소한 것들을 방치할 때 발생한다는 것이다.

대부분의 사람은 의사소통을 아주 어려운 것이며 고도의 능력이 있어야 하는 것처럼 생각한다. 하지만 의사소통능력은 상대방의 말을 잘 들어주고, 내가 상대방의 말을 잘 듣고 있다는 것과 자신의 생각을 잘 표현하는 것이다. 또한, 이해가 안 된 부분에 대해서는 확인을 하여 정확하게 의미를 공유하고, 상대방이 원하는 바를 잘 이해하여 업무활동이나 일상생활에서 필요한 부분에 충분히 반영하는 것이다. 따라서 바람직한 의사소통을 위하여 경청과 자기표현 기술을 개발함으로써 대인관계에 필수적인 소통능력을 향상시키는 것이 필요하다.

적용하기

- 나의 의사소통 수준 탐색하기 〈부록 24〉

11

갈등관리

목표

1. 갈등의 원인과 갈등 변화 단계를 이해한다.
2. 나의 갈등관리유형을 이해하고 갈등상황에서 효과적인 갈등관리방법을 탐색한다.

인간관계에는 갈등이 존재한다. 대부분의 사람들은 친구, 가족, 동료 교사, 학부모 등과 크고 작은 갈등을 경험하고 있을 것이다. 서로 다른 관점, 생각, 가치관의 차이로 인해 사람들 간에 갈등이 생길 수밖에 없다. 책임과 권한의 영역이 분명하지 않아서, 역할에 대한 기대 차이로, 상대방과 의사소통이 잘 이루어지지 않아서 등의 다양한 이유로 인간관계에서 갈등이 일어난다.

갈등은 처음부터 발생하지 않으면 가장 좋지만 일단 갈등이 생기고 나면 잘 해결하는 지혜와 전략이 필요하다. 갈등은 완전한 해결이 아니라 상대방과 이해를 조율하면서 갈등을 관리하는 것이 필요하다. 갈등은 본래부터 좋거나 나쁜 것이 아니며, 갈등의 결과가 항상 부정적인 것도 아니다. 중요한 것은 '어떻게 관리하느냐' 하는 것이다.

효과적으로 갈등을 해결하기 위해서는 갈등이 무엇에 대한 것인지 갈등의 원인과 갈등이 변화하는 단계와 과정을 이해하는 것이 필요하다. 또한, 갈등상황에서 내가 주로 선택하는 갈등해결유형은 무엇인지 자신의 갈등해결유형을 파악하고 문제유형과 상황에 따라 갈등해결방법을 찾아봄으로써 갈등해결능력을 기르는 것이 필요하다. 이에 본 장에서는 갈등의 원인과 변화단계, 갈등해결유형에 대한 이해를 기초로 갈등상황에서 해결방법을 찾아보고 적용하는 능력을 길러 보고자 한다.

진단하기

나의 갈등관리유형 〈부록 25〉

1 갈등의 개념

갈등(conflict)의 어원은 라틴어 'configere(콘피게레)'인데, 이것은 '함께'라는 의미의 'con'과 충돌이나 다툼을 의미하는 'figere'가 합쳐진 합성어이다. 즉, 갈등이란 개인이나 집단 간에 서로 충돌한다는 뜻을 가지고 있다.

갈등은 조직을 구성하는 개인과 집단, 조직 간에 잠재적 또는 현재적으로 대립하고 마찰하는 사회적·심리적 상태를 말한다(NCS국가직무능력표준, 2015b). 또한, 갈등은 집단 혹은 조직 같은 사회적 실체의 내부 혹은 그들 사이에서 일어나는 불일치, 모순, 의견 차이, 불화에서 나타나는 상호작용의 상태를 의미한다(Rahim, 1985).

집단은 사람과 사람 사이의 관계로 이루어져 있고, 모든 인간관계에는 갈등이 존재한다(조벽, 2016). 서로 다른 목표, 가치관, 습관을 가진 사람들이 모이면 갈등이 생길 수밖에 없다. 부부갈등, 동료갈등, 노사갈등, 여야갈등, 남북 갈등 등 모든 관계에는 갈등이 존재한다.

결국 개인이나 집단 간에 갈등이나 의견 불일치는 불가피하므로, 갈등이 생겼을 때 상대방과 의견을 조율하면서 갈등을 관리하는 것이 필요하다. 또한, 갈등은 본래부터 좋거나 나쁜 것이 아니며, 갈등의 결과가 항상 부정적인 것도 아니라는 점을 인식하는 것이 필요하다. 그러나 갈등이 해결되지 않고 방치된다면 개인 간의 신뢰나 팀의 발전을 저해할 수 있다. 반면에 잘 관리한다면 갈등을 통해 합리적인 의사결정을 이끌어 낼 수 있다. 중요한 것은 '어떻게 갈등을 관리하느냐' 하는 것이다.

2 갈등의 원인과 단계

효과적으로 갈등을 관리하기 위해서는 갈등이 무엇에 의한 것인지 갈등의 원인과 쟁점, 갈등이 변화하는 단계와 과정을 이해하는 것이 필요하다. 갈등의 상황은 다양하지만 갈등의 구조는 비슷하기 때문에 갈등관리를 위해 갈등 원인과 변화과정을 이해하는 것이 필요하며, 이를 구체적으로 살펴보면, 다음과 같다(NCS국가직무능력표준, 2015b).

1) 갈등의 원인

갈등해결을 위해서는 갈등의 원인과 쟁점을 탐색해야 한다. 갈등은 주로 핵심적인 문제나 감정적인 문제로부터 유발되며, 두 가지 쟁점들이 교차한다〈표 9〉. 주된 갈등이 어떤 일을 하는 방법에 기인한 것이라고 할지라도 자존심을 위협하거나 분노 유발과 같은 감정적인 문제들이 갈등의 강도를 높일 수 있다. 갈등의 원인이 된 핵심적인 문제들(예 업무과제에 대한 역할 모호성)은 대부분 갈등의 밑바닥에 깔려 있는 반면에, 감정적인 문제들은 갈등을 복잡하게 만든다. 갈등해결을 위해서는 먼저 핵심적인 문제부터 해결해야 한다.

〈표 9〉 갈등의 두 가지 쟁점

핵심 문제	감정 문제
역할 모호성 방법에 대한 불일치 목표에 대한 불일치 절차에 대한 불일치 책임에 대한 불일치 가치에 대한 불일치 사실에 대한 불일치	공존할 수 없는 개인적 스타일 통제나 권력 확보를 위한 싸움 자존심에 대한 위협 질투 분노

2) 갈등의 단계

갈등은 한순간에 발생하여 끝나는 것이 아니라 갈등의 쟁점이 변화하고 고조되었다가 진정되는 일련의 과정을 거치게 된다. 사소한 문제라고 생각했던 것이 생각지 않게 큰 문제가 되어 어려움을 겪기도 한다. 갈등의 과정은 몇 단계를 거치면서 진행되는데 이를 살펴보면 다음과 같다.

(1) 1단계: 의견 불일치

인간은 다른 사람들과 함께 부딪히면서 살아가게 되는데, 서로 생각이나 신념, 가치관이 다르고 성격도 다르기 때문에 다른 사람들과 의견의 불일치를 가져온다. 많은 의견 불일치는 상대방의 생각과 동기를 설명하는 기회를 주고 대화를 나누다 보면 오해가 사라지고 더 좋은 관계로 발전할 수 있지만 사소한 오해로 인한 작은 갈등이라도 그냥 내버려 두면 심각한 갈등으로 발전하게 된다.

(2) 2단계: 대결 국면

의견 불일치가 해소되지 않으면 대결 국면으로 빠져들게 된다. 대결 국면에서는 이제 단순한 해결방안은 없고 제기된 문제들에 대하여 새로운 다른 해결점을 찾아야 한다. 일단 대결 국면에 이르게 되면 감정이 개입되어 상대방의 주장에 대한 문제점을 찾기 시작하고 자신의 입장에 대해서는 여러 가지 이유로 옹호하면서 양보를 완강히 거부하게 된다. 서로의 입장을 고수하려는 강도가 높아지면서 서로 간의 긴장은 더욱 높아지고 감정적인 대응이 더욱 격화되어 간다.

(3) 3단계: 격화 국면

격화 국면에 이르게 되면 상대방에 대하여 더욱 적대적인 현상으로 발전해 나간다. 이 단계가 되면 설득을 통해 문제를 해결하려고 하기 보다는 강압적, 위협적인 방법을 쓰려고 하며 극단적인 경우에는 언어폭력이나 신체적인 폭행으로까지 번지기도 한다. 이 단계에서는 서로에 대한 불신과 좌절, 부정적인 인식이 확대되면서 상대방의 생각이나 의견, 제안을 부정하고 다른 상대방도 그에 대한 반격으로 대응함으로써 자신들의 반격을 정당하게 생각한다.

(4) 4단계: 진정 국면

시간이 지나면서 정점으로 치닫던 갈등은 점차 감소하는 진정 국면에 들어선다. 계속되는 논쟁과 긴장이 귀중한 시간과 에너지만 낭비하고 이러한 상태가 무한정 유지될 수 없다는 것을 느끼고 점차 흥분을 가라앉히고 이성과 이해의 상태로 돌아가려 한다. 그러면서 협상이 시작되며, 협상과정을 통해 쟁점이 되는 주제를 논의하고 새로운 제안을 하고 대안을 모색하게 된다. 이 단계에서는 중개자, 조정자 등의 제3자가 개입함으로써 갈등 당사자 간에 신뢰를 쌓고 문제를 해결하는 데 도움이 되기도 한다.

(5) 5단계: 갈등 해소

진정 국면에 들어서면 갈등 당사자들은 문제를 해결하지 않고는 자신들의 목표를 달성하기 어렵다는 것을 알게 된다. 경우에 따라서는 결과에 다 만족할 수 없는 경우도 있지만 갈등 해소를 하려고 한다. 서로 간에 쌓인 갈등 해소는 회피형, 지배형, 배려형, 타협형, 통합형 등의 방법으로 이루어진다.

〈활동〉 갈등사례 분석하기

※ 최근 자신의 일상생활이나 직장업무에서 일어났던 갈등사례를 생각하면서 갈등이 누구와 무엇 때문에 발생했고 어떻게 고조되었다가 진정되었는지 변화의 전체 과정을 적어 보세요. 이 과정에서 갈등해결을 위해 개선이 필요한 부분이 있다면 무엇인지 토론해 봅시다.

1. 의견 불일치

2. 대결 국면

3. 격화 국면

4. 진정 국면

5. 갈등 해소

3 갈등관리하기

1) 갈등 관리유형

다양한 갈등상황에서 반응하는 갈등관리유형을 회피형, 지배형, 배려형, 타협형, 통합형의 다섯 가지로 구분하여 제시하면 다음과 같다(Rahim, 1985). 또한, 아래 사례연구에 제시된 교사들의 갈등상황을 읽고 갈등해결유형별로 어떻게 반응할지를 생각해 봅시다.

(1) 회피형

회피형(avoiding)은 자신과 상대방에 대한 관심이 모두 낮은 경우로서, 갈등상황에 대하여 상황이 나아질 때까지 문제를 덮어 두거나 위협적인 상황에서 피하고자 하는 경우이다. 회피형은 갈등상황으로부터 철회 또는 회피하는 것으로, 상대방의 욕구와 본인의 욕구를 모두 만족시킬 수 없게 된다. 이 전략은 '나도 지고 너도 지는 방법(I lose-You lose)'이다.

(2) 지배형

지배형(dominating)은 경쟁형(competing)이라고도 하는데 자신에 대한 관심은 높고 상대방에 대한 관심은 낮은 경우로서, 상대방의 목표 달성을 희생시키면서 자신의 목표를 이루기 위해 전력을 다하는 경우이다. 이 전략은 '나는 이기고 너는 지는 방법(I win-You lose)'이다.

(3) 배려형

배려형(obliging)은 수용형(accomodating)이라고도 하는데 자신에 대한 관심은 낮고 상대방에 대한 관심은 높은 경우로서, 상대방의 관심을 충족하기 위하여 자신의 관심이나 요구는 희생함으로써 상대방의 의지에 따르는 경향을 보인다. 이 방법은 상대방이 거친 요구를 해오는 경우에 전형적으로 나타나는 반응으로, '나는 지고 너는 이기는 방법(I lose-You win)'이다.

(4) 타협형

타협형(compromising)은 자신에 대한 관심과 상대방에 대한 관심이 중간 정도인 경우로서, 서로가 받아들일 수 있는 결정을 하기 위하여 타협적으로 주고받는 방식(give and take)을 말한다. 즉 갈등 당사자들이 반대의 끝에서 시작하여 중간 정도 지점에서 타협하여 해결점을 찾는 것이다. 갈등 당사자 간에 불신이 클 때에는 이 방법은 실패한다.

(5) 통합형

통합형(integrating)은 협력형(collaborating)이라고도 하는데, 자신은 물론 상대방에 대한 관심이 높은 경우로서 '나도 이기고 너도 이기는 방법(win-win)'을 말한다. 이 방법은 문제해결을 위하여 서로 간에 정보를 교환하면서 모두의 목표를 달성할 수 있는 윈–윈(win–win) 해법을 찾는다. 아울러 서로의 차이를 인정하고 배려하는 신뢰감과 공개적인 대화를 필요로 한다. 통합형이 가장 바람직한 갈등해결유형이라 할 수 있다.

앞서 진단하기에서 검사했던 자신의 갈등관리유형을 생각하면서 갈등상황에서 자신이 어떤 갈등관리유형을 사용하고 있는지 반응패턴을 점검할 수 있을 것이다. 각 각의 갈등관리유형은 모두 장점과 한계점을 가지고 있기 때문에 갈등관리유형 중 어떤 것이 갈등해결의 최선의 방법이라고 할 수 없으며 갈등상황과 갈등의 대상에 따라 적절한 갈등관리전략을 사용하는 것이 필요하다.

〈사례연구〉

※ 아래 제시된 교사들의 갈등상황을 읽고, 갈등관리유형별로 L교사가 어떻게 반응할지를 생각해 봅시다. 이러한 갈등해결방법 중 자신이 선택할 가능성이 가장 높은 반응은 어떤 유형일까요?

S 어린이집에서 일하고 있는 교사 K는 주임교사이며 리더십이 있고 일은 잘하지만 자기주장이 강한 편이다. K 주임교사는 이틀 후에 있을 부모참여 수업에 필요한 수업자료(밀가루, 여러 가지 색가루 등)를 교사 L에게 추가적으로 구입해달라고 했으나 아직 구입을 해 주지 않아 두 차례 독촉을 한 상태이다.
교재교구 구입을 책임지고 있는 교사 L은 난감해하고 있다. 필요한 교재교구는 전 달에 미리 주문을 하여 이미 주문이 된 상태이고 월에 사용가능한 교재교구금액은 규정으로 정해져 있기 때문에 먼저 신청한 교재교구를 구입해야 하는데 주임교사 K는 부모참여 수업에 필요하다고 막무가내로 추가구입을 주장하고 있다.
교사 L은 월요일 낮잠시간에 교사실로 가는 도중에 교사실에서 주임교사 K가 나오는 것을 보았다.

L 교사의 갈등해결방법은?

- 회피형

- 지배형

- 배려형

- 타협형

- 통합형

2) 윈-윈(win-win) 갈등관리법

갈등을 효과적으로 관리하기 위해서는 각자의 입장을 탐색하고 의사소통 채널을 개방하며, 다른 사람을 참여시켜 개방적으로 토의하는 것도 필요하다. 또한, 이해된 부분을 검토하고 누가 옳고 그른지에 대한 논쟁이나 비난의 행동은 피하는 것이 좋다.

양쪽 모두가 만족하는 윈-윈 갈등관리법을 제시하면 다음과 같다(Zoglio, 1997).

(1) 충실한 사전 준비

- 자신의 입장/이익을 파악한다. '나는 무엇을 원하는가? 나는 왜 그것을 원하는가?'라고 스스로에게 물어본다.
- 상대방이 주장하는 입장과 근원적인 이익에 대해 생각한다. '상대방은 무엇을 원하는가? 상대방은 왜 그것을 원하는가?'를 스스로에게 물어본다.

(2) 긍정적인 접근 방식

- 상대방의 요구에 대해 생각해 봤음을 표시한다. "나는 당신에게 무엇이 중요한지에 대해 생각해 봤어요. 당신은 ~을 원하는 거죠, 그렇지 않나요?"
- 양쪽 모두가 만족하기를 원한다고 말한다. "나는 우리 둘 다 만족할 수 있는 해결책을 찾았으면 좋겠어요."
- 양쪽 모두가 만족하는 협력적인 과정이 되기 위해 최선을 다한다.

(3) 두 사람의 입장을 명확히 하기

- 동의하는 부분을 검토한다. "우리가 동의하는 부분을 검토해 보죠. 우리 둘 다 ~을 원하는 것이 맞나요?"
- 동의하지 않는 부분을 분명히 한다. "우리가 서로 다른 부분이 무엇인지 검토해 보죠. 당신은 ~을 원하고, 나는 ~을 원하는 것이 맞나요?"

(4) 가능한 모든 해결방법 모색하기

- 해결책을 평가하기보다는 여러 가지 가능성을 만들어 내는 것에 동의한다.
- 함께 가능한 모든 해결책에 대해 브레인스토밍을 한다.

(5) 최종해결책을 선택하고, 실행하는 것에 동의하기

이상의 윈-윈 갈등관리법과 반대로 갈등을 증폭시킬 수 있기 때문에 구성원들이 피해야 할 행동들이 있는데 이는 다음과 같다.

- 갈등을 승패의 문제로 생각하여 문제해결보다 승리하는 것에 초점을 둔다.
- 각자의 입장만을 고수하고 의사소통의 폭을 줄이며 서로 접촉하는 것을 꺼린다.
- 자신의 입장에서 감정적으로 논평하고 제안한다.

적용하기

- **'신발 바꿔 신기' 역할극**
  갈등상황에서 해결방법 찾아보기 〈부록 26〉

12
교사로서 유아의 마음 공감하기

목표

1. 유아의 정서능력발달과 정서표현의 특징을 이해한다.
2. 유아의 정서를 공감하고 상호작용하는 능력을 증진한다.

교사라면 누구나 유아와 좋은 수업을 하고 싶어 한다. 좋은 수업이란 유아가 재미를 느끼고, 유아가 직접 경험을 함으로써 교사와 유아 모두가 만족하는 것(김안나, 2011), 유아 간에 질적인 상호작용과 협동이 활발한 수업(정남미, 2016)으로, 학습자 입장에서 의미 있는 학습이 이루어지는 것이다. 그러기 위해서는 교사-유아 간 관계가 중요하며, 관계를 잘 맺기 위해서는 정서적 이해가 필요하다. 가르치고 배우는 과정에서 교사와 유아는 인지적 상호작용뿐 아니라 정서적 상호작용을 하기 때문이다.

가르치는 일은 해석적인 활동으로, 교사는 매일 수백 번씩 유아의 행동을 해석하게 된다(Powell & Kusuma-Powell, 2013). 유아의 울음, 짜증, 공격적 행동 등이 무슨 의미인지에 대한 교사의 정서적 이해가 없다면 정서적 오해가 일어나게 된다. 이러한 이해가 부족할 경우 교사들은 유아가 위험한 행동을 하거나 친구를 때리는 등의 문제행동을 할 때 화를 더 많이 내게 되고 좌절과 실망을 경험할 수도 있다. 또한, 교사로부터 감정을 공감 받지 못한 유아는 자신의 감정표현에 문제가 있다고 생각하게 되어 자아존중감도 낮아지고 스트레스를 받게 된다.

따라서 유아의 부정적 정서표현과 문제행동 이면에 있는 마음을 이해하고 긍정적으로 상호작용할 수 있는 교사의 관계관리 능력이 필요하다. 이에 본 장에서는 유아기 정서표현의 특징과 정서능력 발달을 이해하고 교사가 유아의 정서를 공감하고 상호작용하는 전략에 대해 살펴보고자 한다.

진단하기

- **'유아들에게 나는 어떤 모습일까' 그림 그리기 〈부록 27〉**
  - 예비교사는 유아들에게 어떤 교사가 되고 싶은지 희망하는 모습을 그려 보세요.
  - 영아반 교사는 영아들에게 비친 나의 모습을 상상해서 교사가 그려 보고, 유아반 교사는 유아들에게 선생님의 모습을 그려 보라고 해 보세요.

1 유아의 정서 이해하기

유아들은 언제, 어떻게 정서를 표현하고 이해할 수 있게 되는가? 정서적 표현과 이해는 유아에게 중요한 의사소통 방법이다. 학자들은 유아들이 기본적인 정서를 표현하고 이해하는 능력은 일부 선천적으로 타고 나지만 부모 및 교사와의 상호작용을 통해 급속도로 학습되고 발달한다고 보고 있다. 유아의 정서능력이란 유아가 자신의 정서를 표현하며, 자신과 타인의 정서를 이해하고, 상황에 따라 정서를 조절할 수 있는 능력을 말한다. 유아의 정서능력 발달에 대해서 살펴보면 다음과 같다(정옥분 외, 2008; 조형숙 외, 2016).

1) 유아의 정서표현

정서표현이란 자신이 느끼는 정서를 외현적으로 드러내는 것을 뜻한다. 유아가 정서를 표현하는 형태나 빈도, 강도는 성장하면서 변화한다. 정서표현의 형태를 살펴보면, 신생아도 기쁨이나 슬픔 같은 기본 정서를 가지고 태어난다. 생래적으로 타고나며, 연령이나 문화권과 상관없이 모든 영아는 슬픔, 기쁨, 두려움, 화, 놀람, 혐오감 등의 정서를 나타내기 때문에 일차 정서 또는 기본 정서라고 부른다(Ekman, 2014). 아래 사진은 일차 정서의 예이다.

슬픔

기쁨

화

놀람

일차 정서는 영아기의 초기에 나타나지만 당황함, 부러움, 질투, 수치심, 죄책감, 자긍심과 같은 정서는 첫돌 이후에 나타나게 되며, 이를 이차 정서 또는 복합 정서라고 부른다. 이차 정서는 좀 더 복잡한 인지능력, 즉 자신에 대한 인식과 사회화를 통해 사회적 규준에 따라 자신의 행동을 평가하는 능력을 필요로 한다. 즉, 자신을 타인과 분리된 존재로 인식이 가능할 때 부러움이나 질투의 감정을 느끼게 되고, 안된다고 생각하는 행동을 했을 때 죄책감을 느끼게 되고, 어려운 일을 해냈을 때 스스로 자긍심을 느끼게 된다. 일차 정서에서 이차 정서로 정서 표현능력이 발달하는 과정을 정리하면 [그림 19]와 같다.

유아기가 되면 정서를 표현하는 단어를 사용하거나 이해하는 능력이 급속도로 증가한다. 3~4세경이 되면 유아는 기쁨, 슬픔, 분노, 놀람 등의 비교적 단순한 정서와 이를 야기하는 원인에 대해서도 이해를 하게 된다. 또한, 유아는 아직까지 진짜로 느끼는 정서와 허위로 표현하는 정서의 차이를 잘 구별하지 못하기 때문에 기뻐서 우는 경우, 아파도 참고 웃는 경우와 같이 진짜로 느끼는 정서와 표현하는 정서가 다를 때 혼란을 느낀다. 아동기가 되면 진짜로 느끼는 정서와 표현하는 정서가 다를 수 있음을 알게 되고, 동시에 한 가지 이상의 정서를 경험할 수 있음도 이해하게 된다.

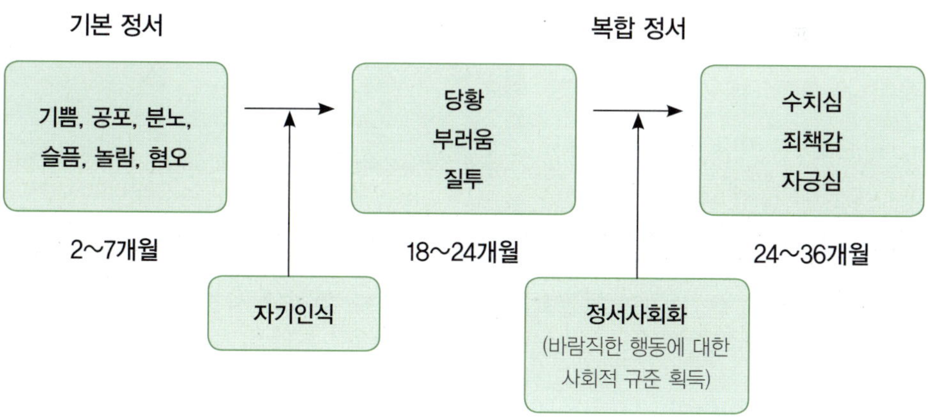

[그림 19] 유아의 정서표현 발달

정서표현의 빈도, 강도를 살펴보면, 유아들은 정서표현의 기복이 심하고 무의식적인 정서반응의 시기이기 때문에 배고픈지, 아픈지, 피곤한지, 심심한지 등의 자신의 정서 상태를 구분하여 명확하게 언어로 표현하지 못한다. 그로 인해 유아는 그저 울어버리거나 짜증을 내는 등 성인의 정서표현보다 더 자주, 더 강하게, 때론 더 부정적으로 정서를 표현할 수밖에 없다. 따라서 유아의 울음, 짜증, 분노 등의 정서표현은 발달과정에서 나타나는 자연스러운 현상이라 하겠다. 이후 유아가 성장하면서 무조건 소리를 지르며 분노를 표현하기 보다는 실망했을 때 입을 삐죽거리고 좌절했을 때 훌쩍거리며 흥분된 감정을 점차 말로 표현하게 된다. 이처럼 유아가 다양한 정서표현방식을 갖게 되는 것은 부모나 교사로부터의 정서사회화와 유아의 인지적·언어적 발달의 상호작용의 결과라 하겠다.

2) 유아의 정서이해

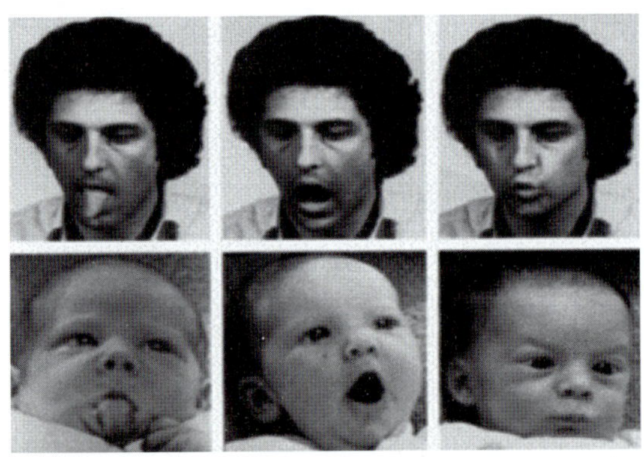

출처: Berk(1994)

유아는 언제 다른 사람의 정서를 인식할 수 있을까? 타인의 정서를 이해할 수 있는 능력은 정서지능의 초석이 되는 것으로, 생후 수일 이내에 영아는 행복이나 슬픔, 분노의 얼굴표정을 구분할 수 있다고 한다. Field 등(1982)은 출생 후 며칠이 안 된 신생아들도 성인의 얼굴표정을 구별하고 흉내 낼 수 있다고 보고하였다. 이 연구에서 영아들은 성인의 얼굴표정을 흉내 낼 수 있었고(사진 참조), 성인 관찰자들은 영아들이 흉내 낸 표정들을 관찰한 후 기쁨, 슬픔, 놀람 등의 정서를 비교적 정확하게 알아맞힌 것으로 나타났다.

10개월만 되어도 영아는 익숙하지 않거나 모호한 상황에서 타인의 얼굴표정을 단서로 이용하여 그 상황을 해석하고자 하는데, 이러한 현상을 사회적 참조(social referencing)라고 한다. 사회적 참조란 사건의 의미를 해석하기 위해 다른 사람의 얼굴표정과 정서적 상태를 활용하는 것으로, 영아는 낯선 사람이나 새로운 경험이 안전한지를 판단하는 데에 자신이 신뢰하는 성인을 활용하여 성인을 보면서 어떻게 반응해야 할지를 판단하는 것이다(Wittmer & Petersen, 2011). 사회적인 참조과정을 보여 주는 연구의 예로서 시각벼랑 실험이 있다(Gibson & Walk, 1960). 1세 영아와 어머니를 대상으로 시각벼랑과 같은 낯선 상황에서 영아가 어머니의 표정에 따라 어떻게 반응할지 실험하였다. 연구결과, 어머니가 기쁨이나 호기심을 표현했을 때 대부분의 영아들은 어머니 쪽으로 기어갔으나 어머니가 분노나 공포를 표현했을 때는 대부분의 영아가 어머니 쪽으로 건너가지 않았다. 즉 1세 된 영아는 환경을 이해하고 환경에 적응하는 데 타인의 얼굴표정을 단서로 이용하는 능력이 있음을 보여 주었다.

이와 같이 생후 1~2년 사이에 영아는 정서이해능력이 급격히 발달하게 되며 다른 사람의 감정을 함께 느끼는 감정이입 행동을 보인다. 앞서 살펴보았던 독일 심리학자 비숍 쾰러 박사의 걸음마기 유아의 공감실험에서처럼 유아의 감정이입 능력은 이른 시기에 발달한다.

3) 유아의 정서조절

정서조절이란 자신이 느끼는 정서를 그대로 표현하는 것이 아니라 사회적으로 수용되는 적절한 방식으로 정서를 표현하도록 조절함을 뜻한다. 아주 어린 영아기부터 정서조절 능력이 발달한다(조형숙 외, 2016). 영아는 출생 초부터 불쾌한 자극에 대해 얼굴을 찡그리거나 회피하기 위해 고개나 몸을 돌리고 손으로 밀치는 반응을 한다. 자기위로의 한 형태로 손을 입에 집어넣고 울거나 양육자에게 매달려 기분 좋은 상태를 유지하려 하기도 한다. 12개월경에는 몸을 앞뒤로 흔들거나 깨물거나 두려운 대상, 불쾌한 대상으로부터 뒤로 물러서며 부정적 정서유발을 감소시키는 책략을 발달시킨다.

또한, 유아들은 부모나 교사로부터 정서표현규칙을 보고 배움으로써 사회에서 용인되는 방식으로 정서를 조절하는 능력을 발달시키게 된다. 정서표현규칙(emotional display rules)이란 감정을 언제, 어떻게 표현하는지 알기 위해 성인으로부터 정보를 얻는 것을 말한다(Gottman, Katz, & Hooven, 1997). 일상생활에서 부모나 교사가 유아의 정서표현을 격려하고 공감해 주는지, 아니면 정서표현을 억제하고 통제하는지, 부정적 정서를 어떻게 조절하는지를 유아가 보고 배우는 것이다. 이와 같이 유아는 부모나 교사와의 관계 안에서 정서표현방식을 보고 배우기 때문에 부모나 교사가 유아의 정서사회화에 중요한 영향을 미치게 된다. 또한, 유아가 중요한 성인과의 관계 속에서 배운 정서표현방식은 이후 또래관계에서 어떻게 행동할지에도 영향을 미친다. 따라서 유아기에 유아가 주 양육자와 맺은 정서적 경험의 질은 유아의 정서발달에 중요한 역할을 하며 이후 원만한 대인관계에도 영향을 미친다(Wittmer & Petersen, 2011).

2 유아의 마음을 공감해 주는 감정코칭

한 번 가르쳐 준 것을 단번에 잘하는 아이는 없다. 교육은 한자로 가르칠 교(敎), 기를 육(育)으로, 목적한 바를 가르치고 가르친 것을 잘 이해하여 행위로 나타날 수 있도록 꾸준히 기르는 것을 의미한다. 교육의 한자 의미에 기초할 때 교사는 유아에게 사람들과 함께 지내는 방법과 감정을 적절하게 표현하는 방법을 가르쳐 주고, 일상생활에서 감정을 조절하고 바르게 표현하는 행동이 익숙해질 때까지 반복해서 지원해 주는 사람이라 하겠다. 따라서 교사의 역할은 유아의 감정을 무시함으로써 감정을 억제하게 하는 것이 아니라 유아에게 자신의 감정을 조절하고 적절하게 표현하는 방법을 가르쳐서 행동으로 익힐 때까지 지원하는 것이며, 이러한 교사의 지원은 유아가 보다 성숙하게 의사소통하는 방법을 배우는 데 도움이 될 것이다.

그렇다면 감정의 기복이 심하고 울음, 짜증, 분노 등의 정서표현이 잦고 강도가 강한 유아들의 마음을 어떻게 이해하고 긍정적으로 상호작용할 수 있을까? 유아가 화를 내고 큰소리로 울거나 물건을 던지거나 친구를 때린 문제 상황에서 교사가 평정심을 갖기는 어렵다. 감정코칭을 해야 할 교사가 화가 나 있거나 흥분해 있다면 감정코칭을 하지 않는 것이 좋다. 이러한 상황에서 다른 사람의 감정을 읽어 주고 지도하기란 쉬운 일이 아니기 때문이다. 감정코칭을 해야 할 사람이 흥분했을 경우뿐 아니라 다른 사람이 있을 때, 시간에 쫓길 때, 유아의 안전이 최우선일 때도 감정코칭을 하는 것은 적절하지 않다(최성애 등, 2011). 더욱이 대집단으로 운영되는 교실상황에서 유아들이 보이는 감정에 대해 매번 감정코칭을 하는 것은 현실적으로 불가능하다. 다만 문제 상황에서 교사가 이건 화를 내기 위한 것이 아니라 유아에게 '감정조절과 문제해결의 방법을 가르쳐야 될 상황'이라는 것을 인식하는 것이 필요하다. 교사가 이러한 인식을 갖는 것만으로도 화가 나는 감정은 절반으로 줄어들고 상황을 객관적으로 인식할 수 있게 될 것이다.

감정코칭의 핵심은 '먼저 공감하고 행동의 한계를 정해 준다.'는 것이다. 최성애 등(2011)이 제시한 부모를 위한 감정코칭의 단계를 유아교사에게 적용하여 유아의 마음을 공감해 주는 감정코칭 단계를 제시하면 다음과 같다.

1) 1단계: 행동 이면에 있는 유아의 감정 인식하기

유아의 행동만 보면 그 안에 숨어 있는 감정을 읽을 수 없다. 행동 속에 숨은 감정을 포착하는 것, 그것이 유아의 감정을 공감하고 지도하는 첫 단계이다.

유아가 울고 떼를 쓰고 짜증을 내고 소리를 지르고 친구를 때리는 등 어떤 형태로든 감정을 표현하는 것은 자신의 마음을 알아달라는 신호이다. 유아 또한 감정은 시시각각 느끼지만 자기감정의 정체도 모르고 적절한 언어나 행동으로 감정을 표현하지 못하기 때문에 그저 '나 지금 화났어요. 나 좀 봐 주세요.' 또는 '나 지금 너무 속상해요. 저를 좀 위로해 주세요' 등의 메시지를 보내는 것이다. 교사가 유아의 행동을 보는지, 아니면 유아의 감정을 보는지에 따라 교사의 반응은 완전히 다르게 나타날 것이다. 예를 들어, 어떤 아이가 울고 있을 때, 교사가 유아의 행동에만 초점을 맞춘다면 '너는 왜 울기만 하니? 울지 말고 이야기해 보자. 울지 않고 말을 해야 도와주지.'라고 반응할 것이다. 반면에 교사가 유아의 행동 이면에 감정을 이해하고자 한다면 '많이 속상하구나.' 또는 '지금 뭔가 굉장히 화가 난 것 같은데…' 라고 반응해 줄 것이다.

2) 2단계: 유아의 감정표현이 격해졌을 때를 감정코칭의 기회로 삼기

유아가 화, 분노, 짜증 등의 부정적 정서를 강하게 표현하거나 문제행동을 할 때 교사가 유아의 감정을 읽어 주지 못하면 유아의 행동은 더 격해진다. 예를 들어, 교사가 유아의 마음을 몰라준 채 유아의 행동만을 보고 '아휴, 시끄러워. 귀가 너무 아프네. 우리 반에서는 이렇게 행동하면 안 돼요. 동생 반으로 가야 할 것 같은데.'라고 말할 수 있다. 그렇게 되면 감정을 무시당한 유아는 '어, 이상하다. 내가 이렇게 힘든데 왜 아무도 나를 봐주지 않지?' 하고 자기감정에 더 빠져서 제발 내 기분 좀 알아달라는 마음으로 더 크게 울거나 발을 구르는 등 좀 더 과격하게 행동하게 될 것이다. 악순환의 연속이다.

유아가 부정적 정서를 강하게 표현하고 있을 때 성인의 논리적인 설득이나 설명은 통하지 않으며 유아는 오로지 정서적인 위안에 대해서만 반응을 보인다(Ginott, Ginott, & Goddard, 2003). 또한, 유아가 울고 떼를 쓰고 소리를 지를 때 이러한 부정적 정서표현을 강제적으로 조절하거나 통제하려는 교사의 비수용적 반응은 오히려 유아의 울음, 짜증, 분노 등의 부정적 정서반응을 강화시키고(김명희, 2000), 유아에게 불편함과 불안함을 주게 되어 결국 교사-유아 관계에 부정적 영향을 미치게 된다.

이처럼 유아의 감정이 누그러질 때까지 기다릴 생각으로 교사가 반응을 해 주지 않거나 강제적으로 통제하려 하면 유아는 더 힘들어할 수 있다. 대부분 교사들은 유아의 감정이 격해 있으면 대화가 안 되기 때문에 유아의 감정이 어느 정도 진정된 다음에 대화를 하려하거나 모르는 척하고 회피하려는 마음이 들기도 한다. 하지만 유아가 자신의 감정을 적절하게 표현하도록 지도하는 감정코칭은 유아가 감정을 보이는 순간이 가장 좋고, 특히 강한 감정을 보일 때가 감정코칭을 하기 좋은 때이다.

3) 3단계: 유아의 감정을 공감하기

감정코칭 1, 2단계까지는 교사가 유아의 감정을 알아차리고 감정코칭을 할 것인가, 말 것인가를 결정하는 단계이다. 유아와의 본격적인 대화는 3단계부터 시작된다. 3단계는 유아의 감정을 공감해 주는 단계로, 유아의 마음을 충분히 공감해 주게 되면 유아의 행동에 한계를 정해 줄 때 유아가 자연스럽게 받아들이게 된다. 감정코칭의 4단계 중 3단계 공감하기가 가장 중요하다.

(1) 공감하고 있다는 것을 표현하기

유아의 감정을 공감해 주는 데도 기술이 필요한데 '나는 네가 말하지 않아도 네 감정을 다 알고 있다'는 식으로 접근해서는 안 된다. 앞서 '너의 마음을 알아'에서 공감은 상대방이 하는 말을 상대방의 관점에서 이해하고 상대방의 감정을 함께 느끼는 것이며, 그 이해를 적절한 말로 전달하는 것이라고 학습하였다. 즉 공감은 경청과 피드백 제공을 포함한다.

예를 들어, 유아가 놀고 싶은 장난감을 가지지 못해서, 친구가 같이 놀아주지 않아서, 엄마가 늦게까지 데리러 오지 않아서 속상하고 화가 나 있다는 것을 교사가 알고 있다고 하자. 하지만 유아에게 표현하지 않으면 유아는 교사가 자신의 마음을 이해하고 있음을 알지 못한다. 따라서 유아의 감정을 이해하고 있음을 먼저 표현해 줘야 한다. 공감은 유아의 마음을 열고 속상하거나 짜증이 나 있는 마음을 누그러뜨릴 수 있게 해 준다. 교사가 유아의 마음을 충분히 읽어 주고 공감해 주었다면 행동의 한계를 정해 주었을 때 유아가 순순히 받아들이게 된다.

(2) 긍정적 감정, 부정적 감정 모두 공감해 주기

유아의 감정을 공감해 줄 때는 유아의 감정을 좋은 감정과 나쁜 감정으로 구분하여 감정에 편견이나 선입견을 갖지 말고 공감해 주는 것이 필요하다. 앞서 '나의 정서'와 '내 감정의 주인이 되라'에서 어떤 감정도 좋거나 나쁜 것이 아니며 맞거나 틀린 것도 아니라는 것을 이해하였다. 감정은 억누르고 무시한다고 해서 그 감정이 사라지는 것이 아니기 때문에 적절한 방법으로 표현하고 조절하는 것이 관건이라 하겠다. 따라서 유아가 자신의 감정을 조절하기 위해서는 먼저 감정을 이해하고 받아들일 수 있도록 공감해 주는 것이 중요하다.

교사는 유아가 너무 격한 감정표현을 하게 되면 놀라거나 걱정되거나 심한 거부감이 들 수 있다. 그래서 유아가 격한 분노나 미움의 감정을 보이면 교사는 그 감정을 인정하지 않거나 빨리 없애 주려고 노력하게 된다. 또한, 유아가 공포나 불안, 거부의 정서를 보일 경우 유아의 감정을 무시하고 새롭거나 두려운 일이라도 시도해 보도록 재촉하는 경우가 많다. 아래의 사례를 통해 교사의 적절한 공감적 반응에 대해 생각해 보자.

유아: 그 애 정말 미워! 없어져 버렸으면 좋겠어.	**교사 1:** 그런 말 하면 못써. 왜 그런 무서운 말을 하니?
	교사 2: 그래, 친구가 없어져 버렸으면 좋겠다는 생각이 들 정도로 화가 났구나. 하지만…

유아: (평균대를 보면서) 선생님, 무서워서 못할 것 같아요.	**교사 1:** 아니야, 하나도 안 무서워. 할 수 있어. 다른 친구들도 다 하잖아.
	교사 2: 평균대에서 떨어질까 봐 무섭구나. 선생님 손을 잡고 건너면 어떨까?

유아: 선생님, 김치가 매워서 못 먹을 것 같아요.	**교사 1:** 아니야, 하나도 안 매워. 그냥 먹어도 돼.
	교사 2: 김치가 매울까 봐 걱정이구나. 조금 작은 것으로 먹어 볼 수 있을까?

(3) 거울식 반영법을 사용하기

유아의 마음을 정확하게 이해하고 공감을 표현하기 위하여 '미러링(mirroring)', 즉 '거울식 반영법'을 사용한다. 유아가 감정을 이야기하면 그대로 따라서 한번 말해 주는 방식이다. '아, 그래서 화가 났구나', '기분이 나쁘고 속이 상했구나.'와 같이 유아의 말을 따라하면 공감표현이 쉬워진다.

(4) '왜?' 대신 '무엇', '어떻게'로 접근하기

'왜'라는 질문은 인지적인 사고를 요하는 질문이어서 공감의 맥을 끊을 수 있다. '왜'라는 질문대신 '무엇'과 '어떻게'를 사용해 대화를 하는 것이 좋다. 예를 들어, '왜 울어?'보다는 '지금 뭔가 굉장히 슬픈 일이 있는 것 같은데… 무슨 일이 있었어?'라고 묻는 것이다. 유아의 기분을 잘 모를 때는 '기분이 어때?'라고 물어보고 유아가 감정을 이야기하면 '정말 화가 났겠네', '속상했겠네.'라고 공감해 주는 것이다. 교사가 공감해 주면 유아는 교사가 자기편이라고 믿게 되고 꾸지람 받는 기분이 들지 않으며 이해를 받고 있다는 느낌을 받게 된다.

4) 4단계: 유아 스스로 문제를 해결할 수 있도록 하기

유아의 감정은 다 공감해 주어야 하지만 행동은 모두 받아 주어서는 안 된다. 친구가 애써 만든 블록을 망가뜨려 속상하고 화나는 감정은 충분히 공감해 주어야 하지만 그렇다고 친구를 때리거나 욕하거나 발로 차는 행동을 허용할 수는 없다. 훈육은 해야 할 행동을 하도록, 하지 말아야 할 행동을 하지 않도록 지도하는 것이다.

먼저 공감하고 행동의 한계를 정해 주며 유아가 스스로 해결책을 선택하도록 돕는다. 유아가 스스로 해결책을 충분히 생각할 수 있도록 '다른 방법은 없을까? 더 좋은 방법은 없을까?'라고 질문한다. 유아가 해결책을 제시하면 '그거 좋은 생각이네. 그런 방법이 있었구나.'라고 긍정적으로 반응해 주고, 유아가 생각이 떠오르지 않는다고 하면 교사가 제안을 하고 유아가 선택하도록 도와준다.

친구가 네가 애써 만든 블록을 망가뜨렸구나. 정말 속상했겠다. 선생님이라도 화가 많이 났을 거야	➡ 유아의 감정 공감하기
하지만 화가 났다고 친구를 때리는 건 안 돼.	➡ 행동의 한계 정해 주기
다른 방법은 없었을까?	➡ 문제해결방법 찾기

〈사례연구〉

※ 감정코칭을 위한 적절한 상호작용을 적어 보세요.

(놀잇감 때문에 친구를 때린 유아에게) 네가 그 자동차를 가지고 놀고 싶어 하는 것을 알아.	➡ 유아의 감정 공감하기
	➡ 행동의 한계 정해 주기
	➡ 문제해결방법 찾기

3 유아의 부정적 정서와 행동에 대한 반응적 상호작용전략

'유아가 떼를 쓸 때 반응해 주게 되면 유아의 부정적 행동을 부추기고 유아에게 부정적인 영향을 주는 것은 아닐까?' 하고 고민했다면 이제는 교사가 유아의 부정적 감정을 읽어 주지 않으면 유아의 행동은 더 격해지고 문제해결에 도움이 되지 않는다는 것을 이해하게 되었을 것이다. 교사의 역할은 유아의 감정을 무시함으로써 억제하거나 통제하게 하는 것이 아니라 유아에게 자신의 감정을 표현하는 적절한 방법을 가르치는 것이다.

유아에게 감정코칭을 하는 데 활용할 수 있는 반응적 상호작용전략을 제시하면 다음과 같다(Wittmer & Petersen, 2011).

첫째, 유아의 감정을 공감하라.

모든 감정에는 이유가 있다. 유아의 입장에서 경험을 이해한다면, 유아에게 도움이 되는 방식으로 감정이입하고 지원해 줄 수 있다.

형식: ㅇㅇ이는 _______ 하구나. 어떻게 도와줄까?
난 ㅇㅇ이가 ___________ 하고 싶어 하는 것을 알아.

예 (짜증부리는 아이에게) 오늘 기분이 안 좋구나. 어떻게 도와줄까?
(바깥놀이를 더 하겠다고 떼쓰는 경우) 많이 속상하구나. 모래놀이를 더 하고 싶어 하는 것을 알아.

둘째, 유아에게 감정을 표현하는 언어표현을 알려 주어라.

유아가 자신의 감정을 표현하도록 돕는 데 초점이 있다. 교사가 유아의 감정을 묘사해 주는 말을 할 때 교사가 사용하는 말은 유아에게 정서표현의 모델이 된다. 이때 교사도 자신이 느끼는 감정을 나 메시지(I message)로 표현해 줄 수 있으며, 이를 통해 유아와 감정을 나눌 수 있다.

형식: ○○아, 이럴 때 '선생님, 난 ______ 해요.' 라고 말할 수 있어.

예 (엄마와 헤어져서 울고 있는 경우) 속상해서 울고 있구나. 이럴 때 '선생님 저 슬퍼요'라고 말할 수 있어.
선생님도 ○○이가 나한테 소리치고 울면 속상해져.

셋째, 유아에게 행동의 한계를 설정해 주어라.

유아의 감정은 공감해 주지만 유아 자신과 다른 사람들의 안전을 위해서 한계를 설정해 주는 것이 필요하다.

형식 : ○○이가 ____________ 한 것은 알아. 하지만 ____________ 하는 것은 안 돼.

예 (놀잇감을 빼앗겨서 친구를 때린 아이에게) 친구가 놀잇감을 가져가서 화가 난 것은 알아. 하지만 화가 났다고 해서 친구를 발로 때리는 것은 안 돼.

넷째, 유아가 타인의 관점을 수용할 수 있도록 도와라.

교사가 타인의 입장에 대한 안내를 하면 유아는 다른 사람이 어떻게 느끼는지에 대해 생각하게 된다. 다른 유아의 표정을 살피고, 다른 유아의 감정을 알고, 아프게 한 유아를 어떻게 도울지 생각해 보게 된다.

형식 : ○○이가 ____________ 해서 ____________ 하고 있잖아.

예 (놀잇감을 빼앗은 아이에게) ○○이가 속상해서 울고 있잖아.
(친구를 문 아이에게) 봐, ○○이가 아파서 울고 있잖아.

다섯째, 유아에게 의사소통하는 법을 가르쳐라.

유아가 그 상황에서 어떻게 말해야 하는지 구체적으로 알려 주는 것이 필요하다. '넌 이렇게 말할 수 있어.'라는 표현은 문제해결을 위해 공격적으로 행동하는 것이 아니라 말로 할 수 있다는 것을 유아에게 가르칠 때 반복하여 사용할 수 있다.

형식 : 이럴 때 넌 이렇게 말할 수 있어. ____________________.

예 (장난감을 갖고 싶을 때) 친구에게 이렇게 말하면 돼. '빌려 줄래?'
(장난감을 가져가지 못하게 할 때) '안 돼, 나중에 줄게.'하고 말하면 돼.
(장난감을 뺏은 친구를 문 영아에게) 물지 말고 ㅇㅇ에게 '안 돼'라고 말하면 돼.

여섯째, 유아를 상황에서 배제하기(time-out)보다는 유아와 함께 있으면서 (time-in) 문제 상황을 해결하라.

타임아웃은 유아가 잘못했을 때 다른 사람으로부터 떨어져 혼자 있게 하거나 타임아웃 의자 또는 영역에 있도록 하는 방법이다. 교사들은 행동을 지도하는 방법으로 타임아웃을 사용하면서 유아를 분리된 장소에 있게 하거나 물지 않는 것을 배울 수 있을 때까지 거기에 있으라고 말한다. 그러나 유아는 보통 타임아웃에 처할 때 무슨 일이 일어났는지, 왜 그런 일이 일어났는지, 자신이 어떻게 행동하는 것이 옳은지에 집중하기보다는 타임아웃 상황에 있는 자신의 처지에 집중하여 울거나 떼를 쓸 수도 있고 다른 생각을 하는 데 시간을 보낼 수 있다. 따라서 교사는 타임아웃의 목적이 벌을 주는 데 있는지, 아니면 교육에 있는지 생각해 볼 필요가 있다. 교육하고자 한다면 교사는 유아와 함께 있으면서 유아를 진정시킨 후에 때리거나 물기, 던지기 등의 행동 대신에 어떻게 행동할 수 있을지를 가르치는 것이 바람직하다.

적용하기

- 나를 힘들게 하는 아이에게 편지쓰기 〈부록 28〉

13

교사로서 나의 마음 공감하고 돌보기

목표

1. 교사의 감정 근원인 초감정과 정서반응 유형을 탐색한다.
2. 교사의 정서를 돌보고 긍정적 정서를 유지하기 위한 전략을 개발한다.

교실 내에는 교사와 유아의 정서가 공존한다. 교사의 정서도 유아와의 상호작용과 교실 전체 분위기에 영향을 미치지만, 유아의 정서도 교사에게 영향을 미친다. 즉 교사들은 유아와 애착을 형성하고 성장하는 모습을 보며 기쁨과 보람, 성취감 등의 긍정적 정서를 경험하지만 울고 떼쓰고 고집부리는 유아들을 장시간 지도하다 보면 긴장, 불안, 화 등의 부정적 정서를 경험할 수밖에 없다.

이처럼 예측하기 어려운 영유아의 요구와 부정적 정서표현에 맞닥뜨렸을 때 교사가 유아와 긍정적으로 상호작용하기 위해서는 무엇보다 교사의 정서역량이 필요하다. 즉 유아가 부정적인 정서표현을 했을 때 교사가 느끼는 정서의 종류와 강도를 인식하고 자신의 불균형 상태에 있는 정서를 안정시키고 효과적으로 조절하는 능력이 필요하다.

교사로서 특별히 유아의 어떤 정서표현에 대해 민감하고 강하게 반응하는 것이 있는가, 유아의 짜증, 분노, 슬픔 등의 감정에 대해서 어떻게 반응하는가, 현재 영유아와 지낼 때 나를 화나고 슬프고 좌절시키고 힘들게 하는 상황이 있다면 어떤 것인가 등에 대한 이해가 필요하다. 이에 본 장에서는 교사가 부정적 정서에 대해 가지고 있는 초감정과 유아의 정서표현에 대한 정서반응 유형을 알아보고, 유아를 지속적으로 가르치고 돌보는 과정에서 교사 자신이 경험하는 정서적 어려움과 조절방안에 대해 살펴보고자 한다.

진단하기

유아의 정서표현에 대한 교사의 정서반응 유형 〈부록 29〉

1 교사의 정서 이해하기

1) 교사의 정서

유아교사는 매일 일상에서 어떤 정서들을 경험할까? 유아교사의 정서경험과 정서경험이 미치는 영향에 대해 살펴보면 다음과 같다.

첫째, 교사는 직무수행과정에서 매일 다양한 정서를 경험한다.

유아교사는 유아, 학부모, 원장 및 동료교사 등의 많은 사람들과 영향을 주고받으며, 행복이나 기쁨 등의 긍정적인 정서뿐만 아니라 불안, 화, 짜증, 긴장, 좌절, 우울 등의 부정적인 정서도 경험하게 된다.

교사들이 경험하는 정서를 분석한 선행연구들을 살펴보면, 이승미, 이승연(2009)은 교사들이 영아와의 개별적인 애착형성에서 보람과 기쁨을 느끼고 영아가 성장하는 모습에서 성취감도 느끼지만 영아와 의사소통이 되지 않을 때, 하루 일과에서 개인적인 시간을 갖지 못하고 영아들과 하루 종일을 보내야 할 때, 육체적·정신적 노동이 많이 요구될 때 어려움과 난감함을 경험한다고 보고하였다. Goldstein과 Lake(2000)도 한정된 능력을 가진 영유아들을 지속적으로 돌보는 것은 교사에게 정서적인 긴장, 화, 소외감 등을 유발한다고 하였다. 고동섭(2018)은 직무상황에서 영아교사들이 긍정정서를 부정정서보다 더 많이 경험하였는데 긍정정서는 오전 자유놀이 시간에 가장 많이 느꼈고 부정정서는 점심식사 지도를 할 때 가장 많이 느낀다고 보고하였다. 또한 조혜진(2007)은 영아반 초임교사들이 고집부리고 떼쓰고 울음으로 문제를 해결하려는 영아들을 지도할 때 교사 스스로 감정 통제가 되지 않는 경험을 했다고 보고하였다. 이처럼 영유아와의 관계에서 교사들은 예측하기 어려운 영유아의 요구와 일상의 반복되는 문제들을 지도할 때 교사 자신의 요구보다 영유아의 입장에서 생각해야 하기 때문에 대단한 감정소모와 부정적인 정서를 경험하고 있다고 하겠다.

둘째, 교사의 정서는 유아와의 상호작용, 교실분위기 등에 중요한 영향을 미친다.

이러한 교사의 다양한 정서는 교실상황에서 교사의 교수행위와 합리적인 의사결정에 중요한 영향을 미친다. Rowe 등(1999)은 영아들이 교사의 비언어적 표현을 빨리 알아차리기 때문에 교사의 부정적인 정서는 학급을 혼란에 빠뜨릴 수 있지만 교사의 긍정적 분위기와 태도는 학급의 안정에 중요한 영향을 미친다고 하였다. Wittmer와 Petersen(2011)은 성인의 목소리가 다급하거나 날카롭거나 비판적이거나 화가 난 것처럼 들릴 때 영유아는 성인이 가지고 있는 정서의 톤을 감지하여 불안감을 보이거나 긴장하기 때문에 기분 좋은 정서의 톤을 유지하는 것이 필요하다고 하였다. Day(2007)도 교사의 정서가 가르치는 일의 중심이 되기 때문에 교사는 부정적인 정서보다 긍정적인 정서를 많이 가지고 있어야 한다고 보았다.

셋째, 교직은 정서노동이 많은 직업으로, 유아교사의 직무특성상 감정소모가 많고 심리적 소진을 경험할 수 있다.

가르치는 일은 스트레스가 많은 직업 중 하나이다(Palomera et al., 2008). 교사는 매일의 일과에서 자신의 정서뿐 아니라 학습, 부모, 동료 등 타인의 정서도 조절하기 위해 노력을 기울여야 하는 사회적 상호작용을 해야 하기 때문이다. 특히 유아교사들은 다른 학령기 교사에 비해 애착과 정서적 보살핌이 필요한 영유아들을 대상으로 하기 때문에 감정소모가 많고 부정적 정서를 느끼더라도 이를 억누르고 긍정적인 정서를 드러내야 하기 때문에 더욱 어렵다(조혜진, 김수연, 2016).

또한, 매일 반복되는 일과 속에서 지속되는 유아교사의 정서적 몰입과 정서활용은 정서적인 고갈이나 부조화, 소진을 경험하게 하고, 직무에 대한 회의감이나 정서적인 거리감을 느끼게 할 뿐 아니라 직무만족도를 낮아지게 하는 결과를 초래한다(이진화, 2007; Hargreaves, 2000). 따라서 유아교사의 직무특성상 경험하게 되는 긴장이나 불안, 화, 슬픔 등의 부정적 정서를 조절하고 심리적 소진을 예방하기 위해서 교사의 효과적인 정서관리가 필요하다.

2) 내 감정의 근원 '초감정' 이해하기

유아교사는 자기 자신을 잘 알아야 한다. 자신이 분노, 슬픔, 화와 같은 정서에 대해 어떻게 생각하는지, 유아가 표현하는 부정적 정서에 대해 어떻게 생각하고 지도하고 있는지 이해하는 것이 필요하다. 즉 유아의 감정을 읽고 공감해 주려면 먼저 교사 스스로 자신의 감정부터 인식하는 것이 필요하다. 이러한 교사의 자기 정서인식은 교사가 현재 느끼는 감정뿐 아니라 나도 모르는 내 감정의 근원, 초감정을 인식하는 것까지 포함한다.

초감정이란 상위정서라고도 하는데 미국의 심리학자인 Gottman 등에 의해 소개된 개념으로 영어로는 'meta-emotion'이다. 'meta'는 '~뒤에', '~넘어서'라는 뜻이므로 결국 초감정은 '감정 뒤에 있는 감정', '감정을 넘어선 감정', '감정에 대한 생각, 태도, 관점, 가치관' 등을 의미한다. 초감정은 주로 감정이 형성되는 유아기의 경험과 환경, 문화 등의 영향을 받아 형성된다. 비교적 오랜 시간에 걸쳐 자신도 모르는 사이에 형성되며 비슷한 상황에서 무의식적인 반응으로 나타나기 때문에 초감정을 본인 스스로도 알아차리지 못하는 경우가 많다(최성애 외, 2011).

초감정(meta-emotion)

J. M. Gottman

정서에 대한 신념이나 태도 및 가치관을 의미하는 '초감정', '상위정서철학(meta-emotion philosophy)'은 1996년 Gottman, Katz와 Hooven에 의해 소개된 개념으로 부정적 정서인 슬픔과 분노에 대한 연구로부터 시작되었다. 상위정서철학 구조의 핵심원리는 부모가 가진 정서에 대한 신념 및 태도는 자녀의 정서사회화 과정에 영향을 미치고 자녀의 발달과 연관된다는 것이다. 즉 부모 자신이 부정적 정서에 대해 어떠한 가치관을 가지고 있는지에 따라 자녀의 정서적 경험에 대한 반응행동이 달라지며 이는 곧 자녀의 발달 전반에 영향을 미친다는 것이다. 여기서 부모의 초감정에 따라 나타나는 부모의 정서반응 유형을 축소전환, 억압, 방임, 정서코칭 네 가지로 제시하였다.
최근 교사교육자들은 유아의 정서사회화에 있어서 부모 외에도 교사의 모델링과 정서반응이 중요한 영향을 미친다는 것에 주목하고 있으며(권용미, 2015; 안혜준, 2005; Wittmer & Petersen, 2011), 교사의 정서신념, 정서반응 유형과 유아의 발달에 대한 연구도 실행되고 있다.

교사가 유아의 감정을 공감해 주기 위하여 자신의 초감정을 인식하는 일은 중요하다(마혜진, 2014). 자신에게 어떤 초감정이 있는지를 모른다면 아이의 감정을 제대로 읽어 줄 수 없기 때문이다. 예를 들어, 유아의 큰소리를 유난히 싫어해서 유아가 화를 내거나 짜증이 나서 큰 소리를 내면 심하게 혼을 내는 교사가 있다고 하자. 큰 소리가 유난히 싫고 거슬리는 감정, 그 감정 속으로 들어가 근원을 살펴보니, 어릴 적 큰소리를 쳐서 집안을 공포의 분위기로 몰고 갔던 아버지에 대한 공포, 미움, 분노, 무기력감, 불안 등의 감정이 깔려 있었던 것이다. 이처럼 큰소리를 싫어하는 교사가 그것이 자신의 초감정인지를 모르는 상태에서 유아가 화를 내거나 짜증이 나서 큰소리를 낼 때, 유아의 감정을 읽어 주기 전에 자신의 감정을 강하게 표출한다면 유아의 감정에 적절히 반응하지 못하고 유아와의 관계에도 부정적인 영향을 미치게 될 것이다. 또 다른 예로, 불안이나 두려움이 많아서 새로운 물건이나 낯선 상황에서 울거나 위축돼서 '못해요'라고 말하는 유아에 대해서 유난히 심하게 다그치는 교사가 있다고 하자. 유아의 두려움, 소심함이 답답하고 수용되지 않는 감정, 그 감정의 근원을 탐색해 보니 어린 시절 호기심이 많고 활달했던 자신에게 조신하지 못하다고 매사에 혼을 냈던 어머니의 경고, 금지에 대한 기억, 수치심 등이 반대로 작용했던 것이다.

이와 같이 교사 자신의 개인사와 내면적 탐색은 교사가 자기 자신을 이해하는데 도움이 된다(Honig, 1986). EBS다큐프라임(2014)은 '모성회복 프로젝트'에서 어린 시절 엄마로부터 감정적 공감과 수용을 받지 못하면 미해결과제로 남게 되고, 이는 초감정에 부정적인 영향을 미친다고 하였다. 유아기에 아이는 엄마의 표정에서 감정을 배우고 행동까지 따라하게 되는 정서사회화가 이루어지기 때문이다.

〈활동〉 내 안에 있는 '초감정' 이해하기

초감정은 무의식중에 나타나기 때문에 자신의 초감정을 이해하려고 노력하지 않으면 알기가 어렵다. 우선 어떤 상황에 필요 이상으로 민감하게 반응한다면, 자신도 모르는 어떤 초감정이 있다고 의심해 볼 필요가 있다. 그런 다음 언제부터 그런 감정을 느꼈는지 기억을 거슬러 올라가면 초감정의 근원을 알 수 있다. 초감정이 있을 것이라 유추되는 특별한 상황이 없더라도 슬픔, 분노, 미움, 질투 등 각각의 감정을 다음과 같은 질문에 따라 점검하다 보면 자신의 초감정을 이해하는 데 도움이 될 것이다. 아래 질문은 가트맨(Gottman)의 초감정 점검 리스트이다.

① 분노에 대하여
- 어릴 때 분노에 대한 경험이 있었는가?
- 가족들은 분노를 어떻게 표현했는가?
- 당신이 화났을 때 부모님은 어떤 반응을 보이셨는가?
- 당신의 어머니(아버지)는 화날 때 어떠셨는가?
- 무엇이 당신을 화나게 하는가?
- 화날 때 당신은 무엇을 하는가?

② 슬픔에 대하여
- 어릴 때 슬픔에 대한 경험이 있는가?
- 가족들은 슬픔을 어떻게 표현했는가?
- 당신이 슬플 때 부모님은 어떤 반응을 보이셨는가?
- 당신의 어머니(아버지)는 슬플 때 어떠셨는가?
- 무엇이 당신을 슬프게 하는가?
- 슬플 때 당신은 무엇을 하는가?

자신의 초감정을 이해하는 데 분노와 슬픔 중 하나라도 생각해 보면 도움이 될 것이다. 미움, 질투, 두려움, 기쁨, 놀람, 혐오, 실망, 사랑 등으로 질문을 바꿔 답변을 적을 수 있다. 초감정을 인식하는 일은 쉽지 않은 작업이다. 간혹 애써 잊고 있던 힘든 기억이 떠오를까 봐 초감정을 들여다보는 걸 두려워하는 사람도 있는데, 감당할 수 있는 만큼만 기억하면 된다. 초감정은 여러 층으로 이루어져서 한 번에 한 층을 인식했다 해도 다음 번에 같은 초감정 연습을 해 보면 또 새로운 기억이나 통찰이 이뤄지기도 한다.

출처: 최성애, 조벽, 존 가트맨(2011). 내 아이를 위한 감정코칭. 한국경제신문. p.85.

내 안에 있는 초감정을 이해하기 위하여 위의 질문에 따라 생각해 보자. 굳이 초감정을 좋고 나쁜 것으로 구분하고, 유아의 감정코칭에 나쁜 영향을 미치는 초감정을 부정하거나 없애려고 노력할 필요는 없다. 자신에게 그런 초감정이 있다는 것만 인식해도 유아의 감정을 공감하고 지도하는 데 충분히 도움이 된다.

3) 교사의 정서반응 유형

교사는 유아의 정서, 특히 화, 슬픔 등의 부정적 정서에 대해 어떻게 생각하고 반응하는가? 교사의 정서반응 유형은 교사가 가지고 있는 정서에 대한 신념 및 태도가 유아의 정서에 대한 반응행동으로 나타나게 되는데, 이러한 정서반응 유형을 축소전환, 억압, 방임, 감정코칭의 네 가지로 유형화한 것이다. 교사의 정서반응 유형은 원래 부모의 정서반응 유형을 측정하기 위해 개발된 도구를 Morris(2010)가 교사용으로 수정한 것을 마혜진(2014)이 번역한 것에 기초하였다〈부록 28〉. 유아에게 일어나는 강하고 부정적인 정서표현에 대한 교사의 정서반응 유형을 구분한 것이다. 앞서 진단하기에서 검사했던 자신의 정서반응 유형을 생각하면서 유아의 부정적 정서표현에 대해 어떤 정서반응을 하였는지 점검해 볼 수 있을 것이다. 최성애 등(2011)이 제시한 부모의 정서반응 유형별 특징을 유아교사에게 적용하여 교사의 정서반응 유형별 특징을 구체적으로 살펴보면 다음과 같다.

(1) 축소전환형

유아가 느끼는 정서에 대해 중요하지 않거나 대수롭지 않게 취급하고 빨리 다른 곳으로 관심을 돌리게 하거나, 유아와 함께 문제를 해결하지 않고 그저 시간이 가면 문제가 해결된다고 믿는다.

〈축소전환형 교사의 특징〉

- 유아의 감정을 대수롭지 않게 여기거나 무시한다. 때론 비웃거나 경시한다.
  예 영유아기는 천진난만해야 할 시기이지 슬픔이나 분노를 느낄 시기가 아니다.
- 감정은 좋은 감정과 나쁜 감정이 있고, 나쁜 감정은 살아가는 데 아무런 도움이 되지 않는다고 생각한다.
- 유아가 부정적 감정을 보이면 불편해서 아이의 관심을 빨리 다른 곳으로 돌린다.

예 유아의 분노를 밝은 분위기로 바꿔 주려고 노력하는 편이다.

- 유아의 감정은 비합리적이어서 중요하지 않다고 생각한다.
- 유아의 감정은 그냥 놔둬도 시간이 지나면 저절로 사라진다고 생각한다.
- 감정적으로 통제가 불가능한 것을 두려워한다.

(2) 억압형

유아에게 한계를 정할 필요성에 대해 지나치게 의식하고 바른 기준이나 교사의 권위에 대한 유아의 복종을 강조한다.

〈억압형 교사의 특징〉

- 유아의 감정을 무시하고 심지어는 잘못된 것이라고 비판한다.

예 분노는 위험한 감정 상태라고 생각한다. 유아는 화를 낼 때마다 버릇이 나빠진다.

- 유아의 감정보다는 행동을 보고 야단을 친다.
- 부정적 감정은 나쁜 성격, 나약한 성격에서 나온다고 생각한다.
- 유아는 요구 사항이 있을 때 부정적 감정을 이용한다고 생각한다.

예 유아가 슬픈 척을 하는 것은 나의 관심을 끌기 위해서이다.

- 부정적 감정은 억제해야 한다고 믿는다.
- 유아의 부정적 감정은 야단을 쳐서라도 없애 주고, 올바른 행동을 가르쳐야 한다고 생각한다.

(3) 방임형

유아의 모든 정서표현을 받아 주지만 행동에 제한을 두지 않고 유아가 문제를 해결하도록 돕지 않는다.

〈방임형 교사의 특징〉

- 유아의 모든 감정을 다 받아 준다.
- 좋은 감정, 나쁜 감정을 구분하지 않는다.
- 감정은 물론 행동에 대해서 제한을 두지 않는다.
- 감정을 분출하면 모든 것이 해결된다고 믿는다.
- 유아의 부정적 감정을 공감하고 위로하는 것 외에 해 줄 것이 없다고 생각한다.
- 유아가 감정을 처리하고 문제를 해결하는 데는 관심을 두지 않는다.

(4) 감정코치형

유아의 정서표현은 교사와 유아 간의 친밀도를 높일 기회라고 생각하고 인내심을 갖고 유아의 정서를 존중한다. 또한, 한계를 정하고 수용 가능한 정서표현이 무엇인지를 가르친다.

〈감정코치형 교사의 특징〉

- 유아의 감정은 다 받아주되 행동에는 제한을 둔다.
- 감정에는 좋고 나쁜 것이 있다고 나누지 않고, 삶의 자연스러운 일부로 받아들인다.
  예 유아들이 때때로 분노를 느끼는 것도 좋다고 생각한다.
- 유아의 감정을 표현할 때 인내심을 갖고 기다려 준다.
- 유아의 감정을 존중한다.
  예 유아가 슬퍼할 때 슬프게 한 원인이 무엇인지 찾아내도록 도와준다.
- 유아의 작은 감정 변화도 놓치지 않는다.
- 유아와의 정서적 교감을 중요하게 여긴다.
- 유아의 독립성을 존중하며 스스로 해결 방법을 찾도록 한다.

〈사례연구〉 유아의 감정표현에 대한 교사의 정서반응 유형

※ 친구에게 놀잇감을 빼앗기자 '민수가 정말 미워. 제가 내 장난감을 빼앗아 갔어.'라고 큰소리를 지르며 울고 있는 상황입니다. 네 가지 반응 유형의 특성을 고려할 때 축소전환형, 억압형, 방임형, 감정코칭형 교사라면 어떻게 반응할까요? 또한, 선생님은 주로 어떤 유형의 정서반응을 하는지 생각해 보고 보완할 점을 이야기 나눠 봅시다.

- 축소전환형: 별거 아니야. 뭐 그런 걸로 울고 그래. 선생님이 더 재미있는 놀잇감 줄게.
- 억압형: 그런 말하면 못써. 뚝 그쳐.
- 방임형: 친구가 놀잇감을 가져가서 울고 있구나. 속상하겠다.
- 감정코칭형: 속상해서 울었구나. 친구가 놀잇감을 가져가면 울지 말고 어떻게 하면 좋을까?
  (유아 스스로 해결방법을 찾도록 하는데 어려워하면 표현방법을 지도한다.
  예: 안돼, 내가 갖고 놀고 있잖아. 조금 더 놀고 빌려 줄게.)

축소전환형, 억압형, 방임형, 감정코치형 중 어느 한 가지 모습만 완벽하게 보이는 교사는 없다. 대개 네 가지 모습이 다 섞여 있을 것이다. 다만 네 가지 모습이 다 나타나더라도 가장 기본이 되는 모습은 있다. 가장 급할 때 보이는 모습이 바로 그 사람의 기본형이라 하겠다. Gottman은 매번 감정코칭을 해야 한다는 부담감은 갖지 않아도 되고 약 40%만 감정코칭을 해도 효과는 충분하다고 제안한다(최성애 외, 2011).

유아기에 정서적 경험, 특히 실패나 상실, 좌절로부터 오는 부정적 정서들을 어떻게 받아들이고 대처하도록 학습하였는지가 매우 중요하다고 볼 수 있다(Gottman, Katz, & Hooven, 1996). 즉 자신이 어떤 부정적 정서를 경험하거나 표출할 때 자신의 부모나 교사가 어떻게 반응했는지, 또는 그 상황을 어떻게 평가했는지가 중요할 것이다. 자신이 표현하는 정서에 대한 교사나 부모의 반응을 반복적으로 경험하다 보면 유아는 양육자의 대응방식을 자신의 대응방식으로 내면화할 가능성이 크기 때문이다. 따라서 교사는 유아의 정서표현에 어떻게 반응하고 지도하느냐가 유아의 정서발달 및 대인관계에 중요하다는 것을 인식하고 하루일과 중 유아가 감정을 표출하는 순간을 활용하여 감정코칭을 하는 노력이 필요할 것이다.

2 교사의 정서 돌보기

교사의 정서는 유아와 직접적으로 상호작용할 때뿐 아니라 상호작용하지 않더라도 다른 유아와 교실 전체 분위기에 영향을 미친다. 또한, 유아는 자신을 돌보는 성인의 감정이나 분위기에 관심과 주의를 기울이고 있다(Wittmer & Petersen, 2011). 따라서 교사는 유아들뿐 아니라 부모나 동료교사, 원장과의 관계에서 경험하게 되는 기쁨, 행복, 짜증, 화, 우울함 등의 다양한 정서를 조절하고 정서적 안정감을 유지하는 능력이 필요하다. 교사 스스로 밝고 따뜻한 감정의 톤을 유지하도록 노력해야 한다. 즉 교사는 유아가 하루일과 동안에 평온함과 안정감, 행복감을 가질 수 있도록 심리적 안정감을 유지하고 정서조절과 스트레스를 감소시킬 방법을 찾는 것이 필요하다.

Watson과 Swim(2008)은 교사의 정서를 돌보기 위한 방법으로 3A를 제안하였다. 3A는 영유아와 긍정적으로 상호작용하기 위한 원리로 많이 알려져 있는데 영유아의 관심과 욕구에 관심 보이기(Attention), 영유아의 현재 모습을 그대로 인정하기(Approval), 영유아의 관심과 욕구, 감정에 적절히 반응하여 상호작용이나 환경 등을 조율하는 것(Attunement)이다. 이러한 3A는 영유아와의 관계에만 적용되는 것이 아니라 교사 자신을 위해서도 적용될 수 있다.

유아교육기관에서 3A는 유아에게 긍정적인 학습 환경을 제공하는 데 효과적일 뿐 아니라 교사의 자아건강(self-health)을 촉진하는 방법으로 유용하게 활용될 수 있다. 교사의 자아건강이란 하루일과 동안 영유아를 존중하고 긍정적으로 상호작용하기 위한 에너지를 유지하는 데 필요한 내적 자원, 마음의 힘을 갖는 것을 의미한다. 교사의 자아건강을 위한 3A는 영유아를 가르치고 돌보는 과정에서 어쩔 수 없이 경험하게 되는 스트레스와 심리적 소진을 예방하고 내적 에너지를 회복하는 데 유용한 방법이다. 교사를 위한 3A에 대해 구체적으로 살펴보면 다음과 같다.

(1) 자신에게 관심 갖기

자신에게 관심 갖기(Attention)는 교사가 자신의 생각과 느낌이 무엇인지 자신의 내면에 관심을 기울이는 것이다. 자아건강을 위하여 관심의 방향을 자신의 외부에 두는 것이 아니라 자신의 내면에 두는 것이다. 요즘 나는 어떠한지 자신의 내면을 들여다보는 것이다. 또한, '왜 자꾸 머리가 아플까?', '모든 상황이 왜 부정적으로만 느껴지는 걸까?' 등 자신의 심신에 느껴지는 변화를 민감하게 느껴보는 것이다. 자신의 내면을 들여다보는 것은 정신없이 바쁜 일과 속에서 자기 자신을 충천해 줄 수 있는 기술이다. 이러한 방법은 매우 간단하며 점심시간이나 짧은 휴식시간에도 실천할 수 있다. 자신에게 관심 갖기는 내면의 자아를 정돈하는 데 도움이 되고 매일의 일상에서 소진되지 않도록 자신에게 자양분을 공급하고 자기충전을 준비할 수 있게 한다.

- 나만의 조용한 공간을 갖는다. 10~20분이라도 방해 없이 자신을 정리할 수 있는 자기만의 휴식 공간, 사색 공간, 창조공간을 가지는 것이다. 나만의 공간은 유아교육기관의 실외놀이터, 베란다, 교사실이거나 퇴근 후 조용한 산책길, 공원, 옥상, 집 근처 카페와 같이 어느 곳이든 자기에게 가장 편안한 곳이면 된다.
- 눈을 감고 깊게 호흡하며 명상을 한다.
- 푸른 바다나 아늑한 숲길을 상상하거나 편안한 음악을 듣는다.

(2) 자기 인정하기

관심 갖기를 통해 자신의 내면을 들여다봄으로써 자신이 무엇을 느끼고 있는지 알게 되었다면 인정하기(Approval)에서는 자신이 느끼는 감정을 비판 없이 인정하고 수용하는 것이다. 자신의 내면의 소리를 듣다 보면 '내가 이렇게 했어야 했는데…' 혹은 '그때 더 잘했어야 했는데…'와 같이 자신에 대한 후회, 비판, 화, 슬픔, 좌절 등과 같이 불쾌한 생각과 느낌을 만나게 될 수 있다. 인정하기는 이러한 '자기 자신에 대한 비판적 메시지'를 '괜찮아, 이미 일은 일어났어. 그땐 그럴

수밖에 없었어.'라고 '자신을 인정하고 수용하는 메시지'로 바꾸는 것이다. 이 방법은 자기 자신을 보다 개방적으로 수용할 수 있도록 돕는다. 또한, 인정하기는 자기 자신을 있는 그대로, 긍정적으로 받아들이고 자신이 하는 일에 긍지를 가지는데 도움이 된다. 자기 자신을 인정하고 수용하는 만큼 타인을 존중하고 너그럽게 포용하는 데 도움이 된다.

(3) 자기 조율하기

관심 갖기와 인정하기를 통해서 교사가 마음속의 흥분, 분노, 슬픔 등을 확인했다면 조율하기(Attunement)는 자신의 불균형 상태의 정서를 균형 잡힌 안정된 상태로 조절하는 것이다. 유아교육현장에서 유아의 공격적 행동이나 학부모의 무례한 행동으로 순간적으로 감정이 격해지는 경우에는 잠깐이라도 휴식을 통해 마음을 가라앉힌 후에 아이들을 바라봐야 한다. 격해졌던 감정이 일시적으로 완화되고 나면 영화보기, 산책하기, 음악듣기 등을 통해 기분전환을 하거나, 동료, 선배, 친구들을 만나서 공감·위안을 얻거나 조언을 구함으로써 정서를 조절할 수 있다. 만약 동료교직원이나 부모와의 갈등으로 화, 분노, 불안이 있는 거라면 보다 근본적인 감정조절을 위하여 불쾌한 감정이 일어난 원인과 과정을 이해하고 문제해결 방안을 찾는 것이 필요할 것이다.

이와 같이 조율하기는 교사가 하루일과 동안 심리적 평온함과 안정감을 유지하기 위해 다양한 정서조절 방법을 사용하면서 부정적 정서를 가라앉히고 긍정적인 정서를 유지하려고 노력하는 것이다. 앞서 4장 '내 감정의 주인이 되라'에서 살펴보았던 것처럼 불쾌한 정서를 조율하는 과정에서 평소 자신이 사용하는 정서조절 방법은 무엇인지, 이것이 효과가 있는지 확인해 보고, 불쾌한 감정이 들 때 사용할 수 있는 나만의 효과적인 정서조절 방법을 찾고 적용하는 것이 필요하다.

〈활동〉 나의 정서조절 방법은?

※ 어린이집(유치원)에서 유아들과 일과 중에 기분 나쁜 일이 생겼거나 화가 났거나 우울하다고 느낄 때 정서적 안정을 되찾기 위해 하는 방법이 있다면 무엇인가요? 동료교사들의 정서조절 방법도 공유해 봅시다.

- 같은 반 교사에게 말하고 정서적 지지를 받는다.
- 부드러운 음악을 튼다.
- ____________________
- ____________________
- ____________________
- ____________________
- ____________________
- ____________________

적용하기

- 교사로서 나의 마음 들여다보기 〈부록 30〉

14

교사로서 성인과 관계 맺기

목표

1. 직장에서의 인간관계를 이해하고 성인들과 원만한 관계를 형성, 유지하는 능력을 기른다.
2. 유아교육기관의 조직특성과 조직문화를 이해한다.
3. 교사로서 맺게 되는 부모, 교직원과의 관계 특성을 이해하고, 효과적으로 관계를 유지하기 위한 의사소통 및 관계관리 전략을 실천한다.

교사들은 유아교육기관이라는 조직 속에서 유아 외에도 부모, 동료교사, 원장 등의 성인들과 인간관계를 맺게 된다. 초임교사들은 대학에서 친구, 선후배, 교수들과 인간관계를 경험했다고 하지만 유아교육기관이라는 독특한 조직문화 안에서 상하, 수평관계의 교직원들과 낯선 경험을 하고, 다양한 요구와 배경을 가진 부모들과 복잡한 관계를 형성하면서 어려움과 부담감을 느끼게 된다(조운주, 최일선, 2004; 조혜진, 2007). 중간관리자인 주임교사와 원감들도 교사-원장 관계에서 소통과 조율의 역할을 담당하고 부모의 민원을 해결하는 역할을 하면서 어려움을 경험하는 것으로 나타났다(김낙흥, 2010; 정서영, 이대균, 2010).

이처럼 대부분의 교사들은 경력이나 직급에 상관없이 조직 내에서 구성원들과 효과적으로 소통하고 관계 맺는 것에 어려움을 경험하게 된다. 따라서 유아교육현장에서 교사로서 맺게 되는 부모, 동료교사, 원장 등의 성인관계는 직장생활의 성공을 위해 중요한 관계이며, 효과적으로 교사-부모 간, 교사-동료교사 및 원장 간의 관계를 관리하는 능력이 필요하다. 교사, 학부모와의 교육공동체 안에서 관계관리 능력은 이제까지 다루었던 자기정서인식, 타인의 정서와 관점의 공감, 의사소통과 갈등관리능력을 활용함으로써 발휘되는 능력이다.

이런 맥락에서 본 장에서는 직장에서의 인간관계와 유아교육기관의 조직문화를 이해하고 직장 내 성인들과 원만한 관계를 형성, 유지하기 위한 전략들에 대해 살펴보고자 한다.

진단하기

대인관계능력 진단하기 〈부록 31〉

1 직장에서의 인간관계

1) 어떤 사람이 직장생활을 성공적으로 할 수 있을까?

대부분의 직장인은 직장에서 하루 중 많은 시간을 보내며, 직장생활은 직장인의 삶 속에서 큰 비중을 차지한다. 직장인들에게 직장은 단순히 생활수단을 위해 일하는 일터 이상의 의미를 가지며 삶의 보람과 자아를 실현하는 곳이다. 사회인으로서 피할 수 없는 직장생활, 어떻게 하면 성공적으로 생활할 수 있을까? 직장의 조직구성원을 업무능력과 인간관계에 따라서 네 그룹으로 단순화시켜 도식화하면 [그림 20]과 같고, 유형별 특징을 살펴보면 다음과 같다(임혜경 외, 2014).

(1) 업무능력은 좋은데 인간관계가 좋지 않은 사람

이런 유형의 사람은 일을 잘하므로 인기가 있을 것 같지만, 결과적으로 보면 직장생활을 성공적으로 하기 어려운 사람이다. 단기적으로 일의 성과를 낸다고 해도 장기적으로 주변에 사람이 없기 때문에 직장생활에 적응하기가 어렵다.

(2) 업무능력은 떨어지나 인간관계가 좋은 사람

직장인들은 궁극적으로 목표를 달성하려는 일을 하므로 각자 자신이 맡은 일을 충실히 수행해야 한다. 그런데 업무 능력이 떨어지는 사람이 있으면 아무리 좋은 성품의 사람이라 해도 다른 동료들에게 피해를 주기 때문에 결국은 직장생활을 유지하기 어렵다.

(3) 일도 인간관계도 잘하지 못하는 사람

취업을 했다가 얼마 못가서 그만두기를 반복하는 사람들이 이러한 유형에 속하는 사람이다. 직장생활에 적응도 어렵고 직장에 피해를 주기 때문에 직장생활을 하기 어렵다.

(4) 일도 잘하고 인간관계도 좋은 사람

함께 일하는 동료나 상사, 부하들이 기분 좋게 직장생활을 하면서 좋은 성과도 낼 수 있게 하므로 인기 있는 직장인이 될 수 있다.

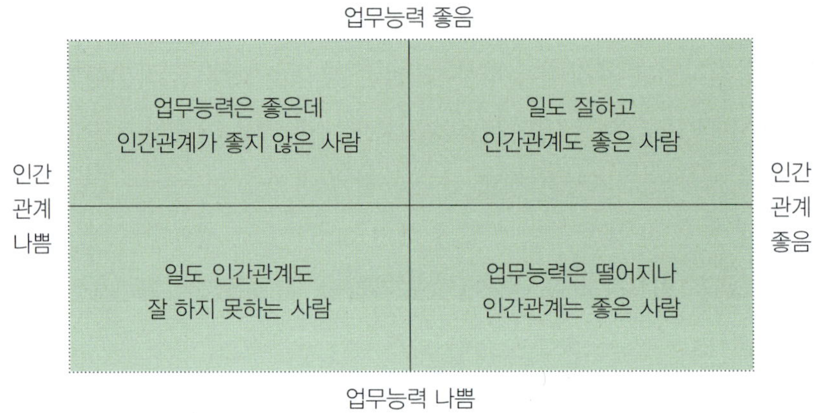

[그림 20] **조직구성원의 네 가지 유형**

2) 직장생활에서 인간관계의 중요성

사람은 혼자서 살아갈 수 없는 존재이다. 누군가와 관계를 맺는 일은 반드시 필요하고 이러한 관계를 바탕으로 삶이 완성된다고 볼 수 있다. 직장에서도 마찬가지이다. '직장에서 꼭 마음을 열고 동료들에게 관심을 보여야 하는 건가? 그냥 내게 주어진 일만 잘하면 되는 게 아닌가?'라고 생각할 수도 있다. 직장에서 내가 맡은 일만 잘하면 될 것 같지만 이것은 오산이다. 왜냐하면 그 일은 다른 동료, 부서와 긴밀하게 연결되기 때문에 내가 아무리 잘해도 다른 사람들이 협력해 주지 않으면 소용이 없기 때문이다.

직장에서 인간관계를 맺고 유지하는 일도 업무의 한 부분이다(Bradberry & Greaves, 2013). 직장생활에서 성공하고 싶다면 동료들에게 마음을 열고 호기심을 갖는 노력이 필요하다. 직장생활에서 인간관계를 위하여 '마음을 연다는 것'은 내 자신에 대한 정보를 다른 사람과 나누는 자기개방을 의미하며, '호기심을 갖는다는 것'은 상대방에게 관심을 기울여 타인의 생각과 감정을 이해하려는 공감과 타인 정서 인식을 의미한다. 자기개방이 원활할수록, 타인에 대한 관심과 이해가 많아질수록 다른 사람과의 교류가 활발해지고 친밀한 관계를 맺을 수 있으며 사람들 간의 오해나 갈등이 발생할 소지가 줄어들 것이다.

모든 관계에는 예외 없이 노력이 필요하다. 쉽게 이루어진 것처럼 보이는 훌륭한 관계도 마찬가지다. 사람들 사이에 관계를 키워가고 신뢰를 쌓아가는 데는 시간과 노력, 기술이 필요하다. 여기서 기술은 정서역량과 관련된 자기개방, 공감, 관점수용, 의사소통, 갈등관리 등의 기술을 활용하는 것이다. 따라서 좋은 관계를 유지하고 발전시키고 싶다면 관계의 반쪽 책임은 자신에게 있으므로 계속적으로 관계관리 역량을 개발하려는 노력이 필요하다.

3) 직장에서의 관계유형

직장은 위계적인 인적 구조 속에서 업무를 수행하는 독특한 인간관계의 장이다. 개인의 입장에서 보면 위로는 상사가 있고, 좌우로는 동료들이 있으며, 아래로는 부하가 있는 상하좌우의 모든 사람들과 인간관계를 맺게 되는 상황이라고 할 수 있다. 직장 내의 인간관계를 상사와 부하관계, 동료관계로 구분하여 살펴보면 다음과 같다(권석만, 2009).

(1) 상사-부하관계

직장에서 리더가 직원의 생각, 만족, 사기, 복지는 고려하지 않고 조직의 목표 달성만을 위해 부하직원의 희생을 강요한다면 더 이상 조직을 유지하기 어려울 것이다. 부하도 상사가 늘 잘해 주기만 바란다든지 일하는 것에 비해서 봉급만 많이 받기를 원한다든지 불평불만만 한다면 직장생활을 하는 데 상당한 어려움을 겪을 것이다. 이처럼 상사에게는 리더십이 필요하고 부하직원에게는 공동체의식과 동료의식이 필요하다. 또한, 상사-부하의 관계는 상호작용적이므로, 상사와 부하가 서로 존중하는 태도를 갖는 것이 필요하다. 상사가 불만을 느끼는 부하직원의 유형과 부하직원이 불만을 느끼는 상사의 유형을 살펴보면 〈표 10〉과 같다.

〈표 10〉 상사가 불만을 느끼는 유형 vs. 부하직원이 불만을 느끼는 유형

상사가 불만을 느끼는 부하직원유형	부하직원이 불만을 느끼는 상사유형
· 지시한 일을 제대로 수행하지 못하는 부하 · 사사건건 이의를 제기하고 저항하는 부하 · 상사에 대한 예의나 존중의 태도가 없는 부하 · 조직의 규율을 지키지 않고 제멋대로 행동하는 부하 · 조직에 대한 소속감 없이 개별적으로 행동하는 부하	· 부당하고 무리한 업무를 강요하는 상사 · 평소 업무 지시나 언행에 있어서 부하를 비인격적으로 대하는 상사 · 부하직원의 능력을 무시하고 부하직원의 업무 수행에 대한 정당한 평가나 보상을 해 주지 않는 상사 · 특정한 부하직원을 편애하거나 홀대하는 상사

(2) 동료관계

직장동료들은 나이, 전공분야, 관심사, 업무내용, 조직에서 겪는 고충 등 유사성이 많기 때문에 가장 친밀한 직업적 동반자라 할 수 있다. 그러나 진급과정에서 동료들은 경쟁자가 된다. 또한, 동료직원은 흔히 상사의 업무 지시를 공동으로 수행하는 경우가 많기 때문에 업무를 배분하고 수행하는 과정에서 여러 가지 갈등이 생길 수 있다. 직장에서 동료관계는 협력자인 동시에 경쟁자이다. 따라서 직장에서 원만한 관계를 맺는 사람은 업무활동이나 상사와의 관계에서 동료들과 균형을 이루는 동시에 동료관계에서 협동과 경쟁의 균형감각을 지닌 사람이라고 할 수 있다.

2 유아교육기관의 조직문화

1) 유아교육기관의 조직 특성

유아교사들이 근무하는 유아교육기관의 조직특성을 정리하면 다음과 같다(조혜선, 2008).

(1) 조직의 규모

유치원이나 어린이집은 초·중등학교와 달리 그 규모가 매우 작다. 조직의 규모가 작기 때문에 체계적, 합리적으로 운영되기보다는 융통성이 있으며 가족적인 특성을 가지고 있다. 반면 규모가 작기 때문에 업무분장이나 역할기대 측면에서 어려움이 있다. 즉 규모가 작아지면 한 명의 조직원이 동시에 여러 가지 과제를 수행하기 때문에 과제수행에 대한 부담이 클 뿐만 아니라 과제 완성에 대한 책임 소재도 불분명한 경우가 많이 발생하게 되고 그로 인하여 조직구성원 간에 갈등이 발생할 소지가 많아진다.

(2) 조직의 기능

모든 조직은 특별한 목적을 가지고 구성된다. 유치원과 어린이집 모두 영유아의 전인적인 발달을 목적으로 하는 유아교육기관이다. 단순한 지식전달이 아니라 발달의 기초를 마련하고 일상생활에 대한 교육도 매우 중요한 목적 가운데 하나이다. 사전에 일과를 계획하기는 하나 유아들의 흥미에 따른 놀이중심의 통합적 교육과정을 운영하므로 교육과정 운영에서 상당한 자율성과 융통성을 가진다. 유치원과 어린이집에서는 어린 연령의 유아들을 대상으로 교육하므로 교사의 영향력이 크고 부모의 요구 또한 매우 크고 다양하다.

(3) 조직의 구성원

유아교육기관은 거의 여성으로 구성된다. 여성의 조직은 남성위주의 조직과 달리 의사소통 방식에서 차이가 난다. 여성들의 의사소통방식은 주로 과제가 아닌 인간관계를 중심으로 이루어진다. 이러한 방식은 일단 각자의 개인적인 상황에 대한 양해와 이해를 통해 맥락을 형성하고 의사소통의 상대방과 사적인 관계를 형성한 후에 모든 공적인 일도 그러한 사적인 관계 속에서 처리하는 방식이다. 이러한 방식이 남성들의 사회에서 보면 매우 불합리하고 공과 사가 구분이 되지 않는 것처럼 여겨지는 경우도 있어 간혹 남성 원장이나 남성 교사들과 여성 교직원들 간에 갈등의 원인이 되기도 한다.

(4) 조직의 유형

유치원은 기관수로 보면 공립과 사립이 각각 50% 정도 되지만 실제로 학급규모나 재원 원아 수로 보면 사립의 비중이 70% 정도로 많다. 어린이집도 마찬가지로 민간어린이집과 가정어린이집을 포함하여 민간의 비중이 매우 높다. 유아교육은 교육뿐 아니라 일하는 여성들의 보육에 대한 요구가 매우 높아지는 사회적인 현상을 고려해 볼 때 더 이상 민간 차원에서 해결할 것이 아니라 공적인 차원에서 적극적으로 지원해야 하는 대상임을 인식할 필요가 있다.

(5) 조직의 주기

공립유치원과 달리 사립유치원이나 어린이집 교사들의 교직주기는 매우 짧다. 짧은 교직주기로 인하여 초등이나 중등에서는 아직 초임교사로 취급 받을 시기에 주임교사나 심지어 원감의 역할을 하는 경우도 발생한다. 이로 인해 초임교사들의 계속적인 재교육이 필요해지는 문제점이 있다. 또한, 초임시기를 막 벗어난 교사들이 중간관리자로서 충분한 능력을 신장시키기 전에 또 다른 상위역할을 수행하도록 기대됨으로써 역할 갈등을 느낄 소지가 더 많아진다는 문제점도 있다.

2) 유아교육기관의 조직문화 유형

인간과 인간이 모여서 조직을 이루는 곳에는 그 조직만이 가지고 있는 독특한 문화가 존재한다. 조직문화(organizational culture)란 조직의 구성원들이 공유하고 있는 가치, 신념, 관습, 규범, 지식 등을 모두 포함하는 종합적인 개념이다(김진아, 2008). 조직의 문화는 하나의 조직이 주어진 환경 속에서 오랜 기간 동안 자체의 목적을 달성해 나가는 과정에서 형성되며, 일단 형성되면 쉽게 변하지 않고 계속되면서 조직구성원들의 행동에 영향을 주어 조직의 성과에도 영향을 미치게 된다(Schein, 2004).

유아교육기관은 다른 조직들과 달리 유아의 보호와 교육이라는 목적을 설정하고 그러한 목적의 성취를 위한 교육환경과 직무구조하에 운영되고 있으므로 특별한 종류의 학교조직이라고 할 수 있다. 즉 유아교육기관도 일종의 조직으로서

조직구성원인 원장과 교사가 답습하고, 유지하고, 창출하는 문화에 따라 유아교육기관의 효과성과 효율성도 좌우되기 때문에 유아교육기관 내의 조직문화의 중요성을 결코 간과할 수 없다.

유아교육기관 조직문화를 규명하기 위하여 외부환경에 적응하는 행동차원을 적극적–소극적으로 구분하고, 내부문제를 해결하는 과정차원을 유연성–경직성으로 나누어 조직문화 유형을 네 가지로 구분하면 [그림 21]과 같다(김진아, 이종희, 2008). 각 각의 조직문화유형은 모두 장점과 한계점을 가지고 있기 때문에 조직구성원의 특성과 조직이 당면한 문제와 비전에 따라 적절한 조직문화를 구성해 나가는 것이 필요하다.

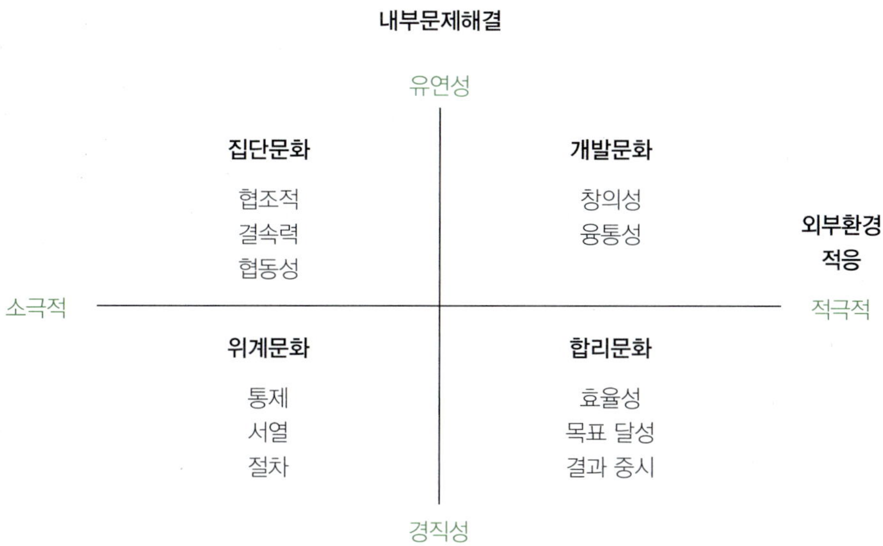

[그림 21] 조직문화 유형

(1) 개발문화

교사들이 외부환경의 변화에 적극적으로 반응하고 문제해결과정에 유연성을 보이는 경우이다. 구성원들이 외부환경의 변화에 두려움을 갖기 보다는 의욕적이고 모험적으로 교육프로그램을 개발하려는 창의성을 발휘하는 문화이다. 또한, 그런 과정에서 원장의 의견과 상반되는 것이라도 교사 상호간의 의견교환이 자유롭게 이루어진다.

- 창의적인 아이디어, 교육프로그램 개발 등에 초점
- 문제해결에 융통성
- 환경변화에 혁신적으로 대응하는 문화

(2) 합리문화

교사들이 외부환경의 변화에 적극적으로 반응하나, 내부문제해결과정에 경직성을 보이는 경우이다. 유아교육기관을 운영하는 데 있어서 교육목표 달성을 강조하게 되므로 최소한의 투입에 최대한의 산출이 나올 수 있는 효율성이 중요한 규범으로 작용하는 문화이다. 구성원들 상호 간의 인간관계보다는 과업달성을 했는지의 성공여부에 대한 결과를 중요하게 여긴다.

- 인간관계보다는 업무에서의 실리와 효율성을 추구
- 교육목표의 달성을 강조하고 결과의 성공여부를 중시하는 문화

(3) 집단문화

교사들이 외부환경의 변화에 소극적으로 반응하나 내부문제해결과정에서는 유연성을 보인다. 구성원들이 외부환경에 대해 능동적이지 못하지만 교사들 사이에 업적 위주의 경쟁보다는 교사들 상호 간의 팀웍이나 협동이 강조되는 문화이다. 즉 구성원들이 상호 신뢰하면서 우호적인 관계를 유지하는 인화단결이 장려되는 문화이기 때문에 교사들 간에 개인적인 사정이나 어려움을 자신의 일로 받아들일 뿐 아니라 원장 역시 친근한 직장 선배로서 느껴지는 분위기가 생활화되어 있다.

- 교사 간 상호협조적인 분위기 중시
- 교사 간의 결속력을 중시
- 업적 위주의 경쟁보다 구성원 상호 간 협동을 강조하는 문화

(4) 위계문화

교사들이 외부환경의 변화에 대해 소극적으로 반응하며 내부문제해결과정에 있어 경직성을 보이고 구성원들 간에 서열의식이 강조되는 문화이다. 교사들이 모든 서류를 체계적으로 문서화해서 원장으로부터 결재를 맡는, 즉 명확한 공식 절차를 거치는 것을 원칙으로 하는 문화이므로 원장에 의해 통솔되고 통제되는 엄격한 분위기가 조직문화의 주류를 이루게 된다.

- 실수 없이 수행하는 것을 강조
- 서열을 강조하고 절차와 규정을 지키는 것을 중시하는 문화

3 교사로서 성인과 관계 맺기

1) 부모와의 관계

(1) 관계의 특성

유아교육기관이라는 조직 속에서 유아교사와 부모가 맺는 관계의 특성을 살펴보면 다음과 같다(박은혜, 2010).

① 간접적인 관계

교사와 부모는 각자의 필요에 따라 직접적으로 관계를 맺은 사이가 아니라 부모가 그 기관을 선택함으로 인하여 유아를 사이에 두고 맺은 관계이다. 교사와 부모는 개인적인 모든 부분을 공유하는 것이 아니라 유아의 교육에 관계되는 일에만 관계하는 부분적인 관계이다. 이는 교사나 부모 모두 교육을 넘어서는 사적인 관계에 대한 기대가 아닌 공적인 관계를 유지해야 한다는 것을 의미한다.

② 일시적인 관계

교사와 부모의 관계는 유아가 그 기관에 재원하는 동안에만 유지되는 일시적

인 관계이다. 이는 한편으로 교사가 자신이 유아를 교육하는 동안에 최선을 다해 집중할 수도 있지만 다른 한편으로는 적당히 시간을 보내려는 태도에 안주할 위험성도 있으므로 일시적 관계라도 서로에게 최선을 다하는 태도가 필요하다.

③ 공식적인 결합관계

유치원이나 어린이집 모두 전적으로 국가가 책임지는 무상교육 시스템에 속하지 않기 때문에 부모가 교(보)육료를 부담한다. 특히 사립유치원이나 민간 어린이집의 경우 부담하는 비용이 적지 않다. 따라서 부모들의 입장에서는 비용을 지불하고 얻게 되는 서비스라고 생각할 수도 있다. 그로 인해 부모가 정도에 어긋나는 요구를 하거나 무례하게 행동하지 않도록 기관의 운영방침이나 교사의 철학을 분명하게 전달할 필요가 있다.

(2) 부모와 효과적으로 관계 맺기

① 신뢰관계를 형성하기

모든 인간관계는 예외 없이 시간과 노력이 필요하다. 평소에 부모와의 관계에서 소통과 배려, 감사를 통해 긍정성과 신뢰를 쌓는 것이 중요하다. 만약 교사가 평소에는 학부모와 대화가 없다가 아이의 문제행동이 있을 때만 얘기를 한다면 부모는 아이의 문제행동을 쉽게 인정하려 하지 않을 것이고 교사가 아이를 부정적으로 본다고 오해를 할 수도 있을 것이다.

그렇다면 부모와의 신뢰를 어떻게 쌓을 수 있을까? 부모와의 주기적인 면담과 대화, 기꺼이 함께 의견을 나누려는 의지, 시간이 지나도 변하지 않는 말과 행동, 태도에서 나타나는 한결같은 일관성, 약속한 관계를 끝까지 지켜나가려는 믿음 등을 들 수 있다.

② 효과적으로 의사소통하기

첫째, 소통의 핵심은 공감과 경청이다.

독을 뺀 말, 공감과 경청으로 마음의 문을 열어야 소통이 가능하다(조벽, 2016).

학부모가 자녀에 대한 고민이나 원내에서의 생활에 대한 의구심을 얘기할 때는 말을 중간에서 끊어서는 안된다. 사람들은 남들이 자신의 말을 들어 줄 때 안도감을 느끼고 의타심을 가지게 된다. 그런데 자기가 고민을 말하고 있는데 상대방이 중간에 말을 가로막게 되면 자기가 말하는 것을 통제 당했다고 생각하기 때문에 신뢰감이 사라지고 마음을 터놓고 얘기하고 싶지 않게 된다.

자녀의 고민을 얘기할 때는 '정말 그러셨겠어요. 많이 속상하셨겠어요.'라고 공감을 표현하면서 듣는 것이 필요하다. 또한, 자녀의 원내 생활에 대해서 걱정이나 의구심을 표현할 때는 방어적으로 답변하거나 즉각적으로 부정하기보다는 먼저 공감하고 상황을 파악하는 것이 필요하다.

예를 들어, 〈부록 19〉에서처럼 어머니가 '어제 민기를 목욕시키려다 보니 팔에 멍이 파랗게 들어 있어서 놀랬어요. 어린이집(유치원)에서 무슨 일이 있었는지… 다쳐서 온 것 같아요.'라고 원내에서 문제가 있었는지 질문했다고 하자. 그런데 교사가 '어~ 그래요? 어제 특별한 사고는 없었는데요.'라고 대수롭지 않게 대답하거나 확인도 하지 않고 단정적으로 '아니예요. 어제 아무 일도 없었어요.'라고 대답한다면 어머니는 교사가 자신의 생각을 존중하지 않고 고민을 성실히 함께 나누려는 의지가 없다고 생각하게 될 것이다. 이 경우 원내에서 사고나 체벌이 있었던 것은 아닌지 걱정하고 질문한 어머니의 마음을 먼저 공감해 주는 것이 필요하다. '놀라셨겠어요. 원내에서 사고가 있었던 것은 아닌지 걱정하셨겠어요.'라고 어머니의 마음을 먼저 공감하고, '어제 신체활동실에서 구르기와 장애물 건너기 게임을 했는데 그때 부딪혀서 생긴 멍이 아닌가 싶은데 확인해 보고 말씀드릴게요.'라고 상황을 확인한 후에 대답하는 것이 좋다.

둘째, 얼굴표정과 몸짓 등의 비언어적 표현을 사용한다.

학부모는 교사가 하는 말의 내용만 듣는 것이 아니라 말하는 교사의 표정이나 자세까지 살피면서 전체적인 상황을 판단한다. 메라비언의 법칙을 보면, 의사소통에서 말의 내용이 차지하는 비중은 7%에 불과하고 표정, 몸짓, 태도, 시선, 목소리, 억양 등과 같은 비언어적인 요소가 93%를 차지한다는 것을 알 수 있다. 따라서 말을 잘하는 것보다 신중하게 듣는 태도, 신뢰감을 주는 목소리와 말하는 속도, 반기는 표정과 몸짓 등이 부모에게 더 신뢰감을 줄 수 있다.

셋째, 긍정적으로 이야기한다.

거절할 일이 있을 경우에는 처음부터 '안됩니다. 그렇게 할 수 없습니다.'라고 말하게 되면 상대편이 마음이 상하고 화가 나기 쉽기 때문에 처음에는 'YES', 그러고 난 다음에 'BUT'라고 이야기 하는 것이 바람직하다. YB화법은 학부모가 하는 이야기에 일단 '예, 맞습니다. 그렇게 생각하실 수도 있겠어요.'라고 대답하고 '그렇지만 이러이러한 점에서 들어드릴 수가 없어요.' 또는 '이 문제는 저 혼자 결정할 일이 아닙니다.'라고 표현하는 것이다.

문장에서도 YES · BUT을 쓰지만 단어에서도 부정적인 단어를 긍정적인 단어로 바꿔서 사용하는 것이 필요하다. 예를 들어, '너무 산만해요.'라고 말하기보다는 '활발하고 호기심이 많아요.'라고 바꾸어 표현할 수 있을 것이다.

2) 교직원과의 관계

(1) 관계의 특성

유아교사들은 기관에서 위로는 원장이나 원감과 수직적인 관계를 맺고, 동료교사들과는 수평적인 관계를 맺으며 취사원, 영양사, 간호사, 사무원 등과는 주변적인 관계를 맺는다. 유아교육기관이라는 조직 속에서 유아교사가 교직원과 맺는 관계의 특성을 살펴보면 다음과 같다(박은혜, 2010).

① 소집단 속의 관계

유아교육기관은 그 종사자의 수가 적으면 2명에서 많아야 15명 내외이다. 집단의 크기가 작으면 그 안에 속해 있는 구성원들 간의 사적인 관계가 발전하여 가족같이 친해질 수 있다. 이러한 친밀감은 평소에는 부담이 없지만 공적인 관계를 유지해야 할 때 어려움으로 다가올 수도 있다. 반대로 유아교육기관의 공적인 관계가 강조되어 위계질서가 중시되면 집단의 크기가 작을수록 아랫사람에게 큰 부담이 될 수 있다.

② 전문가로 동역하는 관계

유아교육기관에서 교사들은 가르치는 일을 전문적으로 하는 사람들이다. 따라서 이들 간의 관계는 기본적으로 가르치는 일을 더 잘 할 수 있는 방향으로 유지되어야 한다. 유아교육기관에서 동료 간의 관계는 각자 가지고 있는 지식과 능력에 대한 상호존중과 가치의 공유, 교수와 학습에 관한 대화들로 특징지어지는 협력관계가 유지될 필요가 있다.

③ 공동으로 작업하는 관계

유아교육기관은 지역사회 방문, 야외학습, 다양한 행사 등으로 공동으로 작업을 해야 하는 경우가 많다. 최근에는 각 기관의 평가까지 이어져 공동 작업은 더욱 많아졌다. 공동작업이 많을 때 어려운 문제를 솔선하여 도와주고 자신의 고충을 들어 주고 이해하는 동료가 있을 경우에는 인간관계에 대한 만족도가 높아지지만 공동 업무에 협력하지 않는 교사가 많아지면 만족도가 낮아질 수밖에 없다.

④ 다양한 배경을 가진 사람들과의 관계

유아교육기관에 종사하는 사람들은 매우 다양한 경로를 통해 교직에 입문한다. 학력도 단기 보육교사양성기관, 학점은행제, 평생교육원, 2·3년제 대학, 4년제 대학, 대학원 등으로 그 폭이 매우 넓다. 경력의 차이도 다양해서 공립유치원의 경우 신임교사와 원감의 경력은 20년이 넘게 차이가 난다. 이와 같이 다양한 배경을 가진 교사들이 서로의 차이를 인정하면 매우 훌륭한 보완이 되지만 그 차이를 극복하지 못하면 상당한 갈등 관계로 이어질 가능성이 높다.

(2) 교직원과 효과적으로 관계 맺기

① 인간관계에서 긍정성 쌓기

평소 인간관계에서 긍정성을 쌓는 것이 필요하다. 관계에서 비난, 화 등의 부정성이 전혀 없을 수는 없지만 중요한 것은 긍정성과 부정성의 비율이다. 성공하는 조직의 특성을 밝힌 마셜 로사다 박사는 긍정성이 부정성보다 3배 이상 많아야 한다고 하였다. 또한, 위기상황에서는 조직구성원의 스트레스 수준이 높고 예민해지기 때문에 긍정성이 부정성보다 5배 이상이어야 한다고 하였다.

그렇다면 나는 평소에 얼마나 긍정의 언어를 사용하고 있을까? 우리 기관의 교직원 회의에서는 긍정의 언어를 더 많이 사용하고 있을까? '좋아요. 해 볼게요. 알았어요. 고마워요. 수고하셨어요. 덕분이에요.'라는 말을 주로 사용하는지, 아니면 '어려워요. 못해요. 힘들어요. 안돼요. 누구 탓이에요.'라는 말을 더 많이 사용하는지 확인해 볼 필요가 있다.

인간관계에서 긍정성을 쌓는 방법은 무엇일까? 가트맨 박사는 '사소한 일을 자주하라(Small things often)'고 하였다. 감사하고 배려하고 존중하는 일들을 평소에 자주하면서 평상시에 긍정성을 저축하라는 것이다(조벽, 2016). 평소 교직원 간에 비난, 책망, 방어적 언어를 사용하다가 한 번의 격려, 칭찬, 배려를 한다고 해서 인간관계가 쉽게 회복되는 것이 아니기 때문이다.

로사다의 긍정 : 부정의 비율

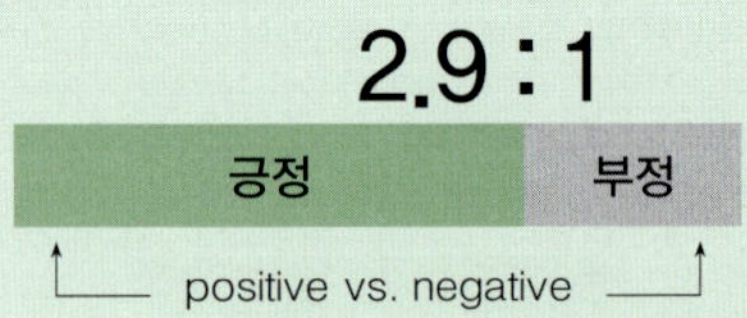

2005년 미국 노스캐롤라이나 대학 심리학과의 바버라 프레드릭슨(Barbara L. Fredrickson)과 마셜 로사다(Marcial F. Losada) 교수팀은 60여 개 기업의 회의록에 나온 단어를 조사한 결과, 성장하는 기업은 쇠퇴하는 기업보다 긍정적인 발언이 많았으며, 성장과 쇠퇴를 가르는 '한계 긍정률(critical positivity ratio)'이 2.9013:1이라고 밝혔다. 이를 '로사다 비율(Losada ratio)'이라고 한다. 참고로 실적이 가장 좋은 회사의 경우 긍정적인 발언이 6:1로 더 많았다고 한다. 긍정적인 말의 힘을 보여 준 연구결과이다.

② 화를 적절히 관리하고 의도적으로 사용하기

물속에 돌을 던지면 수면에 잔물결이 퍼지는 것처럼 누군가의 감정분출은 직장에서 다른 사람들에게 영향을 미친다. 팀원들이 느끼는 감정, 정신, 사기는 집단 전체에 영향을 미치는데 이런 감정의 확산을 감정의 전염(emotional contagion) 현상이라고 한다.

직장에서의 감정의 역할을 연구한 결과에 따르면, 팀원들이 어떻게 느끼느냐가 팀의 성과에 영향을 미친다고 보고하고 있다(Caruso & Salovey, 2009). 화가 업무수행에 미치는 영향을 실험한 동영상(EBS다큐프라임, 2014)을 보면, 화가 난 지시자와 중립적인 지시자가 각각 업무를 진행했을 때 실험에 참여한 대학생들의 반응과 성과에는 차이가 있는 것으로 나타났다. 화가 난 지시자의 그룹이 중립적 지시자 그룹보다 아이디어의 총 개수는 두 배 정도 더 많이 냈지만 창의적인 아이디어 개수는 두 그룹 모두 비슷하게 나타났다. 즉 화를 낸 조건에서는 실험 참가자들이 불안, 긴장 등을 경험하기 때문에 겉으로 보기에 성과가 많아 보이도록 결과를 제시하는 경향이 있었다는 것이다. 예를 들어, 원장이 격노해서 전체 교직원이 지켜보는 앞에서 한 교사를 호되게 꾸짖었다고 하자. 이런 상황에서 마음에 상처를 받은 사람은 교사 한 사람일 것 같지만 원장의 감정 폭발로 발생한 파장은 이 상황을 지켜본 모든 교직원들에게 영향을 준다. 원장은 본인이 군기를 잡아 다른 교직원들도 긴장하였기에 더욱 열심히 일을 하여 업무달성에 효과가 있을 것이라 생각할 것이다. 이러한 효과도 있겠지만 다른 교직원들의 두려움은 소심함으로 바뀌어 소신을 갖고 자율적으로 일을 하기 보다 관리자의 질책을 받을 수 있는 일들은 시도조차 하지 않게 되고 지시한 일들만 하게 될 수 있다. 따라서 화를 적절히 관리하고 의도적으로 사용해야 한다.

우선 화를 내는 것이 실제로 인간관계에 도움이 되고 업무목표를 달성하는 데 필요한 것인지 생각해 보라. 필요하다고 생각되면 언제, 어떻게 화를 낼지를 결정해야 한다. 즉 분노란 이유가 있어서 생기는 감정이기 때문에 억누르거나 무시해서는 안 되지만 올바른 대상에게 올바른 목적으로, 적절한 정도로, 적절한 시간에 화를 표현하는 것이 필요하다.

③ 집단지성의 발휘를 위해 다양성을 존중하고 갈등관리하기

교직은 타조직에서 쉽게 볼 수 없는 동일 직급 내 다양한 세대가 존재하는 다세대 일터(Multigenerational workplace)이다(윤소희, 2020). 이로 인해 서로 다른 세대에 속한 교직원들은 가치관, 업무방식 등의 차이로 오해나 갈등이 일어날 수 있다. 대한상공회의소(2020)의 '직장내 세대갈등과 기업문화 종합진단 보고서'에 따르면 직장인 69.3%가 세대차이를 느끼고 있는 것으로 나타났다. 연령별로는 20~30대보다 40~50대 윗세대로 갈수록 세대차이를 크게 느끼고 있는 반면, 이로 인한 업무의 부정적 영향은 40~50대보다 20~30대 아랫세대일수록 더 크게 느끼는 것으로 나타났다. 또한 윗세대와 아랫세대 간에 정시 퇴근, 업무 지시, 회식, 근무 태도 등에서 세대별 인식 차이가 큰 것으로 나타났다.

- **정시 퇴근**: 일이 남았는데 6시 됐다고 퇴근? vs. 내 근로계약서는 딱 6시까지
- **업무 지시**: 이 정도는 알아서 해야지 vs. 찰떡같이 말해야 찰떡같이 알아듣지
- **회식**: 계륵 같지만 소통을 위해서는 필요 vs. 두통거리 의전의 연속
- **근무 태도**: 복장 · 근태만 봐도 마음가짐 보인다 vs. 업무에 지장 없으면 되는 것 아닌가요

유아교육기관도 다양한 배경을 가진 사람들로 구성되어 있는 조직이다. 집단지성은 말 그대로 한 개인이 아니라 다수의 사람들이 집합적으로 갖고 있다고 간주되는 지적 능력과 활동, 그리고 성과물을 통칭하는 용어이다. '우리는 나보다 똑똑하다.'는 것이다. 따라서 서로 다른 경력과 경험, 연령의 사람들이 기관의 목표 달성을 위해 집단지성을 발휘하려면 다양한 생각과 관점, 가치관들을 존중하고 배려하는 것이 필요하다. 또한, 구성원들 간의 사소한 의견차이가 심각한 갈등으로 발전되지 않도록 의사소통을 원활하게 하는 것이 필요하다.

④ 직장인으로서 책무성과 기본예절 지키기

어떤 조직이든 각자에게 주어진 책임과 역할을 각자가 분명하게 하면 그 조직은 기본 이상으로 기능할 수 있다. 유아교육기관의 경우 한 학급을 2명 이상의 교사가 공동담임형태로 운영하거나 행사를 여러 명의 교사들이 팀으로 준비하거나, 교실 외의 공간을 공동으로 관리하는 경우가 많다. 그런데 함께 일하는 교사가 자신의 업무를 놓치거나 업무마감 기일을 지키지 않아서, 물품이나 뒷정리를 제대로 하지 않아서 교사들 사이가 나빠지는 경우가 종종 있다. 따라서 공동작업과 공동책임이 많은 유아교육기관 업무특성상 자신에게 분장된 업무는 철저하게 해내야 한다.

또한, 출퇴근, 결근, 휴가, 인사 등과 같이 직장에서 지켜야 하는 근무예절을 잘 지킨다면 갈등이 발생할 여지를 상당히 줄일 수 있다. 인터넷 설문조사 결과(이병철, 2009. 2. 18)에 의하면 직장인 10명 중 8명은 '직장 내 매너 없는 동료가 있다.'고 생각하는 것으로 나타났고 매너 없는 동료 때문에 스트레스를 받은 경험이 94.6%가 되는 것으로 나타났다. 매너 없는 동료의 유형으로는 '뒷담화를 하는 유형'이 1위로 가장 많았고 '짜증, 화를 주변 사람들에게 푸는 유형', '어려운 일을 떠넘기는 유형', '위계질서를 무시하는 유형', '인사를 안 하고, 안 받는 유형', '반말하는 유형', '개인 심부름을 시키는 유형', '사적인 통화, 대화를 크게 하는 유형', '대화 중 말을 끊는 유형' 순으로 나타났다.

최근 많은 기업들이 신입사원 교육 프로그램에 '직장예절 교육'을 신설하여 신입사원들에게 식사예절, 인사법, 이메일 작성법 등을 가르친다고 보도된 바도 있다(곽아람, 2016. 2. 13.). 이와 같이 직장 내에서의 매너는 지켜지지 않으면 나와 함께 있는 사람들에게까지 피해를 줄 수 있으므로 기본예절을 지키는 것이 필요하다.

적용하기

- 우리 기관의 조직문화 유형은? 〈부록 32〉
- 갈등상황에서 문제해결 방안 찾기(부모와의 관계, 동료교사와의 관계) 〈부록 33〉

> 교사는 그 방안의 햇볕이다. 햇볕이 비추어야 밝고 따뜻하다. 교사는 밝고 따뜻한 감정의 톤을 유지하도록 노력해야 한다. 그래서 어느 결에 그것이 습관이 되어야 한다. 어떤 말을 하느냐가 아니라 어떻게 말하느냐가 교사의 관심이어야 한다.
>
> (최명희, 2016)

부록

부록

목차	비고(교육주제)
1. 감정 단어 빙고 게임 2. 요즘 나는… 3. 감정일기 쓰기 4. '인사이드 아웃' 영화감상문 쓰기	1. 나의 정서
5. 타인이 보는 나 6. MBTI–나의 성격유형 탐색하기	2. 나를 찾아가는 여행
7. 나의 자아존중감은? 8. 나의 최고의 재산 9. 친구(동료)들의 격려 한마디!	3. 나를 더 사랑하기
10. 나의 정서조절 방법 사용패턴 11. 적응적 정서조절 vs. 부적응적 정서조절 방법 12. 그래, 결심했어! : 정서 조절을 위한 대안 찾기	4. 내 감정의 주인이 되라
13. 최근 나의 스트레스는?	5. 스트레스 관리

목차	비고(교육주제)
14. 나의 목표 추진력 15. 목표 설정하기 16. 나의 현재 유혹 vs. 미래의 만족	6. 미래의 마시멜로
17. 나의 타인 정서 인식 수준 18. 예술작품에 담긴 감정 읽기	7. 감정신호 읽기
19. 나의 공감능력 20. 공감적 반응하기	8. 너의 마음을 알아
21. 두 개의 또 다른 그림 22. 같은 동화 다른 이야기	9. 서로 다른 관점
23. 나의 의사소통능력 24. 나의 의사소통 수준 탐색하기	10. 효과적인 의사소통
25. 나의 갈등관리유형 26. '신발 바꿔 신기' 역할극	11. 갈등관리
27. 유아들에게 나는 어떤 모습일까? 28. 나를 힘들게 하는 아이에게 편지쓰기	12. 교사로서 유아의 마음 공감하기
29. 유아의 정서표현에 대한 교사의 정서반응 유형 30. 교사로서 나의 마음 들여다보기	13. 교사로서 나의 마음 공감하고 돌보기
31. 대인관계능력 진단하기 32. 우리 기관의 조직문화 유형은? 33. 갈등상황에서 문제해결 방안 찾기	14. 교사로서 성인과 관계 맺기

〈부록 1〉 1. 나의 정서

감정 단어 빙고 게임

이름: ____________

□ **3~4명씩 소그룹으로 조를 이루어 '감정 단어 빙고 게임'을 해 보세요.**

1. 먼저 감정에 관해 자신이 알고 있는 감정 단어들을 아래의 빙고판에 모두 적는다.
2. 순서를 정한 뒤 빙고 게임을 시작한다.
3. 3개의 선을 먼저 완성하면 게임이 끝난다.

〈부록 2〉 1. 나의 정서

요즘 나는…

이름: ____________

▫ **자신의 감정상태가 어떠한지 내면을 들여다보도록 합니다.**

각각에 대해 오래 생각할 필요는 없습니다. 그냥 자신을 들여다볼 수 있는 시간으로 누구와 무엇을, 어떻게 했을 때 그런 감정을 느꼈는지 제일 먼저 떠오르는 생각대로 적어 보세요.

요즘 나는 ____

____ 때 행복하다.

요즘 나는 ____

____ 때 상처받는다.

요즘 나는 ____

________________________________ 때 사랑받는 느낌을 갖는다.

요즘 나는 ____

____ 때 화가 난다.

요즘 나는 ____

____________________ 때 ____________________ 하다.

〈부록 3〉 1. 나의 정서

감정일기 쓰기

□ **일상생활 속 사건을 바탕으로 감정일기를 쓰고 나의 감정을 들여다보는 시간을 가져 보세요.**

1. 하루 중 감정을 유발했던 사건을 적고 사건 전후에 자신이 느꼈던 감정 상태를 구체적으로 적습니다. 감정 상태에 따라 자신이 했던 생각이나 말, 행동과 그 행동으로 나타난 결과를 적는다.

예시)

날짜 및 시간	10월 20일 오전 10시~ 1시
장소	학교
관련된 사람들	학교친구
내용	오늘 점심시간 전 친한 친구에게 같이 밥을 먹자고 기쁜 마음으로 문자를 보냈다. 답문이 오기를 1시간을 기다려도 답이 오지 않았다. '무슨일이 있냐며 답을 기다린다.'는 메시지를 한 번 더 보내고 답이 오기를 기다렸다. 점점 점심시간이 가까워져 오기 시작하자 나는 짜증이 나기 시작했다. 수업 시간에도 친구의 답문을 기다리느라 수업에 집중을 하기 어려웠고 친구에 대한 원망이 생기기 시작했다. 끝내 친구의 답문은 오지 않았다. 오후 늦게 그 친구에게서 전화가 왔다. 사실 그 순간 그 친구의 전화를 받고 싶지가 않았다. 퉁명스러운 목소리로 전화를 받았고 친구는 답을 빨리 하지 못한 이유를 설명했으나 나의 불쾌한 기분은 가라앉지 않았다.

2. 가능하다면 감정일기(10~20회)를 쓰고 난 후, 감정일기에 기초해서 자신의 감정패턴(주로 느끼는 감정유형, 감정유발 원인, 감정을 느끼고 난 후 사후행동 등)에 대해서 분석한다.

〈부록 4〉 1. 나의 정서

'인사이드 아웃' 영화감상문 쓰기

ㅁ **영화 '인사이드 아웃'을 보고 주인공 라일리의 정서변화를 분석하면서 감상문을 적어 보세요.**

1. 영화의 내용을 간단히 요약하고 주인공 라일리의 정서를 분석한다.
   (정서관리체계, 감정의 역할, 생각과 행동의 변화 등)

2. 자신(타인)에게 적용하여 자신의 감정을 들여다보고 분석한다.

〈부록 5〉 2. 나를 찾아가는 여행

타인이 보는 나

이름: ____________

□ **소그룹으로 모여 앉아 해당 친구(동료)에 대해 떠오르는 인상, 느낌, 성격 등을 퍼즐 칸에 돌려가며 적어 보세요.** (예 잘 웃는다, 키가 크다, 차분하다 등)

1. 이름을 적는다.
2. ○○○의 이름을 보면 떠오르는 생각을 친구(동료)들이 한 칸씩 돌려가며 적는다.
3. 친구(동료)들이 보는 나의 모습에 대해 이야기 나눈다.

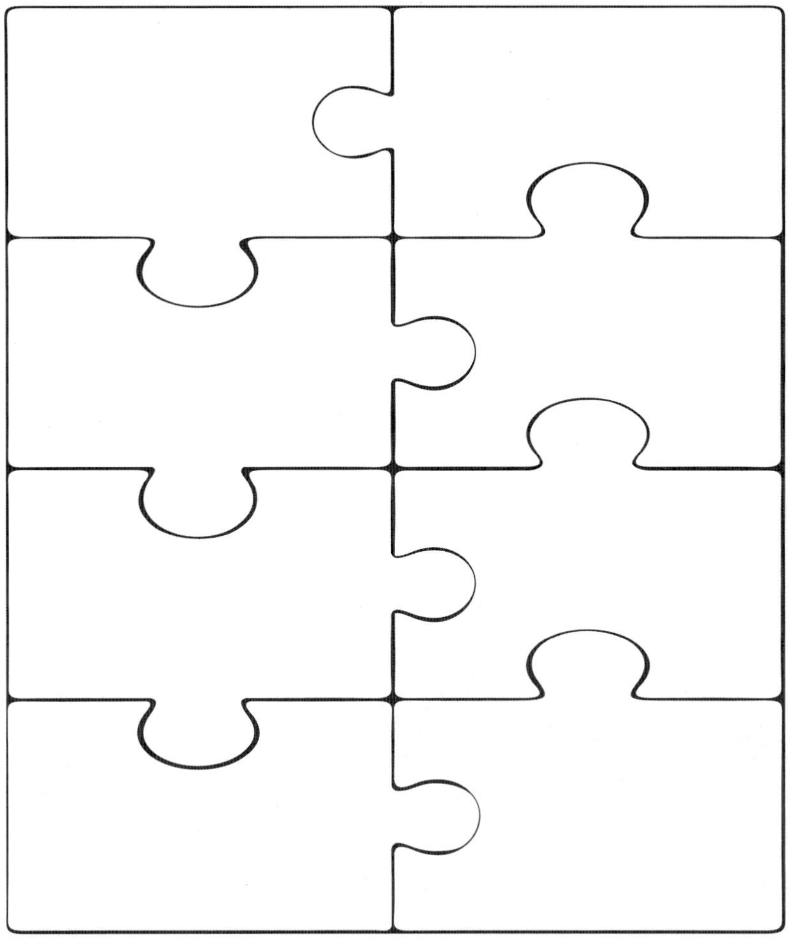

〈부록 6〉 2. 나를 찾아가는 여행

MBTI-나의 성격유형 탐색하기

이름: ___________

1. 각 문항의 左右내용 중 자신과 비슷하거나 선호하는 것을 한 개 골라서 V 표시해 보세요.

E		I	
1. 외부활동에 적극적이다.	( )	내부 활동에 집중하고 생각이 많다.	( )
2. 대인 관계의 폭이 넓다.	( )	소수와의 깊은 인간관계를 맺는다.	( )
3. 말로 표현하기를 좋아한다.	( )	혼자 있으면서 에너지를 충전한다.	( )
4. 활동을 통해서 활력을 얻는다.	( )	만난 사람들과의 기억이 희미하다.	( )
5. 생각보다는 행동이 앞선다.	( )	조용하고 신중하다.	( )
6. 솔직하며 사교적이다.	( )	명상적이며 고독을 즐긴다.	( )
7. 인사성이 밝다.	( )	낯을 가린다.	( )
총 V 개수 ( )		총 V 개수 ( )	
S		**N**	
8. 오감에 의존한다(눈, 귀 등).	( )	육감에 의존한다(통찰적 사고).	( )
9. 현재에 초점을 둔다.	( )	미래에 초점을 둔다.	( )
10. 실제 경험을 중요시한다.	( )	풍부한 아이디어를 추구한다.	( )
11. 관례적, 보수적이다.	( )	새로운 것을 시도한다.	( )
12. 나무만 보고 숲은 못 본다.	( )	나무는 안보고 숲만 보려한다.	( )
13. 일처리가 꼼꼼하고, 철저하다.	( )	일은 신속하고 비약적으로 처리한다.	( )
14. 사실적이고 구체적이다.	( )	변화와 다양성을 추구한다.	( )
총 V 개수 ( )		총 V 개수 ( )	
T		**F**	
15. 논리적이고, 분석적이다.	( )	사람들과의 관계 중심적이다.	( )
16. 진실과 사실에 관심이 있다.	( )	상황에 따라서 판단한다.	( )
17. 원리, 원칙을 강조한다.	( )	상호 우호적인 협력을 좋아한다.	( )
18. 산을 오를 때는 정상까지 간다.	( )	산을 간다는 자체만으로도 즐겁다.	( )
19. 감정표현이 잘 안 나타난다.	( )	감정을 숨기지 못한다.	( )
20. 핵심적, 간단명료하게 설명한다.	( )	내가 좋으면 그냥 좋다.	( )
21. 지적인 논평을 좋아한다.	( )	원리, 논리에 약하다.	( )
총 V 개수 ( )		총 V 개수 ( )	
J		**P**	
22. 체계적이고 논리성을 중시한다.	( )	자율적이고 자발적으로 행동한다.	( )
23. 정리정돈이 되어 있어야 편하다.	( )	상황에 따라서는 흩트려도 좋다.	( )
24. 목표의식이 분명하다.	( )	상황에 따라 목표와 방향이 변한다.	( )
25. 약속한 기한은 철저히 지킨다.	( )	기한이 지나도 좋다고 생각한다.	( )
26. 뚜렷한 기준과 자기의사가 분명하다.	( )	계획 없이 상황에 따라 행동한다.	( )
27. 미리 계획해 놓고 일을 추진한다.	( )	규정이나 정해진 틀을 싫어한다.	( )
28. 규정이나 틀을 좋아한다.	( )	일하는 과정을 즐긴다.	( )
총 V 개수 ( )		총 V 개수 ( )	

2. 아래의 방법에 따라 당신의 성격 유형을 측정해 보세요.

① 위에서 체크된 개수를 세어 8개의 영문자의 총 개수를 적는다.
② E-I, S-N, T-F, J-P의 개수를 각각 비교하여 둘 중 더 많은 개수가 나온 영문자를 쓴다.
③ 각각 많은 개수의 영문자 네 자리가 자신의 성격 유형이라고 가정한다.

	E–I	S–N	T–F	J–P
성격 유형				

에너지 방향, 주의 초점

- 폭넓은 대인관계 유지
- 사교적, 정열적, 활동적

외향형 Extraversion

E

I

내향형 Introversion

- 깊이 있는 대인관계 유지
- 조용하고 신중
- 이해한 다음에 경험

인식기능 (정보수집)

- 오감에 의존
- 실제 경험 중시
- 현재에 초첨을 맞추고 정확, 철저히 일처리

감각형 Sensing

S

N

직관형 iNtuition

- 육감 내지 영감에 의존,
- 미래지향적
- 가능성과 의미 추구
- 신속, 비약적으로 일처리

판단기능 (판단, 결정)

- 진실과 사실에 주관심
- 논리적, 분석적, 객관적 판단

사고형 Thinking

T

F

감정형 Feeling

- 사람과 관계에 주관심
- 상황적, 정상을 참작한 설명

이행양식 생활양식

- 분명한 목적과 방향
- 기한 엄수
- 철저한 사전계획
- 체계적

판단형 Judging

J

P

인식형 Perceiving

- 목적과 방향은 변화 가능
- 상황에 따라 일정 변경
- 자율적이고 융통성있음

출처: http://www.16personalities.com

16가지 성격 특성

ISTJ 실제 사실에 대해 정확하고 체계적으로 기억하며 일처리에 있어서 신중하고 책임감이 강하다. 집중력이 강한 현실감각을 지녔으며 조직적이고 침착하다. 성취하고자 하는 것은 주위의 시선에 아랑곳하지 않고 꾸준하게 추진해 나간다. 정확성과 조직력을 발휘하는 일을 선호한다. 회계, 법률, 생산, 토목, 보건, 사무직, 관리직 등에 적합하다.	ISFJ 온정적이며 헌신적이고, 침착하며 양심이 바르다. 어떤 계획의 추진이나 집단에 안정감을 준다. 경험을 통해서 자신이 틀렸다고 인정될 때까지 어떠한 난관이 있어도 꾸준히 밀고 나가는 형이다. 충실하고 동정심이 많고 타인의 감정에 민감하다. 타인의 관심과 관찰이 필요한 분야인 의료, 간호, 교사, 사무직, 사회복지에 적합하다.
ISTP 조용하고 과묵하며 절제된 호기심으로 객관적으로 인생을 관찰하는 형이다. 일과 관련이 없으면 어떤 상황이나 인간관계에 직접 관여하지 않는다. 연장, 도구, 기계를 다루는 데 뛰어나며 사실들을 조직화하는 재능이 많다. 민첩하게 상황을 판단하는 능력이 있다. 경제, 법률, 판매, 마케팅 분야에 적합하다.	ISFP 말없이 다정하고 속마음이 매우 따뜻하고 친절하다. 따뜻함은 상대를 잘 알기까지는 잘 드러내지 않는다. 자신의 의견이나 가치를 타인에게 강요하지 않으며 반대 의견이나 충돌을 피하고 인화를 중요시한다. 목표를 달성하기 위해서 서두르지 않으며 현재를 즐기기 때문에 마음의 여유가 있다. 자신과 타인의 감정에 지나치게 민감하다.
INFJ 창의력과 통찰력이 뛰어나며 강한 직관력으로 타인에게 영향을 끼친다. 독창성과 내적 독립심이 강하며, 확고한 신념과 열정을 가지고 자신의 영감을 구현시켜 나가려고 한다. 공동의 이익에 애를 쓰고 동료애로 존경을 받으며 사람이 따른다. 직관력과 사람 중심의 가치를 중시하는 분야인 심리학, 상담학, 예술, 문학, 연구개발 등에 적합하다.	INTJ 자기 아이디어나 목표를 달성하는 데 강한 결단력과 추진력이 있다. 관심을 끄는 일이라면 이를 계획하고 추진해 나가는 능력이 돋보인다. 목적달성을 위하여 모든 시간과 노력을 기울인다. 때로는 회의적, 비판적, 독립적이고 고집스러울 때도 있다. 직관력과 통찰력이 활용되는 분야, 과학, 발명, 정치, 철학, 엔지니어분야 등에 적합하다.
INFP 정열적이고 충실하며 내적 신념이 깊다. 이해심이 많고 관대하며 자신이 지향하는 이상에 대하여 정열적인 신념을 가지고 있다. 적응력이 뛰어나고 관대하며 개방적이다. 인간이해와 복지에 기여할 수 있는 일을 하기를 원한다. 너무 많은 일을 벌여 놓고 고민하는 경향이 있다. 언어, 문학, 심리학, 상담, 과학, 예술, 교수 등의 직업에 적합하다.	INTP 과묵하나 관심이 있는 분야에 대해서는 조리있게 말을 한다. 아이디어 개발에 관심이 많으며 매우 분석적이고 논리적이고 비평을 잘한다. 지나치게 추상적이고 비현실적이며 사교성이 결여되기 쉽다. 때로는 자신의 지적능력을 은근히 과시하므로 거만해 보이기도 한다. 지적 호기심을 발휘할 수 있는 분야, 순수과학, 수학, 추상적 개념을 다루는 경제, 철학, 심리 분야 등이 적합하다.

ESTP	ESFP
현실적인 문제해결에 타협모색에 능하며 적응력이 강하고 관용적이며 개방적이다. 친구를 좋아하며 음식, 오락 등 다양한 활동 등 예술적 멋과 감각으로 생활의 모든 것을 즐긴다. 경험을 중시하며 보수적인 가치관을 가지고 있다. 연장이나 기계를 다루는 데 능숙하다. 논리적, 분석적으로 일을 처리하고 추상적인 아이디어나 개념에 대해서는 별로 관심이 없다.	친절하며 낙천적이고 인간 중심적 가치를 가지고 있다. 어떤 상황이든 잘 적응하며 수용력이 강하고 사교적이다. 물질적 소유나 운동 등의 실생활을 즐긴다. 다소 수다스럽고 깊이가 없고 마무리를 등한시하는 경향이 있으나 사람들로 하여금 밝고 즐거운 분위기를 조성한다. 상식과 실제적 능력을 필요로 하는 분야인 비서, 간호, 판매, 기계를 다루는 분야 등에 적합하다.
ENFP	**ENTP**
온정적이고 창의적이며 항상 새로운 가능성을 찾고 시도한다. 관심이 있는 일이라면 열성적, 강렬한 호기심으로 수행해 내는 능력이 있다. 다른 사람들에게 관심을 쏟으며 사람들을 리드하며 뛰어난 통찰력으로 도움을 준다. 반복적이고 일상적인 일은 싫어하며 한 가지 일을 끝내기도 전에 다른 일을 벌이는 경향이 있다. 상담, 교육, 저널리스트, 광고, 성직, 판매, 작가 등의 분야 등에 적합하다.	독창적인 혁신가이며 창의력이 풍부하고 폭넓은 안목과 다방면으로 재능이 많다. 풍부한 상상력과 새로운 일에 도전하려는 열정과 의욕이 강하다. 새롭고 복잡한 문제에 대한 해결능력이 뛰어나다. 사람을 이해하려고 노력하며 항상 즐겁고 활기차다. 일상적이고 세부적인 일을 경시하는 경향이 있다. 때로는 경쟁적이며 이론에 많은 관심이 있다. 과학자, 발명가, 저널리스트, 마케팅, 컴퓨터 관련 분야 등에 적합하다.
ESTJ	**ESFJ**
실용적이고 현실감각이 뛰어나며 일을 조직하고 계획하며 추진시키는 능력이 있다. 규칙을 중시하고 체계적으로 사업체나 조직을 이끌어 나간다. 뛰어난 지도자로서 일의 목표를 설정하고 지시, 결정하고 이행하는 능력이 있다. 지나치게 업무 위주로 사람들 대하는 경우가 있어 인간중심적 사고가 필요하다. CEO, 행정가, 생산 건축 등의 분야에 적합하다.	마음이 따뜻하고 말하는 것을 좋아하며 동정심과 동료애가 많고 친절하며 능동적인 구성원이다. 정리정돈을 잘하고 참을성이 많고 인화를 도모한다. 사람들에게 냉철한 입장을 보이는 것을 어려워한다. 자신과 반대의 입장을 보이거나 자신의 요구가 받아들여지지 않으면 상처를 받는다. 교직, 간호·의료분야, 성직자 등에 적합하다.
ENFJ	**ENTJ**
민첩하고 동정심이 많고 사교적이며 타인의 의견을 존중하고 공동선을 위하여 다른 사람들의 의견에 동조하는 편이다. 현재보다는 미래의 가능성을 더욱 추구하고 능숙하게 계획을 제시하고 집단을 리드하는 능력이 있다. 타인의 좋은 점을 지나치게 이상화하며 맹목적인 충성을 보이는 경향이 있다. 심리상담치료, 외교, 판매, 성직자 등의 분야에 적합하다.	활동적이고 분석적이며 결정력과 통솔력이 있고 장기적 계획을 수립하고 지적인 자극을 주는 새로운 아이디어에 높은 관심을 갖는다. 정보에 밝고 지식에 대한 관심과 욕구를 가지고 있다. 일에 있어서는 사전준비와 철저히 분석하여 체계적으로 처리해 나가는 형이다. 다른 사람의 의견에 귀 기울이고 성급한 판단이나 결론을 피해야 좋을 때가 많다.

〈부록 7〉 3. 나를 더 사랑하기

나의 자아존중감은?

이름: ___________

□ 아래의 문항들은 '자신을 어떻게 보느냐'에 대한 생각을 나타내는 문항입니다. 질문을 읽고 자신에게 해당되는 곳에 V표 해 주세요.

문항	내용	대체로 그렇지 않다	보통이다	대체로 그렇다	항상 그렇다
1	나는 내가 다른 사람들처럼 가치 있는 사람이라고 생각한다.	①	②	③	④
2	나는 좋은 성품을 가졌다고 생각한다.	①	②	③	④
3	나는 내 자신에 대하여 긍정적인 태도를 가지고 있다.	①	②	③	④
4	나는 대부분의 다른 사람들과 같이 일을 잘할 수가 있다.	①	②	③	④
5	나는 내 자신에 대하여 대체로 만족한다.	①	②	③	④
6	나는 자랑할 것이 별로 없다.	①	②	③	④
7	나는 대체적으로 실패한 사람이라는 느낌이 든다.	①	②	③	④
8	나는 내 자신을 좀 더 존경할 수 있으면 좋겠다.	①	②	③	④
9	나는 가끔 내 자신이 쓸모없는 사람이라는 생각이 든다.	①	②	③	④
10	나는 때때로 내가 좋지 않은 사람이라고 생각한다.	①	②	③	④

※ 진단해석

☞ 긍정문항(1~5번), 부정문항(6~10번)으로 구성되어 있습니다. 긍정적 문항은 그대로 점수를 계산하지만 부정적 문항의 경우는 반대로 채점하면 됩니다. 즉 부정적 문항의 4점은 1점으로, 3점은 2점으로, 1점은 4점으로 처리합니다. 점수가 높을수록 자아존중감은 높은 것을 의미합니다. 총점이 25점이면 보통 정도입니다.

출처: 이용규(2009). 대학생을 위한 진로지도. 신광문화사. p.21.

〈부록 8〉 3. 나를 더 사랑하기

나의 최고의 재산

이름: ____________

□ 내가 생각하는 나의 장점과 단점들을 모두 적어 보세요(외모, 성격, 능력 등).

장점 :

단점 :

□ 내가 생각하는 단점에 대해서 친구들이 해 준 격려의 말들을 들어 보세요. 〈부록 8〉

□ 이제 자신이 가지고 있는 최고의 재산이 무엇인지 정리해 봅시다.

내가 가지고 있는 많은 재산들 가운데 내가 생각하는 나의 장점이 지금 나의 최고의 재산이 될 수 있습니다.

〈부록 9〉 3. 나를 더 사랑하기

친구(동료)들의 격려 한마디!

이름: ___________

ㅁ 자신이 생각하는 자신의 단점을 적어 보세요. 그 다음에 친구(동료)들에게 보여 주고 자신의 단점이 오히려 장점이 될 수 있는 새로운 제안들을 돌려가면서 적어 보게 하세요.

예 거절을 잘 못한다. -〉 타인을 배려하는 마음, 신중함 때문이라고 생각한다.
-〉 진짜 싫거나 거절할 일, 하고 싶은 말이 있으면 해버려! 널 소중히 여기는 사람은 충분히 이해할거야.

내가 생각하는 나의 단점

〈 〉

- ___________________________
- ___________________________
- ___________________________
- ___________________________
- ___________________________
- ___________________________
- ___________________________

〈부록 10〉 4. 내 감정의 주인이 되라

나의 정서조절 방법 사용패턴

이름: ___________

ㅁ 아래의 문항들은 자신의 정서조절 방법 사용패턴을 진단하기 위한 문항입니다. 질문을 읽고 자신에게 해당되는 곳에 V표 해 주세요.

문항	내용	전혀 그렇지 않다	그렇지 않다	보통이다	그렇다	매우 그렇다
1	처한 상황이나 문제를 합리적으로 생각하려 노력한다.	①	②	③	④	⑤
2	문제해결을 위해 도움을 줄 수 있는 사람에게 구체적인 도움을 부탁한다.	①	②	③	④	⑤
3	일어나 버린 상황에 대해 어쩔 수 없음을 받아들인다.	①	②	③	④	⑤
4	내가 어떻게 느끼는지 누군가에게 이야기한다.	①	②	③	④	⑤
5	왜 이런 기분을 느끼게 되었는지 이해하려 노력한다.	①	②	③	④	⑤
6	상대방이나 주변 사람들에게 화를 낸다.	①	②	③	④	⑤
7	스스로에게 괜찮다고 말한다.	①	②	③	④	⑤
8	느껴지는 감정을 부정하지 않고 수용하려 한다.	①	②	③	④	⑤
9	행복했던 기억을 떠올려 본다.	①	②	③	④	⑤
10	처한 상황이나 문제의 부정적인 측면에 대해 반복적으로 생각한다.	①	②	③	④	⑤
11	부정적인 것은 잊어버리려 노력한다.	①	②	③	④	⑤
12	그 일의 원인이 기본적으로 다른 사람에게 있다고 생각한다.	①	②	③	④	⑤
13	이 일을 달리 해석해 볼 수 없는지 생각해 본다.	①	②	③	④	⑤
14	처한 상황이나 문제를 개선하거나 해결하기 위한 구체적인 일을 실행에 옮긴다.	①	②	③	④	⑤
15	누군가 나를 이해하고 위로해 주길 바란다.	①	②	③	④	⑤
16	불쾌한 기분에서 벗어날 수 있도록 즐거운 장소에 간다.	①	②	③	④	⑤
17	혼자 있거나 안전한 장소에서 소리를 크게 질러 본다.	①	②	③	④	⑤
18	처한 상황이나 문제와 관련 없는 다른 일을 생각한다.	①	②	③	④	⑤
19	지금 하고 있는 행동이나 생각이 나에게 얼마나 도움이 될 것인지 생각해 본다.	①	②	③	④	⑤
20	처한 상황이나 문제에 대해 무언가 구체적인 일을 할 수 있는 사람과 이야기한다.	①	②	③	④	⑤
21	폭식을 한다.	①	②	③	④	⑤
22	나쁜 상황은 금방 지나갈 거라고 스스로에게 말한다.	①	②	③	④	⑤
23	나를 행복하게 하는 것들을 떠올려 본다.	①	②	③	④	⑤
24	주변 사람들에게 짜증을 낸다.	①	②	③	④	⑤
25	평소 좋아하는 사람을 만나 시간을 보낸다.	①	②	③	④	⑤
26	앞으로 일어날 일에 대해 자꾸만 안 좋은 쪽으로 생각한다.	①	②	③	④	⑤
27	일은 이미 일어났고 어떻게든 달라질 수 없음을 받아들이려 한다.	①	②	③	④	⑤
28	그 일이 다른 사람 잘못이라고 생각한다.	①	②	③	④	⑤
29	담배를 피운다.	①	②	③	④	⑤
30	처한 상황이나 문제를 보다 나은 방향으로 해결할 수 있도록 차근차근 행동을 취한다.	①	②	③	④	⑤
31	혼자 있거나 안전한 장소에서 화장지나 종이 등의 물건을 찢거나 부수면서 불쾌한 감정을 해소하려 한다.	①	②	③	④	⑤

문항	내용	전혀 그렇지 않다	그렇지 않다	보통 이다	그렇다	매우 그렇다
32	성적 행위(자위나 성관계 등)를 한다.	①	②	③	④	⑤
33	음식을 마구 먹어댄다.	①	②	③	④	⑤
34	상황이 왜 잘 진행되지 않았는지 평가한다.	①	②	③	④	⑤
35	내가 겪은 일이 얼마나 끔찍한지 계속 생각한다.	①	②	③	④	⑤
36	기분을 전환하기 위해 산책이나 드라이브를 한다.	①	②	③	④	⑤
37	자신에게 위안이 되는 말을 되뇌인다.	①	②	③	④	⑤
38	마음이 편안해지거나 기분이 좋아지는 자연경관을 머릿속에 그려 본다.	①	②	③	④	⑤
39	처한 상황이나 문제가 다른 사람의 탓이라고 생각한다.	①	②	③	④	⑤
40	불쾌한 감정을 충분히 느끼려고 한다.	①	②	③	④	⑤
41	상대방이나 주변사람들에게 내 감정을 정확하게 표현하려 한다.	①	②	③	④	⑤
42	안 좋은 일이 일어나게 될지 모른다고 계속해서 걱정한다.	①	②	③	④	⑤
43	편한 친구나 가족을 만난다.	①	②	③	④	⑤
44	불쾌한 감정을 있는 그대로 받아들이려 한다.	①	②	③	④	⑤
45	처한 상황으로부터 배울 게 있을 거라 생각한다.	①	②	③	④	⑤
46	과거에 기분을 좋게 해 주었던 활동을 한다.	①	②	③	④	⑤
47	어떻게 하는 것이 좋을지 선배나 권위자에게 조언을 구한다.	①	②	③	④	⑤
48	혼자 있거나 안전한 장소에서 욕이나 심한 말을 함으로써 불쾌한 감정을 해소하려 한다.	①	②	③	④	⑤
49	처한 상황이나 문제를 잘 처리할 수 있는 방법을 취한다.	①	②	③	④	⑤
50	상황이 다르게 전개 되었더라면 하는 생각을 반복적으로 한다.	①	②	③	④	⑤
51	이미 일어난 일이라는 사실을 받아들인다.	①	②	③	④	⑤
52	처한 상황을 변화시킬 수 있는 방법에 대해 생각해 본다.	①	②	③	④	⑤
53	그 일에 대해 다른 사람의 책임이라고 생각한다.	①	②	③	④	⑤
54	다른 사람에게서 공감이나 이해를 구하려 한다.	①	②	③	④	⑤
55	취할 때까지 술을 마신다.	①	②	③	④	⑤
56	상대방이나 다른 사람들에게 자꾸 시비를 건다.	①	②	③	④	⑤
57	불쾌한 감정을 유발했던 대상이나 상황을 반복해서 생각한다.	①	②	③	④	⑤
58	문제를 해결하기 위해 구체적인 행동을 취한다.	①	②	③	④	⑤
59	컴퓨터 게임을 한다.	①	②	③	④	⑤
60	친구와 함께 즐겁고 유쾌한 활동을 한다.	①	②	③	④	⑤
61	그 일에 대해 너무 깊이 생각하지 않으려고 한다.	①	②	③	④	⑤
62	과거에 즐거웠던 일들을 생각해 본다.	①	②	③	④	⑤
63	처한 상황이나 문제와 관련해 내가 실수하거나 잘못한 점들을 계속해서 떠올린다.	①	②	③	④	⑤
64	앞으로 어떻게 할지 행동에 대한 계획을 세운다.	①	②	③	④	⑤
65	불쾌한 감정에 대해 부정하지 않고 받아들이려 한다.	①	②	③	④	⑤
66	처한 상황이나 문제에 대해 무엇을 할지 다른 사람에게 조언을 구한다.	①	②	③	④	⑤
67	친밀한 사람과 함께 시간을 보낸다.	①	②	③	④	⑤
68	내게 어떤 문제가 있을 거라는 생각을 반복한다.	①	②	③	④	⑤
69	필요 이상으로 많이 먹는다.	①	②	③	④	⑤

※ 진단방법

☞ 자신의 정서조절 방법 사용패턴을 이해하기 위한 진단결과를 살펴봅시다. 세부내용별 해당 문항의 점수를 합산하여 총 점수를 계산합니다.

정서조절 방법	세부내용	문항	점수 합	평균
인지적 방법	능동적으로 생각하기	1, 5, 13, 19, 34, 45, 52, 64		
	수동적으로 생각하기	7, 11, 18, 22, 37, 61		
	인지적으로 수용하기	3, 27, 51		
	부정적으로 생각하기	10, 26, 35, 42, 50, 57, 63, 68		
	타인 비난하기	12, 28, 39, 53		
체험적 방법	즐거운 상상하기	9, 23, 38, 62		
	타인에게 공감이나 위안 얻기	4, 15, 41, 54		
	감정 수용하기	8, 40, 44, 65		
	타인에게 부정적 감정 분출하기	6, 24, 56		
	안전한 상황에서 부정적 감정 분출하기	17, 31, 48		
행동적 방법	문제해결 행동 취하기	14, 30, 49, 58		
	조언이나 도움구하기	2, 20, 47, 66		
	친밀한 사람 만나기	25, 43, 67		
	기분전환 활동하기	16, 36, 46, 60		
	폭식하기	21, 33, 69		
	탐닉 활동하기	29, 32, 55, 59		

출처: 이지영(2014). 정서조절 코칭북. 시그마프레스. pp.108-113.

〈부록 11〉 4. 내 감정의 주인이 되라

적응적 정서조절 vs. 부적응적 정서조절 방법

이름: ____________

▫ 적응적인 정서조절 방법

① 능동적으로 생각하기

예 주임선생님은 원장님이나 원감선생님이 없는 자리에서 짜증을 부리거나 언성을 높이면서 자신이 화났다는 것을 알리려는 듯 행동하였다. 집으로 돌아오는 길에 '왜 주임선생님은 나에게 그렇게 화를 내는건가?' 생각하며 내가 더 스트레스를 받는다고 생각했다. 그러다가 문득 내가 만만해서 그렇게 생각한다고 결론을 내렸다. 잠시 생각해 보니 옆 반 선생님도 주임선생님이 자기를 만만하게 생각하고 함부로 화를 낸다고 했던 말이 생각났다. 그래서 '주임선생님은 원래 성격이 그런 사람이구나.'라고 생각했다. 또한, '내가 만만해서 그런 게 아니라 원래 그런 성격의 사람이구나.'라는 생각으로 내가 굳이 그 사람 때문에 이렇게 고민하고 스트레스 받을 필요가 없다며 달리 생각하였다.

② 수동적으로 생각하기

예 밤늦도록 동생이 오지 않았다. 전화도 받지 않았다. 혹시 사고라도 난 것은 아닌지, 아니면 다른 안 좋은 일이 생긴 것은 아닌지 걱정되기 시작했다. 자꾸 그런 생각을 하니 불안해졌다. 그래서 내일 무엇을 해야 할지에 대한 생각으로 주의를 돌렸다. 그리고 '괜찮아, 곧 들어오겠지. 전에도 지하철에서 잠이 들어서 이렇게 늦었던 적이 있었잖아.'라며 스스로를 위로하며 기다렸다. 동생은 12시가 넘어서 들어왔다. 오늘은 버스를 놓쳤다고 했다.

③ 인지적으로 수용하기

예 며칠 밤샘 작업을 하며 전공수업 시연발표 준비를 하였다. 막상 내 차례가 다가오고 많은 사람들 앞에서 시연을 하려고 하니 긴장이 되어 준비한 대로 하지 못하고 실수를 연발하였다. 그러나 이미 시연 발표는 끝났고 되돌릴 수 없었다. 그래서 나는 혼잣말로 '어차피 시연은 끝났는데 뭐, 이미 벌어진 일이고… 이번에는 어쩔 수 없지. 그래, 됐다.'라고 생각하며 진정하고 수용하려 하였다.

④ 즐거운 상상하기

예 밤에 자려고 누우니 오늘 수업시간에 있었던 시연발표를 망친 일이 떠올랐다. 열심히 준비한 시연발표였는데 긴장되어 제대로 하지 못한 게 아쉽고 속상했다. 하지만 내일 있을 남자친구와의 데이트를 생각하며 속상한 마음을 진정시켰다.

⑤ 문제해결 행동 취하기

예 조별 과제를 위해 각자 역할분담을 하였다. 내가 맡은 부분이 양도 많고 시간도 많이 걸리는 작업이었다. 다른 친구들은 자신이 맡은 부분을 이미 다 끝냈다며 여유로움을 보였다. 그 모습에 짜증이 났고 내가 하는 일에 집중을 할 수가 없었다. 그래서 잠시 생각해 보았다. 지금 이 상황을 말없이 혼자 끙끙 앓았다가는 내가 맡은 일에 속도는 더디어만 가고 같은 조 친구들에 대한 감정까지 안 좋아질 것 같았다. 나는 같은 조 친구들에게 내 상황을 이야기하고 이미 작업을 끝낸 친구들에게 도움을 받는 게 좋을 것 같다는 결론을 내렸다. 나는 친구들에게 이야기를 했고 결국 우리는 서로가 도와가며 작업을 함께 하며 제시간에 조별과제준비를 마치고 즐거운 마음으로 과제준비를 마칠 수 있었다.

⑥ 조언이나 도움 구하기

예 우리 유치원에서는 주간교육계획안을 작성하면 원감 선생님께 검토를 받고 원장선생님께 결재를 받고 있다. 그런데 이번 주에 원장님께서 주간교육계획안을 이렇게밖에 못했냐며 화를 내셨다. 이제 교사 경력 1년차인 나는 최선을 다해 작성한 건데 어떻게 해야 할지 당황스러웠다. 그래서 옆 반 경력이 많으신 주임선생님에게 나의 문제를 털어놓으며 조언을 구했다. 그랬더니 주임선생님께서 피드백을 해 주시며 참고할 만한 책도 건네 주셔서 속상한 마음이 한결 편해졌다.

⑦ 감정을 표현하고 공감 얻기

예 이번 주 주간계획안을 작성하여 원장님께 검토를 받기 위해 가져갔다. 검토하시던 원장님은 주안계획안을 이렇게밖에 못하냐며 불같이 화를 내셨다. 이제 교사 경력 1년차인 나는 최선을 다해 작성한 건데 화부터 내시니 속상하고 서운했다. 누구한테도 말하기 어려워 혼자 속으로 끙끙 앓다가 같이 입사한 동기 선생님에게 오늘 있었던 일을 이야기했다. 그랬더니 그 선생님도 같은 경험을 하였고 나의 기분을 안다며 내 얘기를 들어 주었다. 정말 큰 위로가 되었다.

⑧ 감정 수용하기

예 기말고사 기간이 다가왔다. 중간고사를 망쳐버려 이번 기말고사에서 그 점수를 만회해야만 한다. 시험날짜가 다가올수록 불안감과 압박감이 밀려왔다. 순간 '내가 이렇게 불안해하는구나.' 하고 내 감정을 알았다. 불안에 빠져들기 시작하면서 공부에 더 집중하기 어려웠고 그럴수록 불안감과 초조함은 더해 갔다. 이에 내가 느끼는 불안을 그대로 느끼기로 했다. '내가 지금 시험에 대한 강한 부담감을 가지고 불안해하고 있구나.'라고 생각하며 내 감정을 살펴보았다. 점차 불안은 가라앉고 조금은 마음이 편해짐을 느낄 수 있었다.

ㅁ 부적응적인 정서조절 방법

① 타인 비난하는 생각하기

예 중요한 약속이 있어 새로 산 원피스를 입고 집을 나서려는데 엄마가 비가 올 것 같다고 말씀하셨다. '우산을 가지고 나가야 하나?' 고민을 하자 엄마는 일기예보에서는 안온다고 했지만 혹시 모르니 가지고 가라고 하셨다. '일기예보에서 안 온다고 했으니 안 올 거야' 라는 생각으로 우산 없이 그냥 집을 나섰다. 버스정류장에서 버스를 기다리는데 비가 쏟아지기 시작하였다. 새로 산 원피스가 비에 젖자 난감하기도 하고 속상해서 화가 났다. 순간 끝까지 우산을 가지고 가라고 강력하게 말하지 않았던 엄마가 원망스러웠다. 더구나 일기예보에서 비가 오지 않을 거라던 잘못된 정보를 알려 준 엄마의 탓이라고 생각했다.

② 폭식하기

예 기말고사 시험기간이 다가온다. 공부를 하기는 했지만 중간고사 때 시험을 망친 만큼 잘 봐야지 하는 부담감으로 무척 초초하고 불안했다. 그래서 공부하기 전 매번 떡볶이와 라면을 먹으며 불안감을 잊으려 했다.

③ 탐닉 활동하기

예 4학년 1학기를 마쳐가는데 취업걱정으로 밤에 잠이 오지 않았다. 우선 10월에 있는 공무원시험에 도전에 보려고 계획했는데 시험 날짜가 다가오자 더 불안하고 잠을 잘 수가 없었다. 잠이 오지 않을 때마다 컴퓨터를 켜서 게임을 하기 시작했다. 게임을 하는 동안은 취업 걱정도 사라졌다. 그렇게 밤마다 게임을 하다 보니 한 달이라는 시간이 지나버렸다.

④ 타인에게 부정적 감정 분출하기

예 오늘은 며칠 전부터 약속되어 있던 소개팅 날이다. 아침부터 들뜬 기분으로 하루를 보내다가 나갈 준비를 하기 시작했다. 오늘 입으려고 생각했던 옷을 찾는데 옷이 보이질 않는다. 엄마에게 그 옷 못 봤냐고 물어보자 모르겠다고 혹시 빨래 바구니 안에 들어 있는지 확인해 보라고 하신다. 그 순간 내가 며칠 전에 그 옷을 입고 빨래 바구니 안에 넣어 두었던 게 생각났다. 그 사실을 기억하지 못하고 미리 준비하지 못한 나에게 짜증이 났지만 그때 난 엄마에게 짜증을 내며 왜 아직 옷을 세탁하지 않았냐며 마구 화를 냈다.

〈부록 12〉 4. 내 감정의 주인이 되라

그래, 결심했어! : 정서 조절을 위한 대안 찾기

이름: ____________

우리는 정서조절이 필요한 상황에서 하루에도 몇 번씩 "이렇게 할까, 아니면 저렇게 할까?" 고민하는 경우가 많습니다. 이 상황에서 어떤 결정을 내리느냐에 따라 결과도 아주 많이 달라집니다. 이번 활동에서는 어떤 사건에 대해서 평소 내가 하는 정서조절의 실제 경험적 반응(행동, 생각, 말)을 적어 보고, 그 사건에 대해 반응할 수 있는 다른 대안적인 방법을 생각하여 비교해 봅시다.

사례 1) 며칠 동안 귀가 시간이 늦었고 오늘은 술을 조금 마셔서 얼굴도 발갛게 되어 귀가를 했더니 어머니가 공부는 하지 않고 늦게 들어온다고 야단을 치셨다. 다른 아이들은 아르바이트를 해서 용돈도 벌고 장학금도 탄다고 하시면서 화를 내셨다.

① 경험적 반응 평소 본인은 어떻게 행동했나요?	**② 대안적 반응** 다른 대안적 방법은 무엇이 있을까요?
행동: 문을 쾅 닫고 방에 들어가 버린다. 다음 날에도 늦게 귀가한다. 생각: 어쩌다가 늦은 건데 과장되게 혼내시고 다른 아이들과 비교하신다. 말: "내가 알아서 할 테니까 상관 좀 하지 말아요."	**대안 1)** 행동: 생각: 말:

사례 2) 우리 유치원(어린이집)에서는 주간교육계획안을 작성하면 원감 선생님께 검토를 받고 원장선생님께 결재를 받고 있다. 그런데 이번 주에는 주간계획안을 작성하여 원장님께 검토를 받기 위해 가져갔다. 검토하시던 원장님은 주간계획안을 이렇게밖에 못하냐며 불같이 화를 내셨다.

① 경험적 반응
평소 본인은 어떻게 행동했나요?

행동:

생각:

말:

② 대안적 반응
다른 대안은 무엇이 있을까요?

대안 1)
행동:

생각:

말:

대안 2)
행동:

생각:

말:

□ **활동방법**

① 정서조절이 필요했던 사건의 사례를 아래 빈칸에 적어 보세요.
② 그 사건에 대해서 평소 정서조절을 위해 내가 하는 경험적 반응을 적어 보세요.
③ 그 사건에 대해 반응할 수 있는 다른 대안적인 방법 2가지를 생각해서 적어 보세요.
④ 실제 행동(반응)과 2가지 대안적 반응을 비교, 검토해 보세요.

사례)

⬇ ⬇

① 경험적 반응 평소 본인은 어떻게 행동했나요?	**② 대안적 반응** 다른 대안은 무엇이 있을까요?
⬇	⬇
행동: 생각: 말:	**대안 1)** 행동: 생각: 말:
	대안 2) 행동: 생각: 말:

〈부록 13〉 5. 스트레스 관리

최근 나의 스트레스는?

이름: ___________

□ **활동방법**

1. 우리가 일상에서 스트레스를 다루는 것은 마치 곡예사가 저글링을 하는 것처럼 위태롭기 때문에 이에 대한 균형감이 필요합니다. 곡예사가 공중에 계속 머물러 있게 하는 공 안에 최근 나에게 스트레스를 주었던 상황이나 사건, 문제들을 적어 보세요.
2. 이러한 스트레스 요인으로 인해 나의 몸에 일어나는 신체적인 증상들을 모두 적습니다.
3. 곡예사의 주변 외곽에 이러한 스트레스 요인이 여러분의 생활에 미치는 외부적인 결과를 적습니다.

나의 신체증상

- ______________________
- ______________________
- ______________________

생활에 미치는 외부적인 결과

- ______________________
- ______________________
- ______________________

〈부록 14〉 6. 미래의 마시멜로

나의 목표 추진력

이름: ____________

ㅁ 아래의 문항들은 자신의 목표 성취를 위한 추진력에 관해 묻는 문항입니다. 질문을 읽고 자신에게 해당되는 곳에 V표 해 주세요.

문항	내용	거의 그렇지 않다	때때로 그렇다	매우 그렇다
1	나는 내 인생과 커리어의 구체적 목표를 세운다.	⓪	①	②
2	과제를 수행할 때, 나는 정기적으로 나의 진행을 평가하고 팀의 책임자에게 구체적인 피드백을 구한다.	⓪	①	②
3	과제를 수행할 때, 나는 실패하면 어떤 느낌이 들지 생각하지 않는다.	⓪	①	②
4	나는 계획이 끝까지 효율적으로 실행되는 것을 보기 원한다.	⓪	①	②
5	나는 도전적인 (실패의 위험을 포함하여) 일을 하는 것을 선호한다.	⓪	①	②
6	나는 일할 때 대부분의 시간과 에너지를 중요한 프로젝트에 투입한다.	⓪	①	②
7	나는 실패의 위험이 있는 도전적인 프로젝트를 기꺼이 맡는다.	⓪	①	②
8	나는 매일 자신을 위한 하루 목표를 세운다.	⓪	①	②
9	나는 새로운 과제를 시작할 때 실패보다 성공에 대해서 더 많이 생각한다.	⓪	①	②
10	미래는 불확실한 것이지만, 계획을 세우는 것이 득이 된다.	⓪	①	②
11	어려운 과제를 진행시킬 때, 나는 과제를 성공적으로 수행하기 위해서 사용 가능한 모든 자원을 고려한다.	⓪	①	②
12	나는 내가 현재 하는 일을 만족스럽게 느낀다.	⓪	①	②
13	어려운 과제를 할 때, 나는 과제의 성공적 완성을 방해할 수 있는 나의 개인적 약점을 인식하고 개선시키려고 노력한다.	⓪	①	②
14	나는 집중적인 노력이나 장기적인 투입을 요구하는 프로젝트를 선호한다.	⓪	①	②

문항	내용	거의 그렇지 않다	때때로 그렇다	자주 그렇다
15	할 일을 미리 계획하는 것이 인생의 재미를 빼앗지는 않는다.	⓪	①	②
16	나는 긴 시간 동안 과제에 집중할 수 있다.	⓪	①	②
17	나는 어려운 문제에 직면했을 때 쉽게 포기하지 않는다.	⓪	①	②
18	프로젝트를 진행할 때, 나는 친구나 지인보다는 그 분야의 전문가와 일을 하고 싶다.	⓪	①	②
19	나는 어떤 일을 하고 싶지 않을 때도 일을 계속한다.	⓪	①	②
20	나는 내가 시작한 일을 끝낸다.	⓪	①	②
21	나는 우선순위를 정하고 효과적으로 목표를 달성한다.	⓪	①	②
22	나는 하루 동안 일하기 위해서 충분하고도 남을 만큼의 에너지를 가지고 있다.	⓪	①	②
23	나는 성취를 하는 사람이다.	⓪	①	②
24	나는 내가 하고자 나선 일에서 성공하려는 강한 욕구를 가지고 있다.	⓪	①	②
25	어려운 과제를 시작할 때, 나는 실패에 대한 생각보다는 성공에 대한 생각에 의해 더욱 동기부여를 받는다.	⓪	①	②
총점				

※ **진단해석**

25점 이하	26점 이상~38점 이하	39점 이상
개발	강화	향상
당신이 추진력 스킬을 학습하고 이해하면 유익할 것이다. 레슨을 통해서 이 중요한 자기관리 스킬을 충분히 개발하도록 하라.	당신은 현재 추진력 스킬이 평균적인 개발 수준에 있다. 당신은 이 스킬을 강화시켜서 강점으로 삼을 수 있을 것이다.	당신의 추진력 스킬은 현재 당신의 강점이다. 이 중요한 스킬을 개선하고 향상시키는 방법을 계속 찾아보라.

출처: Nelson, D. B. & Low, G. R.(2012). 감성지능. 시그마프레스. pp.125-126.

〈부록 15〉 6. 미래의 마시멜로

목표 설정하기

이름: ___________

□ 아래의 스마트(S–M–A–R–T) 원칙을 고려하여 자신의 '평생 목표'와 최근 3년을 기점으로 지금 '단기 목표'를 기입해 보세요. 인생에서 진실로 원하는 것, 나의 평생의 목표는 무엇입니까? 앞으로 3년 이내(또는 1년) 단기 목표는 무엇입니까?

스마트(S–M–A–R–T) 원칙

S: Specific(구체성)
M: Measurable(측정가능성)
A: Action-oriented(행동 중심)
R: Realistic(현실성)
T: Time-Bounded(기한성)

나의 평생 목표

나의 단기 목표

〈부록 16〉 6. 미래의 마시멜로

나의 현재 유혹 vs. 미래의 만족

이름: ___________

□ 현재 자신이 당장하고 싶은 것은 무엇인지, 미래에 내가 원하는 것은 무엇인지를 생각해 보세요. 그중 내가 평소 선택한 것은 무엇인지 적어 보고, 나의 목표 달성을 위해 나의 감정이나 행동 중 바꾸거나 만족지연해야 하는 것은 무엇인지 기록해 보세요.

현재의 유혹

내가 당장 하고싶은 것

1.
2.
3.
4.
5.

미래의 마시멜로

내가 원하는 것

1.
2.
3.
4.
5.

나의 선택은?

1.
2.
3.
4.
5.

VS.

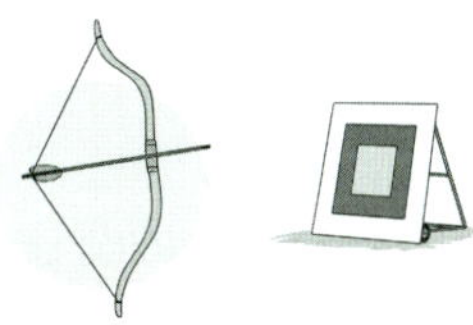

□ 내가 할 행동(나의 감정이나 행동 중 바꾸거나 만족지연해야 하는 것들)

〈부록 17〉 7. 감정신호 읽기

나의 타인 정서 인식 수준

□ 이 진단지는 타인의 정서에 대한 인식수준을 이해할 수 있게 해 줍니다. 질문을 읽고 자신에 대해 가장 잘 묘사했다고 생각되는 것 한 가지만 선택해 주십시오.

1. 다른 사람의 감정을 읽는다.
a [ ] 다른 사람들이 어떻게 느끼는지 알고 있다.
b [ ] 가끔은 다른 사람들의 감정을 인식할 수 있다.
c [ ] 다른 사람들의 감정을 오해하곤 한다.

2. 미묘한 비언어적 감정의 단서들을 감지할 수 있다.
a [ ] 목소리 톤이나 제스처 등을 통해 사람들의 숨겨진 감정을 짐작할 수 있다.
b [ ] 가끔은 비언어적 단서들을 읽을 수 있다.
c [ ] 이러한 단서들에 관심이 없다.

3. 거짓 감정을 인식한다.
a [ ] 언제나 거짓말을 알아차린다.
b [ ] 어떤 사람이 거짓말할 때 알아차릴 때가 있다.
c [ ] 다른 사람들의 거짓말에 잘 속아 넘어간다.

4. 예술 속에서 감정을 느낀다.
a [ ] 나는 미적 감각을 가지고 있다.
b [ ] 가끔은 예술에서 감정을 느낀다.
c [ ] 예술이나 음악에 관심이 없다.

5. 감정을 관찰하는 능력이 있다.
a [ ] 언제나 감정을 인식한다.
b [ ] 대부분 인식하고 있다.
c [ ] 거의 인식하지 못한다.

6. 조작된 감정을 인식한다.
a [ ] 어떤 사람이 자신의 감정을 조작하는 것을 항상 알 수 있다.
b [ ] 대부분 알고 있다.
c [ ] 거의 알지 못한다.

7. 사람들이 왜 그렇게 느끼는지에 대한 나의 이해 수준은
a [ ] 탁월하다
b [ ] 보통이다.
c [ ] 놓치는 부분이 많다.

※ 진단결과
☞ a, b, c의 개수에 각각 2점, 1점, 0점을 곱하여 총 점수를 계산합니다.

※ 진단해석
☞ 총점이 7점보다 낮을수록 타인 정서 인식 수준이 낮고 8점보다 높을수록 높은 타인 정서 인식 수준을 가진 것입니다.

출처: Caruso, D. R. & Salovey, P.(2009). 하트스토밍. pp.231-234.

〈부록 18〉 7. 감정신호 읽기

예술작품에 담긴 감정 읽기

이름: ____________

▫ **명화 속 등장인물을 자세히 관찰한 후 표현된 다양한 정서를 인식해 보도록 합니다.**

- 다음 작품에서 어떤 감정이 느껴집니까?
- 작품 속 등장인물의 현재 감정은 무엇일까요?
- 작품 속 등장인물은 현재 무엇이라고 말하고 있는 것 같습니까?
- 왜 그렇게 생각했나요?

구스타프 클림트 「연인(키스)」

장-프랑수아 밀레 「만종」

에드가 드가 「기다림」

월터 랭글리 「저녁이 가면
아침이 오지만 가슴은 무너지는구나」

조르주 드 라 투르 「속임수」

존 슬론
「일요일, 머리를 말리는 여자들」

〈부록 19〉 8. 너의 마음을 알아

나의 공감능력

이름: ____________

□ 아래의 문항들은 공감능력 수준에 관해 나타내는 문항입니다. 질문을 읽고 자신에게 해당되는 곳에 V표 해 주세요.

문항	문제	거의 그렇지 않다	때때로 그렇다	자주 그렇다
1	나는 배려심 있는 사람이며, 사람들은 내가 그렇다는 것을 감지한다.	⓪	①	②
2	나는 다양한 감정을 경험하고 있는 사람을 이해하고 인내심을 갖고 대한다.	⓪	①	②
3	나는 따뜻하고 포용력이 있는 사람으로, 사람들은 매우 사적인 걱정과 느낌을 나에게 이야기하는 것을 편하게 느낀다.	⓪	①	②
4	나는 사람들이 개인적인 문제에 대해서 정말로 이야기할 수 있는 부류의 사람이다.	⓪	①	②
5	내 친구들은 내가 이해심이 많은 사람이라고 말한다.	⓪	①	②
6	나는 다른 사람들의 감정을 그들이 느끼는 대로 느낀다.	⓪	①	②
7	나는 다른 사람의 느낌에 귀를 기울이고 진심으로 이해한다.	⓪	①	②
8	나는 경청을 잘하는 사람이라는 평을 듣는다.	⓪	①	②
9	나는 누가 나에게 말을 하고 있을 때 그 사람이 어떻게 느끼는지 정확히 이해한다.	⓪	①	②
10	누군가 나에게 중요한 것을 말할 때, 나는 그 사람에게 집중하고 그의 말을 귀담아 듣는다.	⓪	①	②
11	나는 다른 사람이 느끼는 것을 정확하게 느낀다.	⓪	①	②
12	다른 사람이 나에게 그가 느끼고 있는 것을 말할 때, 나는 그 느낌을 이해하고 그의 말을 경청한다.	⓪	①	②
총점				

※ 진단해석

11점 이하	12점 이상~18점 이하	19점 이상
개발	강화	향상
당신이 공감 스킬을 학습하고 이해하면 유익할 것이다. 활동을 통해서 이 중요한 리더십스킬을 개발하도록 하라.	당신은 현재 공감 스킬이 평균적인 개발 수준에 있다. 이 스킬을 강화시켜서 강점으로 삼을 수 있다.	당신의 공감 스킬은 현재 자신의 강점이다. 이 중요한 스킬의 향상 방법을 계속 찾아 보도록 하자.

출처: Nelson, D. B. & Low, G. R.(2012). 감성지능-학업과 커리어에서 탁월성을 이루는 법. pp.100-101.

〈부록 20〉 8. 너의 마음을 알아

공감적 반응하기

이름: ___________

□ 이럴 때 상대방의 속마음은 어떨까요? 다음의 사례를 읽고 본인이라면 어떻게 반응할 것인지 적어 보세요. 다른 사람들의 공감적 반응들도 공유하면서 평소 자신의 공감적 반응은 어떤지 반성적으로 평가해 보세요.

사례 1)

초임교사인 김교사와 주임교사인 정교사는 만 2세반을 함께 담임하고 있다. 김교사와 정교사는 한주씩 번갈아 가면서 수업진행을 하고 있는데 초임교사인 김교사는 수업계획안을 원장님께 제출하기 전에 정교사의 사전확인을 받고 있다. 5월이 되자 김교사는 정교사에게 '선생님, 제가 수업을 담당하는 주간에는 저 혼자서 소신껏 창의적으로 수업을 운영해 보고 싶어요.'라고 말했다.

주임교사의 반응

지난 번 선생님 혼자서 했던 수업이 잘못되었던 것 기억나지요? 선생님 혼자서 해 보고 싶은 것은 이해되지만 초임 때는 지도를 받아야지요.

대안적 반응

사례 2)

어제 민기를 목욕시키려다 보니 팔에 멍이 파랗게 들어 있어서 놀랐어요. 어린이집(유치원)에서 무슨 일이 있었는지… 다쳐서 온 것 같아요.

교사의 반응

어~ 그래요? 어제 특별한 사고는 없었는데요.

대안적 반응

〈부록 21〉 9. 서로 다른 관점

두 개의 또 다른 그림

이름: ____________

□ 무엇이 보이나요? 그림을 보고 이야기 나눠 봅시다.

- 젊은 여인 또는 노파인가?
- 색소폰 부는 사람 또는 여인의 얼굴인가?
- 술잔 또는 두 사람의 옆모습인가?
- 광대분장의 남자 또는 여성들인가?
- 같은 그림인데도 왜 전혀 다른 얼굴과 사물로 보이는 것일까요?

〈부록 22〉 9. 서로 다른 관점

같은 동화 다른 이야기

이름: ____________

□ 빨간 모자, 오해받은 늑대 이야기

어느 화창한 날, 나는 숲을 산책하고 있었는데 바구니를 들고 길을 따라 내려오는 어린 소녀를 보게 되었다. 그 소녀는 이상한 차림을 하고 있었는데 온통 붉은색의 옷을 입고 있었고 머리에는 망토를 뒤집어쓰고 있어서 누군지 알아볼 수 없었다. 자연히 나는 그 소녀가 누군지 알아보기 위해 멈추어 섰다. 나는 그 소녀에게 누군지, 어디로 가는지, 어디에서 오는지, 그런 것들을 물어보았다. 그러자 소녀는 나에게 점심 바구니를 가지고 할머니 댁에 간다고 노래를 부르며 대답했다. 소녀는 솔직한 사람 같아 보였지만 이상한 망토를 입고 있어서 의심스러웠다. 그래서 나는 그 소녀에게 혼자서 이상한 옷을 입고 숲을 가로질러가는 것이 얼마나 위험한 일인지 가르쳐 줘야겠다고 결심했다.

그래서 나는 그 소녀가 지나간 뒤 그 소녀의 할머니 집으로 먼저 달려갔다. 나는 할머니에게 나의 생각을 설명했고 우리는 소녀에게 낯선 곳에 혼자 다니면 위험하다는 것을 알게 해 주자고 서로 합의했다. 그래서 할머니는 내가 부를 때까지 보이지 않게 피해 있기로 약속했고 침대 밑에서 기다리기로 했다.

소녀가 할머니 집에 도착했을 때, 나는 할머니처럼 차려 입고 침대에 누워서 침실로 그녀를 불렀다. 그녀는 볼이 홍당무처럼 빨개져 가지고 와서 나의 큰 귀가 심술궂어 보인다고 말했다. 나는 욕을 먹은 것이고, 그래서 나는 큰 귀가 잘 듣는 데 도움이 된다고 말하면서 나를 변호했다. 이 말은 내가 그녀를 좋아하고 그녀가 말하는 것에 최대한 관심을 기울이고 있다는 의미이다. 그러나 그녀는 나의 부풀어 오른 눈에 대해 또 한 번 기분 나쁘게 말을 했다. 이제 여러분은 내가 아주 심술궂은 이 소녀에 대해 어떤 느낌을 가지기 시작했는지 알 수 있을 것이다. 나는 그 소녀에게 나의 큰 눈이 그녀를 더욱 잘 보는 데 도움이 된다고 말했다. 그러자 그 소녀는 또다시 나의 이빨에 대해 험담을 하였다. 그래서 나는 화를 참지 못하고 침대에서 뛰어나와 나의 이빨 덕분에 그녀를 더욱 잘 씹어 먹을 수 있다고 으르렁 댔다.

그런데 문제를 잘 생각해 보자. 어떤 늑대도 작은 소녀를 먹지는 못할 것이다. 그런데도 소녀는 소리를 지르며 집을 뛰어다니기 시작했다. 그래서 나는 그 소녀를 조용하게 하려고 쫓아다녔고 입고 있던 할머니의 옷을 벗어버렸다. 그런데 이것이 상황을 악화시킨 것 같다. 왜냐하면 그 순간 갑자기 문이 열렸고 나무꾼이 이 광경을 보았기 때문이다. 나도 도끼를 들고 있는 나무꾼을 보았고, 내가 문제에 부딪쳤다는 것을 순간적으로 깨달았다. 내 뒤에는 마침 문이 열려 있었고 나는 밖으로 뛰어나갔다.

이것이 이야기의 전부이다. 그러나 할머니라는 인물은 나의 편에서 절대로 말해 주지 않았다. 시간이 좀 지나자 숲속에는 내가 비열한 늑대라는 소문이 돌았고 모두들 나를 피하기 시작했다. 나는 웃기는 붉은 모자를 쓴 어린 소녀에 대해 알지 못한다. 그리고 나는 그 작은 소녀의 이야기가 사실과 다르다고 말하고 싶다.

□ **토의할 문제**

1. 어린 시절 '빨간 모자'라는 동화를 들었을 때 늑대에 대해 어떻게 느꼈는지 기억하나요?
2. 지금은 늑대에 대해 어떻게 느끼나요?
3. 할머니, 나무꾼, 그리고 '빨간 모자'에 대한 자신의 감정은 어떻게 바뀌었나요?
4. 자신의 삶에서 이야기의 다른 면을 듣기 전에 상황에 대해 매우 단정적인 감정을 가졌던 때를 생각할 수 있나요? 예를 들어 줄 사람이 있나요?
5. 이 이야기의 목적은 무엇이라고 생각합니까?

〈부록 23〉 10. 효과적인 의사소통

나의 의사소통능력

이름: ____________

ㅁ 질문을 읽고 자신에게 해당되는 곳에 V표 해 주세요.

문항	내용	전혀 그렇지 않다	그렇지 않다	보통이다	그렇다	매우 그렇다
1	나는 결정하기 전에 모든 증거를 고려한다.	①	②	③	④	⑤
2	나는 의사소통에서 말하는 사람의 감정에 민감하다.	①	②	③	④	⑤
3	나는 창의적으로 일에 접근한다.	①	②	③	④	⑤
4	나는 상대방이 말하는 것에 집중한다.	①	②	③	④	⑤
5	나는 다른 사람이 의견을 말하도록 격려한다.	①	②	③	④	⑤
6	나는 다른 정보와 아이디어가 서로 어떻게 관련되는지를 알 수 있다.	①	②	③	④	⑤
7	나는 누군가가 이야기할 때, 내가 동의하든 안 하든 전체 내용을 들을 수 있다.	①	②	③	④	⑤
8	말하는 사람이 내가 이해했다는 것을 즉시 알게 한다.	①	②	③	④	⑤
9	스트레스를 받는 상황에서도 나는 내가 말한 것을 기억한다.	①	②	③	④	⑤
10	나는 발표에서 주요한 점을 인식하고, 세부적인 것에 의해서 분산되지 않는다.	①	②	③	④	⑤
11	나는 말하는 사람의 얼굴 표정, 자세, 비언어적 행동을 알아차린다.	①	②	③	④	⑤
12	나는 누군가가 나에게 이야기할 때 말한 것을 주의 깊게 듣는다.	①	②	③	④	⑤
13	나는 누군가가 나에게 말하고 있을 때, 개인적인 관심을 보인다.	①	②	③	④	⑤
14	나는 누군가가 내게 제공한 정보를 며칠 후에도 기억할 수 있다.	①	②	③	④	⑤
15	나는 정보와 요청에 적시에 적절한 방법으로 반응한다.	①	②	③	④	⑤
16	나는 말하는 사람이 접근했을 때 들을 준비가 되어 있다.	①	②	③	④	⑤
17	나는 결론을 내리기 전에 모든 정보가 제시될 때까지 기다린다.	①	②	③	④	⑤

문항	내용	전혀 그렇지 않다	그렇지 않다	보통이다	그렇다	매우 그렇다
18	나는 사람과 상황은 시간에 따라 변화된다는 사실을 인정한다.	①	②	③	④	⑤
19	누군가가 나에게 이야기할 때 나는 다른 사람의 대화, 시끄러운 주변, 전화에 의해서 산만해지지 않을 수 있다.	①	②	③	④	⑤
20	나는 상황을 더 잘 이해하기 위해서 정보를 찾는다.	①	②	③	④	⑤
21	나는 명확하고 직접적으로 의사소통한다.	①	②	③	④	⑤
22	나는 세부적인 것에 반응하기보다는 메시지의 주요한 점에 초점을 둔다.	①	②	③	④	⑤
23	나는 나와 다른 관점을 존중한다.	①	②	③	④	⑤
24	나는 지난주나 한 달 전에 일어났던 일들의 세부적인 것을 기억한다.	①	②	③	④	⑤
25	나는 말하는 사람이 방해받지 않고 이야기하게 한다.	①	②	③	④	⑤

※ 진단해석

▫ 의사소통능력 하위내용별 해당 문항의 점수를 합산하여 총 점수를 계산합니다.

의사소통능력 하위내용	문항	점수 합	총점수 합
집중	4, 12, 13, 16, 19		
이해와 해석	2, 10, 11, 22, 25		
분석과 평가	1, 7, 17, 18, 23		
반응	5, 8, 15, 20, 21		
기억	3, 6, 9, 14, 24		

☞ 총점수가 높을수록 의사소통능력이 높은 것입니다. 총점수가 95점 이상이면 '우수한 의사소통', 75~95점의 범위에 해당하면 '적절한 의사소통', 75점 이하이면 '의사소통에 문제'가 있는 것으로 해석합니다.

출처: 최일선, 조운주(2010). 유아교육 평가의 이론과 실제. 창지사.

〈부록 24〉 10. 효과적인 의사소통

나의 의사소통 수준 탐색하기

이름: ___________

ㅁ **다음은 다른 사람과의 관계에서 어떤 수준의 의사소통을 하고 있는지 알아보기 위한 활동입니다.**

1. 자신의 알고 있는 사람(또는 직장 내 교직원) 가운데 7~8명을 선택한다.
2. 선택한 사람과의 친밀감 정도를 3수준으로 구분하여 이름을 기록한다.
3. 선택한 사람과의 의사소통 수준을 생각한 후 해당되는 곳에 기록한다.
4. 모든 사람과 의사소통 수준이 높을 필요는 없지만 주변 사람과의 의사수준에 대해 개선해야 할 점이 있다면 무엇인지 생각해 봅시다. 만약 직장 동료들과의 의사소통 수준을 생각해 봤다면 직장 내에서 자신의 역할과 맡은 업무를 고려할 때 의사소통 수준을 개선해야 할 사람이 있는지 생각해 보고 그 이유는 무엇인지 토론해 봅시다.

친밀감 수준 / 의사소통 수준		그냥 아는 사이	잘 알지만 사생활까지는 모르는 사이	잘 알고 사생활도 아는 사이
		예 조교선생님 (사무원)	예 학과동기 1 (영아반 교사)	예 어머니, 남자친구 (동기 교사)
5수준	완전한 의사소통			
4수준	감정 공유			
3수준	개인적 생각 공유			
2수준	사실 보고			
1수준	피상적인 대화			

〈부록 25〉 11. 갈등관리

나의 갈등관리유형

이름: ___________

□ 질문을 읽고 자신에게 해당되는 곳에 V표 해 주세요.

문항	내용	전혀 그렇지 않다	그렇지 않다	보통 이다	그렇다	매우 그렇다
1	동료(친구)와 의견차이가 생기면, 동료(친구)와 함께 문제해결 방법을 모색한다.	①	②	③	④	⑤
2	대체로 동료(친구)의 요구를 만족시키려고 노력한다.	①	②	③	④	⑤
3	동료(친구)와 갈등상황에 처하면, 그 상황에서 곧바로 빠져나와 갈등 요인에 대해서 언급하지 않는다.	①	②	③	④	⑤
4	동료(친구)와 의견 차이가 생기면, 동료(친구)의 의견을 수렴하여 통합적으로 해결하고자 한다.	①	②	③	④	⑤
5	동료(친구)와 의견차이가 생길 때, 만족스러운 해결책을 찾기 위해 동료(친구)와 협의하고자 한다.	①	②	③	④	⑤
6	동료(친구)와 의견차이가 있을 때, 솔직한 이야기는 하지 않으려 한다.	①	②	③	④	⑤
7	어려움을 해결하기 위해 중간적 입장을 취하려 노력한다.	①	②	③	④	⑤
8	나는 내가 제시한 해결방안이 받아들여지도록 끝까지 노력한다.	①	②	③	④	⑤
9	내 아이디어가 받아들여지도록 나의 영향력을 발휘한다.	①	②	③	④	⑤
10	동료(친구)의 의견을 수용하는 편이다.	①	②	③	④	⑤
11	갈등 상황이 발생하면 문제에 대해서 동료(친구)와 서로 정보를 교환한다.	①	②	③	④	⑤
12	동료(친구)의 의견을 그대로 따르는 편이다.	①	②	③	④	⑤
13	동료(친구)와 의견 차이가 생기면 논쟁을 피한다.	①	②	③	④	⑤
14	동료(친구)와 차이점을 좁혀서 타협점에 도달한다.	①	②	③	④	⑤
15	갈등상황을 해결하기 위해 중도적 방안을 제안한다.	①	②	③	④	⑤
16	동료(친구)와 충돌하지 않으려고 노력한다.	①	②	③	④	⑤
17	전문가의 견해를 인용하여 내가 제시한 해결책이 받아들여지도록 노력한다.	①	②	③	④	⑤
18	동료(친구)의 제안에 잘 따른다.	①	②	③	④	⑤

문항	내용	전혀 그렇지 않다	그렇지 않다	보통 이다	그렇다	매우 그렇다
19	주고받기(give and take)방식을 사용하여 타협안을 찾는다.	①	②	③	④	⑤
20	확고하게 나의 주장을 관철시키는 편이다.	①	②	③	④	⑤
21	동료(친구)와 마음을 터놓고 함께 상의하여 최선의 해결책을 찾는다.	①	②	③	④	⑤
22	동료(친구)와 의견이 불일치할 경우 협력해서 만족스러운 해결책을 찾는다.	①	②	③	④	⑤
23	동료(친구)의 기대에 부응하고자 노력한다.	①	②	③	④	⑤
24	때때로 나의 지위를 이용하여 문제 상황을 해결한다.	①	②	③	④	⑤
25	동료(친구)와의 감정대립을 꺼리기 때문에 반대 의견이 있어도 이를 그냥 묻어둔다.	①	②	③	④	⑤
26	동료(친구)와 불쾌한 의견교환은 피하고 싶다.	①	②	③	④	⑤
27	문제에 대해 정확한 이해를 하기 위해 동료(친구)의 의견을 물어본다.	①	②	③	④	⑤

※ 진단해석

갈등관리 유형	내용	문항	점수 합	평균 (점수 합/문항 수)
통합형	의견수립, 해결방안 모색, 협력, 정보교환	1, 4, 5, 11, 21, 22, 27		
배려형	양보, 부탁, 제안, 부응	2, 10, 12, 18, 23		
지배형	재량권 발휘, 나의 주장관철	8, 9, 17, 20, 24		
회피형	충돌피하기, 대립피하기, 회피하기, 언급하지 않기	3, 6, 15, 16, 25, 26		
타협형	중간적 입장, 중도적 방안 제시, 협상, 주고받기	7, 13, 14, 19		

※ 진단해석

☞ 유형별 평균점수를 산출하여 각 개인이 획득한 유형별 평균점수 결과가 5점에 가까울수록 해당 갈등관리유형 특성이 강한 것으로 해석합니다.

출처: 임성진(2012). 어린이집 주임교사의 갈등관리유형과 조직효과성과의 관계. 신라대학교 교육대학원 석사학위논문. p.63.

〈부록 26〉 11. 갈등관리

'신발 바꿔 신기' 역할극

이름: ___________

□ **아래의 상황에서 당신은 어떤 생각을 하고 행동이나 말을 할 것인지 생각해 보세요.**

그런 다음 조별 구성원과 역할을 정해서 자신이 생각한 행동과 말들로 역할극을 진행해 보고 서로 역할을 바꾸어 상대방의 입장이 되어서도 역할극을 진행해 보세요.

친구관계

#1. 이번 학기 수업에서 5명이 한 조로 발표를 준비하게 되었다. 조별 발표를 위한 역할분담에서 내가 자신 있는 파트를 다른 친구가 잘할 수 있다며 자기가 맡아서 하겠다고 한다. 나도 그 파트가 자신 있는데…

직장동료관계

#2. 나는 평소 꾸미고 만드는 것에 자신이 없어 하는 편이다. 내가 처음 유치원(어린이집)에 입사해서 얼마 지나지 않아 환경구성을 할 때였는데, 나는 주임선생님이 좀 더 나를 이끌어 줬으면 좋겠다고 생각했지만 주임선생님은 행사나 교실 환경구성을 할 때 나에게 물어보지도 않고 결정을 하였다. 그 이후에도 주임선생님은 환경적인 부분에 관해서는 아예 나를 배제하고 다른 교사들과 의논할 때가 많았고, 그때마다 나는 비참하기도 하고 서글프기도 하고 의기소침해지고 더 의욕도 없어졌다. 그래도 나는 환경을 새롭게 구성할 때 내가 할 수 있는 부분에서 청소를 한다든지 음식을 갖다 준다든지. 그렇게 해서 나도 도왔다고 생각했다. 그러나 주임선생님은 항상 환경적인 일을 할 때면 나는 아무 일도 안 하는 사람처럼 이야기를 하고 다녔다. (중략) 2주 앞에 있을 부모참여수업을 앞두고 교실과 유치원(어린이집) 로비의 환경구성에 대해 내일 교사회의가 있을 예정이다.

〈부록 27〉 12. 교사로서 유아의 마음 공감하기

유아들에게 나는 어떤 모습일까?

이름: ____________

□ 내가 생각하는 나의 얼굴이 아닌, 아이들의 입장에서 바라보았을 때 나는 어떤 모습을 하고 있을지 상상하여 그림으로 표현해 봅시다.

〈부록 28〉 12. 교사로서 유아의 마음 공감하기

나를 힘들게 하는 아이에게 편지쓰기

이름: ____________

□ **나를 힘들게 하는 아이에 대한 나의 반성과, 그 아이의 강점들을 바탕으로 편지를 써 봅시다.**

유아의 강점에 대해 생각하는 것은 교사가 유아에 대해 할 수 없는 것보다는 할 수 있는 것에 초점을 두게 하는 전략입니다. 예를 들어, '공격적인 아이', '친구를 무는 아이'라고 명명함으로써 유아의 특성을 단정 짓기보다 친구들을 때리기도 하지만 블록 만들기와 달리기를 잘하는 아이로 강점에 관심을 갖는 것입니다.

〈부록 29〉 13. 교사로서 나의 마음 공감하고 돌보기

유아의 정서표현에 대한 교사의 정서반응 유형

이름: ___________

□ 질문을 읽고 자신에게 해당되는 곳에 V표 해 주세요.

문항	내용	전혀 그렇지 않다	그렇지 않다	보통 이다	그렇다	매우 그렇다
1	유아들은 슬퍼해야 할 일이 별로 없어야 한다고 생각한다.	①	②	③	④	⑤
2	만약 유아가 슬퍼할 때 관심을 주지 않고 그냥 놔두면 대부분 저절로 사라지면서 알아서 해결되는 것 같다.	①	②	③	④	⑤
3	자기가 감정을 통제할 수만 있다면 분노(슬픔)를 느끼는 것도 괜찮다고 생각한다.	①	②	③	④	⑤
4	나는 지나치게 감성적인 유아보다는 행복한 유아를 더 선호하는 편이다.	①	②	③	④	⑤
5	나는 유아가 슬픔을 빨리 극복해서 더 나은 쪽으로 생활할 수 있도록 도와준다.	①	②	③	④	⑤
6	유아가 슬퍼할 때에는 내가 뭔가 가르치기에 적절치 않는 시기이다.	①	②	③	④	⑤
7	나는 유아의 분노를 밝은 분위기로 바꿔 주려고 노력하는 편이다.	①	②	③	④	⑤
8	영유아기는 천진난만해야 할 시기이지 슬픔이나 분노를 느낄 시기가 아니다.	①	②	③	④	⑤
9	나는 유아가 분노(화)를 내는 것에 크게 신경 쓰지 않는다.	①	②	③	④	⑤
10	유아가 화를 낼 때, 나는 '왜 쟤는 매사를 순순히 받아들이지 못할까'라고 생각한다.	①	②	③	④	⑤
11	유아들은 때때로 교사의 동정심을 유발하기 위해 일부러 슬픈 것처럼 행동한다.	①	②	③	④	⑤
12	유아가 화를 낼 때는 '유아를 그 상황에서 격리시켜 얼마간 반성의 장소에서 타임아웃'을 주는 것이 좋다고 생각한다.	①	②	③	④	⑤
13	유아들이 울거나 짜증을 내는 등의 슬픔을 표현하면 버릇이 없어지기 때문에 그런 행동은 좋지 않다.	①	②	③	④	⑤
14	분노(화)는 대부분 공격성을 불러온다.	①	②	③	④	⑤

문항	내용	전혀 그렇지 않다	그렇지 않다	보통이다	그렇다	매우 그렇다
15	나는 유아가 화내는 것에 대해 허용범위를 정해 둔다.	①	②	③	④	⑤
16	유아가 슬픈 척 하는 것은 나의 관심을 끌기 위해서이다.	①	②	③	④	⑤
17	유아가 슬퍼할 때, 저러다 유아가 부정적인 성격이 되는 게 아닌지 걱정스럽다.	①	②	③	④	⑤
18	유아들은 자신이 원하는 것을 얻어내기 위해 화를 낸다.	①	②	③	④	⑤
19	유아가 화를 낼 때, 나는 유아의 파괴적인 성향을 걱정한다.	①	②	③	④	⑤
20	유아가 화를 내면 혼을 내서라도 바로 잡아야 한다.	①	②	③	④	⑤
21	분노(화)를 느낄 때에는 밖으로 표현해야 한다.	①	②	③	④	⑤
22	슬픔에 대해 내가 만일 유아에게 뭘 가르쳐 줄 게 있다면, 그건 바로 슬픔을 표현해도 된다는 것이다.	①	②	③	④	⑤
23	나는 슬픔을 다른 정서로 바꿀 수 있는 방법에 어떤 것이 있는지 잘 모르겠다.	①	②	③	④	⑤
24	유아가 슬퍼할 때, 유아를 위로해 주는 것 말고는 내가 할 수 있는 일이 별로 없다.	①	②	③	④	⑤
25	유아가 슬퍼할 때, 나는 무슨 일이든지 유아들에게 자신들을 사랑하고 있다는 것을 알게 하려고 노력한다.	①	②	③	④	⑤
26	유아가 슬퍼할 때, 유아가 나에게 원하는 것이 무엇인지 도무지 모르겠다.	①	②	③	④	⑤
27	나는 분노(화)라는 정서에 대해서 유아에게 특별히 가르치거나 설명해 주려 하지 않는다.	①	②	③	④	⑤
28	분노에 대해 내가 만일 유아에게 뭘 가르쳐 줄 게 있다면, 그건 바로 화를 표현해도 된다는 것이다.	①	②	③	④	⑤
29	유아가 화를 낼 때, 무슨 일이 있든지 언제나 나는 유아를 사랑한다는 사실을 인식시키려고 노력한다.	①	②	③	④	⑤
30	유아가 화를 낼 때, 유아가 나한테 무엇을 어떻게 해주길 바라는지 도무지 모르겠다.	①	②	③	④	⑤
31	유아가 슬퍼할 때야말로 유아와 문제를 해결할 수 있는 좋은 기회이다.	①	②	③	④	⑤
32	유아가 슬퍼할 때가 바로 유아와 가까워질 수 있는 기회이다.	①	②	③	④	⑤
33	나는 유아가 슬퍼할 때 유아를 슬프게 한 원인이 무엇인지 찾아보도록 도와준다.	①	②	③	④	⑤

문항	내용	전혀 그렇지 않다	그렇지 않다	보통이다	그렇다	매우 그렇다
34	나는 유아가 슬픔을 경험해 보기 원한다.	①	②	③	④	⑤
35	유아가 슬퍼할 때, 나는 유아 옆에 앉아서 그 슬픔에 대해 이야기 나눈다.	①	②	③	④	⑤
36	나는 유아가 분노라는 정서를 경험해 보기를 바란다.	①	②	③	④	⑤
37	유아가 화를 낼 때, 유아의 기분을 이해하려고 노력하는 편이다.	①	②	③	④	⑤
38	유아가 화가 났을 때, 바로 이때가 문제를 해결할 수 있는 좋은 기회다.	①	②	③	④	⑤
39	유아도 화를 낼 권리가 있다.	①	②	③	④	⑤
40	나는 유아가 화를 내더라도 자기 입장을 떳떳이 표현할 수 있기를 바란다.	①	②	③	④	⑤

※ 진단결과

유형	내용	문항	점수 합	평균점수 (점수 합/10)
축소 전환	유아가 느끼는 정서에 대해 중요하지 않거나 대수롭지 않게 취급하고, 유아와 함께 문제를 해결하지 않고 그저 시간이 가면 문제가 해결된다고 믿는다.	1~10		
억압	유아에게 한계를 정할 필요성에 대해 지나치게 의식하고 바른 기준이나 교사의 권위에 대한 유아의 복종을 강조한다.	11~20		
방임	유아의 모든 정서표현을 받아주지만 행동에 제한을 두지 않고 유아가 문제를 해결하도록 돕지 않는다.	21~30		
감정 코칭	유아의 정서표현은 교사와 유아간의 친밀도를 높일 기회라고 생각하고 인내심을 갖고 유아의 정서를 존중한다. 또한, 한계를 정하고 수용 가능한 정서표현이 무엇인지를 가르친다.	31~40		

※ 진단해석

☞ 유형별 평균점수를 산출하여 각 개인이 획득한 유형별 평균점수 결과가 5점에 가까울수록 유아의 정서표현에 대한 본인의 정서반응 유형 특성이 강한 것으로 해석합니다.

출처: Morris, C. A. S.(2010). Emotionally Competent Caregiving. pp.86-87의 문항 중 일부를 제시함.

〈부록 30〉 13. 교사로서 나의 마음 공감하고 돌보기

교사로서 나의 마음 들여다보기

이름: ____________

- 유치원(어린이집)에서 일할 때, 또는 유아와 지낼 때 무엇이 나를 화나고 슬프고 좌절시키고 불안하게 만드는지 생각해 봅시다. 자신의 내면을 들여다보면서 나의 감정을 인정하고 조율해 주세요.

〈부록 31〉 **14. 교사로서 성인과 관계 맺기**

대인관계능력 진단하기

이름: ____________

□ **질문을 읽고 자신에게 해당되는 문항을 5개 골라서 V표 해 주세요. 자신이 체크한 문항 옆에 있는 점수의 합계를 계산하세요.**

내 용	V표	점수
1. 친구(동료)들의 얘기를 잘 들어 주며 서로 깊은 대화를 나눌 수 있다.		④
2. 말하기 전에 상대방의 입장을 한번 고려한 뒤 말한다.		④
3. 선후배, 친구, 지인들에게 꾸준히 연락하거나 짧은 안부를 전한다.		④
4. 동아리, 학과, 직장 등 기타 단체에서 일을 할 때 협력하려고 노력한다.		③
5. 나의 생각과 감정을 잘 표현할 수 있으며 감정을 잘 조절할 수 있다.		③
6. 나와 맞지 않는 친구(동료)는 되도록 피한다.		②
7. 진행 상황이 내 생각과 다르면 짜증이나 화를 내는 편이다.		②
8. 많은 사람들에게 내 이야기를 하는 것이 불편하다.		②
9. 조직에서 꼭 리더의 위치에 있어야만 한다.		①
10. 윗사람의 시선을 크게 의식하지 않고 행동한다.		①
총점		

※ 진단해석

점수	해석
0~8점	자신에게 집중하고 있다. 다른 사람들과의 관계가 불편한 상태이다. 주변 사람들이 말을 걸거나 인사하기 어려워하고 있다.
9~13점	인간관계에 노력하고 있기 때문에 좋은 인간관계를 기대할 수 있다. 진심을 토대로 하는 것이 필요하다.
14~18점	신뢰받는 대인관계를 유지하고 있다. 인적 네트워크를 쌓고 있다.

출처: 정명화 외(2010). 성공적인 직무수행을 위한 자기개발능력. 한국전문대학 교육협의회. p.177.

〈부록 32〉 14. 교사로서 성인과 관계 맺기

우리 기관의 조직문화 유형은?

이름: ____________

□ 현재 일하고 있는 어린이집(유치원)의 조직문화 유형을 체크해 보세요. 동료교사들과 우리 조직의 장단점과 개선해야 할 부분에 대해서 이야기 나눠봅시다.

문항	내용	전혀 그렇지 않다	그렇지 않다	보통 이다	그렇다	매우 그렇다
1	우리 어린이집(유치원)은 교(보)육에 관련된 새로운 정책을 두려워하지 않고 받아들이려고 한다.	①	②	③	④	⑤
2	우리 어린이집(유치원)은 교(보)육 프로그램에 관한 새로운 시책에 적응하고자 창의적인 아이디어나 보육프로그램을 개발하려고 한다.	①	②	③	④	⑤
3	우리 어린이집(유치원)은 내부적으로 정한 규칙과 절차를 이행함을 원칙으로 하고 있으나 상황에 따라 융통성 있게 문제를 해결하고 있다.	①	②	③	④	⑤
4	우리 어린이집(유치원)은 유아들의 이익을 위해서는 결과가 다소 불확실하더라도 시도해 본다.	①	②	③	④	⑤
5	우리 어린이집(유치원) 선생님들은 원장의 의견과 다른 견해라도 교사 상호 간에 자유롭게 의견을 교환한다.	①	②	③	④	⑤
6	우리 어린이집(유치원)에서는 새로운 교(보)육 프로그램을 개발하고, 적용하는 교사에게 시상, 포상, 보너스, 상금 등의 인센티브를 준다.	①	②	③	④	⑤
7	우리 어린이집(유치원)에서는 관습적인 것에서 벗어난 시도라도 새로운 규칙을 만들어 시행해 본다.	①	②	③	④	⑤
8	우리 어린이집(유치원)에서는 교사의 직무성취 능력을 판단하는 기준으로 유아들의 긍정적인 발달적 변화를 최우선시 한다.	①	②	③	④	⑤
9	우리 어린이집(유치원)에서는 소소한 인간관계에 좌우됨이 없이 대원칙에 준하여 업무를 처리한다.	①	②	③	④	⑤
10	우리 어린이집(유치원)은 교(보)육목표의 달성을 최대한 고려하여 운영 계획을 세운다.	①	②	③	④	⑤

문항	내용	전혀 그렇지 않다	그렇지 않다	보통 이다	그렇다	매우 그렇다
11	우리 어린이집(유치원)은 최소한의 인적, 물적 자원을 투입해서 최대한의 교육효과를 성취하기 위하여 자원의 효율성을 중요한 규범으로 삼고 있다.	①	②	③	④	⑤
12	우리 어린이집(유치원)에서는 교(보)육사업의 가장 중요한 업적을 유아들이 해낸 결과물이라고 여긴다.	①	②	③	④	⑤
13	우리 어린이집(유치원)에서는 교사들 간에 사담보다는 교(보)육에 관한 지식과 정보교환을 중심으로 의사소통이 이뤄지는 편이다.	①	②	③	④	⑤
14	우리 어린이집(유치원)은 교사들이 제시하는 여러 가지 방안을 검토하면서 다각도로 문제해결을 시도하기보다는 효율적이고 안정적인 운영을 우선시하는 편이다.	①	②	③	④	⑤
15	우리 어린이집(유치원)은 원장과 교사들 간의 친근감을 바탕으로 결속력을 다지는 것을 중요한 규범으로 삼고 있다.	①	②	③	④	⑤
16	우리 어린이집(유치원)에서는 개별적인 업적보다는 교사들 간의 팀웍이나 협동심을 강조한다.	①	②	③	④	⑤
17	우리 어린이집(유치원)의 원장과 교사들은 개인의 능력이나 아이디어를 서로 공유하는 것이 생활화되어 있다.	①	②	③	④	⑤
18	우리 어린이집(유치원) 교사들은 원장을 친근한 직장 선배로 느낀다.	①	②	③	④	⑤
19	우리 어린이집(유치원) 교사들은 개인적인 사정이나 어려움에 대해 대화를 나누고 공유한다.	①	②	③	④	⑤
20	우리 어린이집(유치원)에서는 교사들에게 참여적인 의사결정권이 주어진다.	①	②	③	④	⑤
21	우리 어린이집(유치원)은 정책 또는 외부 요구변화에 모든 구성원들이 함께 대응할 수 있는 조직이나 방안을 가지고 있는 편이다.	①	②	③	④	⑤
22	우리 어린이집(유치원)은 사무행정에 있어서 원장과 교사 간의 서열이 명확하다.	①	②	③	④	⑤
23	우리 어린이집(유치원)은 원장의 엄격한 결재 및 허가 과정을 통해서 업무가 진행된다.	①	②	③	④	⑤

문항	내용	전혀 그렇지 않다	그렇지 않다	보통이다	그렇다	매우 그렇다
24	우리 어린이집(유치원)은 업무처리에 있어서 정해진 규정이 있고 그 규정을 변경하기 어렵다.	①	②	③	④	⑤
25	우리 어린이집(유치원)에서는 실수 없이 규정을 철저히 따르는 것이 강조된다.	①	②	③	④	⑤
26	우리 어린이집(유치원)은 회의내용 및 모든 업무와 관련된 서류를 체계적으로 문서화하여 원장에게 항시 보고한다.	①	②	③	④	⑤
27	우리 어린이집(유치원)의 교사들은 원장의 요청이나 지시에 의해서 연수, 세미나, 교육 일정 등에 참여한다.	①	②	③	④	⑤
28	우리 어린이집(유치원) 교사들은 출·퇴근 시 원장에게 반드시 업무의 시작과 종료를 알리는 보고를 한다.	①	②	③	④	⑤

※ 진단결과

유형	내용	문항 번호	점수 합	평균점수 (점수 합/7)
개발문화	외부환경의 변화에 적극적으로 반응하고 모험적으로 교육프로그램을 개발하려는 창의성을 발휘하는 문화	1~7		
합리문화	외부환경의 변화에 적극적으로 반응하나, 구성원들 상호간의 인간관계보다는 목표 달성에 대한 결과를 중시하는 문화	8~14		
집단문화	외부환경의 변화에 소극적으로 반응하나, 구성원들 간에 업적위주의 경쟁보다는 팀웍이나 협동이 강조되는 문화	15~21		
위계문화	외부환경의 변화에 대해 소극적으로 반응하며 문제해결 과정에 있어 경직성을 보이고 구성원들 간에 서열의식이 강조되는 문화	22~28		

※ 진단해석

☞ 유형별 평균점수를 산출하여 각 개인이 획득한 유형별 평균점수 결과가 5점에 가까울수록 해당 조직문화유형 특성이 강한 것으로 해석합니다.

출처: 김진아(2008). 보육종사자가 지각한 보육시설의 조직문화와 조직 효과성. 동덕여자대학교 대학원 박사학위논문.

〈부록 33〉 14. 교사로서 성인과 관계 맺기

갈등상황에서 문제해결 방안 찾기

이름: ___________

□ **다음은 실제 교(보)육 현장에서 겪는 유아교사의 경험담입니다. 다양한 갈등사례를 읽어 보고 적절한 문제해결방안에 대해 생각해 봅시다.**

부모와의 관계

\# 아이의 문제행동에 관해 말씀드린 경우

만 4세 남아가 자꾸 친구를 때리는 등 과격한 행동을 하는 거예요. 그래서 어머니께 말씀을 드렸어요. 그 행동이 계속 지속적으로 나타났지만 매번 그때마다 어머니께 말씀드린 건 아니었고 좀 모아 놨다가 좀 크다 싶은 걸 얘기하면서 사실은 이전에도 이런 일들이 있었다고 얘기했어요. 그런데 어머님은 "선생님께서는 우리 아이를 문제아로 보시는 것 같네요" 하며 언짢아하시더라구요.

\# 활동을 위한 준비물 준비에 관해 말씀드린 경우

준비물로 가족사진을 가져와야 하는 경우였어요. 일주일 전부터 가정통신문을 통해 안내해 드렸고 등하원 시 부모님을 만나면 말씀도 드렸는데 자꾸 사진을 가져오지 않아 그 아이만 관련 활동을 하는 데 어려움이 있었어요. 어머님을 뵙고 다시 '가족사진이 필요합니다. 준비해 주십시오.'라고 말씀드리니까 어머니께서는 가족사진을 찍으러 갈 시간도 없고 그냥 대충하고 넘기지 왜 그렇게 사람을 괴롭히냐며 짜증을 내시더라구요.

아이의 상처에 대해 말씀드린 경우

만 1세 여아가 아침에 등원을 하였는데 이마 가장자리에 멍이 든 자국이 있었어요. '집에서 다쳤나보다.'라고 생각하고 하루일과를 보냈어요. 하원할 시간이 되어 부모님께서 아이를 데리러 오셨는데 이마에 멍을 보시고는 언제 다쳤냐고 물어보셨어요. 아침에 등원했을 때부터 그랬다고 말씀드렸더니 그럴 일이 없다며 어린이집에서 다친 것 같다고 말씀하셨어요. 분명 등원할 때부터 멍이 들어 있었는데 억울한 마음도 들고 속상했어요.

동료교사와의 관계

우리 반 아이들에게 한 일로 옆 반 선생님의 항의를 받은 경우

신입교사로서 처음으로 어린이집에서 '어린이날'을 맞이하게 되었어요. 사랑스러운 우리 반 아이들을 위해서 사탕 목걸이, 아이들이 좋아하는 스티커, 편지를 적어 준비해 두었다가 어린이날에 선물로 주었지요. 그런데 같은 연령의 옆 반 선생님께서 선물을 보더니 선생님은 왜 말도 없이 혼자 선물을 준비 했냐며, 이 반만 선물을 받아 가면 우리 반 학부모들이 나를 어떻게 생각하겠냐고 말씀하시더라구요. 나는 아이들에게 선물을 주고 싶은 마음에 했던 행동이었는데 이런 말을 들으니 마음이 좋지 않았어요.

휴가기간 당직날짜를 정할 때 교사와의 갈등상황

여름 방학 당직 짜는 날이 있었는데 주임선생님이 "혹시 뭐 여행을 가거나 계획이 있으신 분은 먼저 말씀 해 주세요."라고 하시길래 저는 뭣도 모르고 "저는 이 날에 여행을 갑니다." 했어요. 그랬더니 다른 선생님들이 막내가 어디 감히 먼저 얘기를 하냐고… 저는 당연히 혹시 조정이 될 수 있을까 싶어서 의견을 낸 것인데, 그렇게 말씀 하시더라구요. 저는 "네 알겠습니다."라고 대답했는데 기분은 여전히 안 좋더라구요.

참고문헌

국내문헌

EBS제작팀(2009). 아이의 사생활- 또 하나의 경쟁력, 자아존중감. 서울: 지식채널.

강신덕(1997). 비행청소년 분노조절 교육프로그램 개발 및 효과연구. 청소년상담연구, 5(1), 81-143.

고동섭(2018). 영아교사의 정서적 특성 및 직무특성과 정서노동의 관계: 경험표집을 통한 직무정서의 매개효과. 이화여자대학교 대학원 박사학위논문.

곽윤정(2004). 정서지능 교육프로그램 모형 개발 연구. 서울대학교 대학원 박사학위논문.

교육부(2016). 인성교육 5개년 종합계획(2016~2020). 교육부.

구은미(2007). 보육교사의 건강지각, 건강증진 생활양식과 직무스트레스에 관한연구. 열린유아교육, 12(4), 97-113.

국가직무능력표준(NCS)(2015a). 직업기초능력 프로그램: 의사소통능력. 한국산업인력공단. http://www.ncs.go.kr/에서 2015년 5월 27일 인출.

국가직무능력표준(NCS)(2015b). 직업기초능력 프로그램: 대인관계능력. 한국산업인력공단. http://www.ncs.go.kr/에서 2015년 5월 27일 인출.

권석만(2009). 젊은이를 위한 인간관계의 심리학. 서울: 학지사.

권용미(2015). 유아교사의 상위 기분 및 정서적 대응방식과 유아의 정서조절 능력과의 관계. 한양대학교 교육대학원 석사학위논문.

김낙홍(2010). 보육시설 주임교사의 역할갈등에 관한 연구. 유아교육 · 보육복지연구, 14(1), 235-258.

김녹두(2015). 감정의 성장: 핵심감정에 공감할 때 우리는 성장한다. 경기: 위고.

김명희(2000). 영아의 정서표현에 따른 교사의 언어적 반응. 덕성여자대학교 교육대학원 석사학위논문.

김수연, 조혜진(2015). 보육교사의 정서노동이 직무만족에 미치는 영향: 정서지능과 사회적 지지의 조절효과를 중심으로. 유아교육학논집, 19(3), 71-93.

김순환, 박선혜, 남옥선(2014). 예비유아교사를 위한 교직인성 프로그램 개발 및 적용. 유아교육학논집, 18(2), 339-363.

김안나(2011). 수업에 대한 유아교사의 이야기: 좋은 수업을 찾아서. 유아교육연구, 31(4), 229-259.

김은설, 김길숙, 이민경(2015). 영유아교사 인성 평가도구 개발 및 교육 강화 방안. 연구보고 2015-27. 서울: 육아정책연구소.

김진모(2001). 기업의 인적 자원 개발을 위한 역량중심의 교육과정 설계. 직업교육연구, 20(2), 109-128.

김진아(2008). 보육종사자가 지각한 보육시설의 조직문화와 조직효과성. 동덕여자대학교 대학원 박사학위논문.

김진아, 이종희(2008). 보육시설의 조직문화 연구를 위한 방법론 고찰. 생활과학연구, 13, 56-72.

김혜숙, 박선환, 박숙희, 이주희, 정미경(2008). 인간관계론. 경기도: 양서원.

대한상공회의소(2020). 직장내 세대갈등과 기업문화 종합진단 보고서. 대한상공회의소 보도자료.
두산백과사전(2015). 두피디아. www.doopedia.co.kr에서 2015년 10월 9일에 인출.
류재석(2008). 멘토링 활동 핸드북. 경기: 한국학술정보.
마혜진(2014). 영아교사의 정서역량 증진을 위한 현직교육프로그램 개발. 덕성여자대학교 대학원 박사학위논문.
문용린(2011). 정서 지능 강의. 서울: 북스넛.
박동건, 최대정, 이은정(2006). 조직감성역량 키우기. 서울: 삼성경제연구소.
박명희(1999). 유치원 교사 자아개념에 따른 교사 관심사 분석. 이화여자대학교 교육대학원 석사학위논문.
박은혜(2010). 유아교사론. 서울: 창지사.
서경혜, 최진영, 노선숙, 김수진, 이지영, 현성혜(2013). 예비교사 교직 인성 평가도구 개발 및 타당화. 교육과학연구, 44(1), 147-176.
설기문(2014). 인간관계와 정신건강. 서울: 학지사.
송명자(2009). 대학의 교양강좌를 이용한 인간관계훈련 프로그램 개발 및 효과. 영남대학교 대학원 박사학위논문.
신성아(2006). 유아교사의 사회적 지지와 소진 및 이직 의도와의 관계. 경희대학교 교육대학원 석사학위논문.
신혜영, 이은해(2005). 어린이집 교사의 직무 스트레스와 효능감이 교사 행동의 질에 미치는 영향. 아동학회지, 26(5), 105-121.
안혜준(2005). 어린이집 교사의 정서적 이야기에 관한 기초 연구. 유아교육학논집, 9(1), 217-238.
엄정애, 김혜진(2005). 유치원 종일반 교사의 직무스트레스에 따른 교사-유아 상호작용. 유아교육연구, 25(5), 75-100.
오정순(2010). 영아의 부정적 정서표현에 대한 교사들의 담론 분석. 성신여자대학교 교육대학원 석사학위논문.
윤소희(2020). 교직 내세대간 문화차이 및 인간관계 개선방안. 한국영유아교원교육학회 2021년 춘계학술대회, 35-50.
이경민, 최윤정, 박순정(2013). 예비유아교사를 위한 창의·인성증진 프로그램 개발 및 적용. 어린이미디어연구, 12(2), 73-96.
이승미, 이승연(2009). 만 2세 영아반 교사로서 맺는 다양한 관계에서 경험하는 정서분석. 한국교원교육연구, 26(2), 297-322.
이지영(2010). 정서조절방략이 정신병리에 미치는 영향. 한국심리학회지: 임상, 29(3), 731-749.
이지영(2014). 정서조절 코칭북. 서울: 시그마프레스.
이지영, 권석만(2009). 정서장애와 정서조절방략의 관계. 한국심리학회지: 임상, 28(1), 245-261.
이진화(2007). 보육교사의 정서노동과 개인 및 기관의 정서변인, 직무만족도, 소진과의 관계. 이화여자대학교 대학원 박사학위논문.
이춘복(2012). 유아교사의 정서적 역량 증진 프로그램 구성 및 적용. 중앙대학교 대학원 박사학위논문.
임성진(2012). 어린이집 주임교사의 갈등관리유형과 조직효과성과의 관계. 신라대학교 교육대학원 석사학위논문.
임혜경, 김송이, 이금진, 이현(2014). 인간관계론. 경기: 양서원.

전주영(2014). 팀의 사회정서적 역량 향상을 위한 교육 프로그램 개발. 부산대학교 대학원 석사학위논문.

정남미(2016). 좋은 수업의 관점과 특징에 대한 유아교사와 예비유아교사의 인식 비교. 유아교육학논집, 20(5), 201-222.

정명화, 최인근, 서영호, 김대경, 김진숙, 강동권, 형정은(2010). 성공적인 직무수행을 위한 자기개발능력. 한국전문대학 교육협의회. p.177.

정서영, 이대균(2010). 사립유치원 원감의 애환과 보람 그리고 희망. 어린이미디어연구, 9(1), 89-123.

정옥분, 정순화, 임정하(2008). 정서발달과 정서지능. 서울: 학지사.

조벽(2016). 인성이 실력이다. 서울: 해냄.

조선화, 김혜진, 김현주, 이영나, 이지향, 정유진, 조유진, 허미선(2007). 인간관계론. 경기: 교문사.

조운주, 최일선(2004). 사립 유아교육기관 초임교사들의 갈등 및 안정에 대한 이해. 유아교육연구, 24(1), 71-93.

조형숙, 한종화, 박은주, 이수민(2016). 영아 발달. 서울: 학지사.

조혜선(2008). 유치원 교직문화 분석: 경력교사 10인의 인식을 중심으로. 이화여자대학교 대학원 박사학위논문.

조혜진(2007). 영아반 초임교사들의 어려움과 적응에 대한 이해. 유아교육학논집, 11(2), 237-262.

조혜진(2016). 예비유아교사 정서역량 교육프로그램에 대한 예비유아교사와 교수의 인식 및 요구분석. 미래유아교육학회지, 23(2), 231-155.

조혜진, 김수연(2011). 유아교사의 직무스트레스와 소진의 관계에서 정서지능의 매개효과. 열린유아교육연구, 16(6), 231-247.

조혜진, 김수연(2016). 예비유아교사를 위한 정서역량 증진 프로그램 개발 및 적용. 유아교육연구, 36(6), 27-52.

조혜진, 박효진(2012). 유아교사의 정서조절책략과 직무소진 및 직무만족의 관계에서 정서지능의 조절효과. 미래유아교육학회지, 19(4), 231-248.

차정주, 이효림(2015). 유아교사의 소진과 정서노동이 행복감에 미치는 영향. 열린유아교육연구, 20(2), 375-393.

최성애, 조벽, 존 가트맨(2011). 내 아이를 위한 감정코칭. 서울: 한국경제신문.

최일선, 조운주(2010). 유아교육 평가의 이론과 실제. 서울: 창지사.

하은옥, 황해익(2008). 유아교육기관 조직구성원을 위한 감성역량 프로그램 적용 사례 연구. 한국열린유아교육학회 2008년 추계학술대회, 269-285.

한광일(2008). 스트레스 치료법. 서울: 삼호미디어.

한국전문대학교육협의회(2010). 일과 보람 있는 삶. 자료 2010-50호.

한지현, 김천석, 최명옥, 유태용(2003). 정서역량의 개관과 기업 장면에서의 시사점. 2003년도 한국 산업 및 조직심리학회 추계 심포지엄 및 학술대회 발표논문집 97-107.

함규정(2015). 감정을 다스리는 사람, 감정에 휘둘리는 사람. 서울: 청림출판.

외국문헌

Berk, L. E.(1994). *Child development*(3rd ed.). Boston, MA: Allyn and Bacon.

Bradberry, T. & Greaves, J.(2013). 감성지능 코칭법. (김규태 역). 서울: 넥서스BIZ. (원저 2009년 출판).

Campbell, D. P.(1992). *Manual for the Campbell interest and skill survey*. Minneapolis, MN: National Computer System. Inc.

Caruso, D. R. & Salovey, P.(2009). *The Emotionally intelligent Manager: How to develop and use the four key emotional skills of leadership*. San Francisco: Jossey-Bass.

Darwin, C. A.(1872). *The expression of the emotions in man and animals*. Chicago: University of Chicago Press.

Day, D. E.(2007). 열정으로 가르치기. (박은혜, 이진화, 위수경, 조혜선 역). 서울: 파란마음. (원저 2004년 출판).

Ekman, P.(1972). Universals and cultural differences in facial expressions of emotion. In J. K. Cole(Ed), *Nebraska Symposium on motivation*(Vol.19, pp.207-283). Lincoln, Nebraska: University of Nebraska Press.

Ekman, P.(2014). 언마스크, 얼굴 표정 읽는 기술. (함규정 역). 서울: 청림출판. (원저 2003년 출판).

Ekman, P. & Friesen, W. V.(1975). *Unmasking the face*. Engel wood Cliffs, New Jersey: Prentice-Hall.

Field, T. M., Woodson, R., Greenberg, R., & Cohen, D.(1982). Discrimination and imitation of facial expressions by neonates. *Science*, *218*, 179-181.

Fritz, S., Brown, F. W., Lunde, J. P., & Banset, E. A.(1999). *Interpersonal skills for leadership*. New Jersey: Prentice-Hall.

Gibson, E. J. & Walk, R. D.(1960). The "visual cliff." *Scientific American*, 202, 64-71

Ginott, H. G., Ginott, A., & Goddard, W.(2003). 부모와 아이사이 (신홍민 역). 서울: 양철북. (원저 1965년 출판).

Goldstein, L. S. & Lake, V. E.(2000). Love, love, and more love for children: Exploring preservice teachers' understandings of caring. *Teaching and Teacher Education*, *16*, 861-872.

Goleman, D.(1995). *Emotional intelligence*. New York: Basic Books.

Goleman, D.(1998). *Working with emotional intelligence*. New York: Basic Books.

Goleman, D.(2008). EQ 감성지능. (한창호 역). 웅진 지식하우스. (원저 1996년 출판)

Goleman, D., Boyatzis, R. & Mckee. A.(2003). 감성의 리더십. (장석훈 역). 청림출판. (원저 2002년 출판).

Gottman, J. M., Katz, L. F., & Hooven, C.(1996). Parental meta-emotion philosophy and the emotional life of families: Theoretical models and preliminary data. *Journal of Family Psychology*, *10*(3), 243-268.

Gottman, J. M., Katz, L. F., & Hooven, C.(1997). *Meta-emotion: How families communicate emotionally*. New Jersey: Lawrence Erlbaum Associates. Inc.

Grandey, A. A.(2000). Emotion regulation in the workplace: A new way to conceptualize emotional labor. *Journal of Occupational Health Psychology*, *5*(1), 95-110.

Greenberg, L. S.(2002). *Emotion-focused therapy. Coaching clients to work through their feelings*. Washington, DC: American Psychological Association.

Hargreaves, A.(2000). Mixed emotions: Teachers' perceptions of their interactions with students. *Teaching and Teacher Education*, *16*(8), 811-826.

Hochschild, A. R.(1983). *Managed heart: Commercialization of human feeling*. California: University of California Press.

Holmes, T. H., & Rahe, R. H.(1967). The social readjustment rating scale. *Journal of Psychosomatic Research*, *11*, 213–218.

Honig, A.(1986). Turning in to toddlers: A communication challenge. *Early Child Development and Care*, *25*, 207–219.

Kleinginna, R. R., & Kleinginna, A. M.(1981). A categorized list of emotion definitions, with suggestions for a consensual definition. *Motivation and Emotion*, *5*, 345–379.

Kress. J. S., & Elias, M. J.(2006). Implementing school based social and emotional learning programs: Navigating developmental crossroads. New York: Wiley.

Kyriacou, P.(2001). Teacher stress; Direction for future research. *Education Review*, *53*, 27–35.

Maertin, D., & Boeck, K.(1996). 감성지능 개발 학습법. (홍미희 역). 서울: 해냄. (원저 1996년 출판).

Mayer, J. D. & Salovey, P.(1997). What is emotional intelligence. In P. Salovey & D. J. Sluyter(Eds.), *Emotional development and emotional intelligence*. New York: Basic Books.

Mayne, T. J., & Ramsey, J.(2001). The structure of emotion. In T. J. Mayne & G. A. Bonanno(Eds.), *Emotions*. New York: Guilford.

McClelland, D. C.(1973). Testing for competence rather than for intelligence. *American Psychologist*, *28*(1), 1–14.

McLaren, K. (2014). 감정읽기: 상처받지 않고 살아가는 법. (전혜영 역). 서울: 지식의 숲. (원저 2013년 출판).

Morris, C. A. S.(2010). Emotionally Competent Caregiving: Relations among Teacher-Child Interaction Patterns, Teachers' Beliefs about Emotions, and Children's Emotional Competence. Unpublished doctoral dissertation, George Mason University, Fairfax, VA.

Morris, J. A., & Feldman, D. C.(1996). The dimensions, antecedents, and consequences of emotional labor. *Academy of Management Review, 21*(4), 986–1010.

Nelson, D. B. & Low, G. R.(2012). 감성지능. (안종상, 이용철, 김성옥 역). 서울: 시그마프레스. (원저 2011년 출판).

Nolan, M. (2007). *Mentor Coaching and Leadership in Early Care and Education*. New York: Thomson Delmar Learning.

Palomera, R., Fernandez – Berrocal, P., & Brackett, M.(2008). Emotional intelligence as a basic competency in pre-service teacher training: some evidence. *Electronic Journal of Research in Educational Psychology*, *6*(2), 437–454.

Parrott, W. G. (2001). *Emotions in social psychology*. San Francisco: Taylor & Francis.

Plutchik, R.(1980). *Emotion: A psychoevolutionary synthesis*. New York: Harper & Row.

Plutchik, R.(2000). *Emotions in the practice of psychotherapy: Clinical implications of affect theories*. Washington, DC: American Psychological Association.

Powell, W. & Kusuma-Powell, O.(2013). *Becoming an emotionally intelligent teacher*. New York: Skyhorse.

Rahim, M. A.(1985). A strategy for managing conflict in complex organization. *Human Relations*, *84*, 13–29.

Rowe, D. J., Early, B., & Loubier, D.(1999). 영아와 걸음마기 유아교사의 역할: 유아교사 교육의 새로운 접근. (조부경, 이정미 역). 서울: 양서원. (원저 1994년 출판).

Salovey, P., & Mayer, J. D. (1990). Emotional intelligence. *Imagination, Cognition, and Personality*, *9*(3), 185–211.

Schein, E. H.(2004). *Organizational culture and leadership*. San Francisco: Jossey–Bass.

Schilling, D.(2001). 고교생과 대학생을 위한 정서지능. (조수연, 노성향, 임선빈 역). 서울: 양서원. (원저 1996년 출판).

Selye, H.(1975). Confusion and controversy in the stress field. *Journal of Human Stress*, *1*(2), 37–44.

Spencer, L. M. & Spencer, S. M.(2005). 핵심역량모델의 개발과 활용. (민병모, 박동건, 박종구, 정재창 역). 서울: PSI 컨설팅. (원저 1993년 출판).

Watson, L. & Swim, T.(2008). *Infant and toddlers: Curriculum and teaching* (6th Ed.). New York: Thomson Delmar Learning.

Westen, D.(1994) Toward an integrative model of affect regulation: Applications to social-psychological research. *Journal of Personality*, *62*, 641–667.

Wittmer, D. S., & Petersen, S. H.(2011). 영아발달과 반응적 교육: 관계중심 접근법. (이승연, 김은영, 강재희, 문혜련, 이성희 공역). 서울: 학지사. (원저 2006년 출판).

Zins, J. E., Weissberg, R. P., Wang, M. C., & Walberg, H. J.(2004). *Building school success through social and emotional learning*. New York: Teachers College Press.

Zoglio, S.(1997). *Training program for teams at work*. Doylestown, PA : Tower Hill.

홈페이지 자료(기사 및 동영상)

곽아람(2016. 2. 13.). 엄마가 안 가르친 '밥상머리 예절'… 부장님이 나섰다. 조선일보. https://www.chosun.com에서 2019년 10월 10에 인출.

권현(2016. 3. 17). 현대인 스마트폰·소셜미디어로 인한 스트레스 수준 높아. 헬스코리아뉴스. http://health.chosun.com/에서 2017년 4월 12에 인출.

김경일(2019). 화를 다스리는 법. https://www.youtube.com/watch?v=eDNTuDBqHSY&t=11s에서 인출.

이병철(2009. 2. 18). 직장인 84% 노매너 동료있다. 파이낸셜뉴스. http://fnnews.com/에서 2010년 9월 10에 인출.

조선일보(2016. 8. 13). 활은 마음으로 쏘나 봅니다. http://news.chosun.com/에서 2016년 9월 20일에 인출.

EBS뉴스(2015). 마시멜로 실험. https://www.youtube.com/watch?v=p0yJk1hYQ2Y에서 인출.

EBS다큐프라임(2012). 마더쇼크 1부 모성의 되물림_미해결과제와 초감정. https://www.youtube.com/watch?v=u35EPGv_uMk&list=TLPQMTEwNjIwMjHln_iDQ3m-RIQ&index=1에서 인출.

EBS다큐프라임(2014). 당신이 화내는 진짜 이유. 1부 원초적 본능_화가 업무에 미치는 영향. https://www.youtube.com/watch?v=qOuNMyTfGQY에서 인출.

저자소개

조혜진

학력 및 경력

이화여자대학교 사회사업과 졸업(문학사)

이화여자대학교 대학원 유아교육과 졸업(석사, 박사)

삼성복지재단 어린이개발센터 전임연구원

이태원 삼성어린이집 원장

신라대학교 아동교육연구지원센터 소장

현재

신라대학교 사범대학 유아교육과 교수

신라대학교 교육대학원 원장

저서

『유아교육개론』, 『보육과정』, 『놀이지도: 아이들을 사로잡는 상호작용』,

『유아교육기관 운영관리』, 『유아교육기관 멘토로 성장하기』 등

2판

교사인성교육의 첫걸음

유아교사의 정서역량

초 판 1쇄 발행 2017년 7월 20일
초 판 2쇄 발행 2019년 1월 5일
제2판 1쇄 발행 2021년 7월 30일

지 은 이 | 조혜진
펴 낸 이 | 김기섭
편 집 인 | 이윤희
펴 낸 곳 | 창지사 www.changjisa.com
08589 서울시 금천구 가산디지털 1로 83 파트너스타워 1차 9층
전화 (02)719-2211~3
팩스 (02)701-9386
등 록 | 1977년 4월 28일 · 제1-421호

ISBN 978-89-426-1475-2 (93370)

값 17,000원